实用口才技巧训练

武利莉★编著

中国纺织出版社

内 容 提 要

年轻人想要把话说得明白、到位、得体、出色，就必须学习和掌握一些基本的沟通技巧。

本书将教会你如何让双方从陌生到熟悉顺畅地开始交流，如何在不同的场合与不同的人交谈，如何在短时间内发现对方的兴趣等。书中有针对性地分析了如何讲赞美激励的话、批评说服的话、委婉拒绝的话、理解宽容的话以及幽默激将的话的妙技和高招。本书的每一个技巧都是古今中外口才经验与智慧的总结、提炼和升华，都经过成功人士的实践。

图书在版编目（CIP）数据

实用口才技巧训练 / 武利莉编著. -- 北京：中国纺织出版社，2015.12 （2024.1重印）

ISBN 978-7-5180-2214-4

Ⅰ. ①实… Ⅱ. ①武… Ⅲ. ①口才学 Ⅳ. ①H019

中国版本图书馆CIP数据核字（2015）第292075号

责任编辑：闫 星　　责任印制：储志伟

中国纺织出版社出版发行
地址：北京朝阳区百子湾东里A407号楼　邮政编码：100124
邮购电话：010—64168110　传真：010—64168231
http：//www.c-textilep.com
E-mail：faxing@c-textilep.com
中国纺织出版社天猫旗舰店
官方微博http：//www.weibo.com/2119887771
北京兰星球彩色印刷有限公司　　各地新华书店经销
2015年12月第1版　2024年1月第3次印刷
开本：710×1000　1/16　印张：18
字数：245千字　定价：49.80元

前言

当今社会，口才是我们每一个人必须要掌握的一项基本的生存技能，是决定一个人做事成败的关键因素。

戴尔·卡耐基说："一个人的成功约有15%取决于技术知识，85%取决于口才艺术。"日本的池田大作说："语言是我们所知道的最庞大、最广博的艺术，是世世代代无意识地创造出来的无名氏的作品。"这就是说，一个人说话水平的高低，已成为其生活及事业取得成功的关键因素。口才好的人具有较强的人际交往能力，能办成一般人办不成的事，从而在社会竞争和现实生活中处于主动地位。

生活中我们经常看到，人与人之间的沟通中，有时候一句话可以化干戈为玉帛，也可以让朋友之间老死不相往来，可以让一单生意就此泡汤，更可能让爱人就此离开。可见，说话与我们的生活密切相关。

口才好、会说话的人总是能左右逢源，他们能得到那些素不相识的人的支持，能带动交际场合的说话氛围，能消除与他人之间的误会，能说服他人，达到自己的目的。

因此，我们必须从现在起，就在生活和工作中有意识地提高自己的说话水平，因为任何人都不是天生的语言学家，都不可能生来就掌握说话技巧。事实上，任何人，只有做到不断学习和提高，才能轻松驾驭语言，轻松地与人交流。

现实中，可能很多人都希望找到一个语言导师来帮助自己提高说话水平。但寻找的过程是艰难的，这里，我们推荐本书。

从这本书中，我们能认识到说话的重要性，也能看到自嘲、赞美、幽默这些语言艺术的魅力，在书中，我们提出并分析的每一个说话技巧都是古今中外口才经验与智慧的总结、提炼和升华，都经过成功人士的实践和锤炼。最重要的是，本书更为我们提供了不同场合下的语言情景训练，从而更鲜活地指导我们如何直指人心地说话，增强我们说话的能力。相信你在熟读本书后，一定会对如何说话有更深层次的理解，更能让你找到在工作、社交上，甚至在生活中从容做事的奥秘，最终帮助你成为一个能说会道、受人欢迎的人。

编著者

2015年5月

目　录

第1章

初次见面，这样说话让人印象深刻

年轻人闯荡社会，每天都要接触不同的人，不断结识新的朋友。在与对方初次见面时，如何表现出自己的修养和素质，让人喜欢与你交往是一门深不可测的学问。一般来讲，大部分人对他人印象好与坏的评价，都是通过交谈来评判的。二十几岁的年轻人早点把说话技巧放在心里，让自己成为一个善于说话的智者，能够用巧妙的语言，把话说到对方的心里，以卓越的口才和有技巧的说话方式打动人心，受人欢迎，你就成功地推开了人际交往的第一扇门。

克服紧张，年轻人要自信地与人交流

当你对自己不自信时，面对初次见面的人就容易紧张得说不出来话。因此，年轻人要学会将自己的恐惧感限定在一定的范围之内，使之产生的负面影响最小。

二十多岁的年轻人由于初入社会，大多性格比较内敛，有些人甚至不敢和初次见面的陌生人说话，表面上看似乎是年轻人胆小、少见世面，其实主要原因就是他们对自己极端不自信。一个人如果因为恐惧心理而不敢和初次见面的人说话，就会被人轻视，甚至会被低估他的能力。不敢与陌生人打交道是年轻人在人际交往中的一大心理障碍，每一个年轻人都要有勇气和胆量坚决克服它，充满自信地在世人面前展现自己出色的风采。

心理学研究表明，当人对自己极端不自信时，就会充满焦虑和恐惧，面对初次见面的人更加容易紧张地说不出来话。长此以往，会给我们的职业生涯和人际交往带来巨大的阻碍。我们只有自信些，学会将自己的恐惧感限定在一定的范围之内，使之产生的负面影响最小，然后尽力征服它，才能不被人小看和轻视。

心理学家给我们提供了几个克服紧张感的方法，它们能从生理、心理等方面使我们变得更加自信，让我们能够大方地展现出自己的个人魅力，在初次见面时给对方留下一个好印象。

1. 生理调节帮你缓解紧张感

人的生理与心理的作用是互动的，科学的生理调节也会对我们的心理产生影响，帮助我们放松心情、调适好心态。也许你也曾有过这种感觉，当你在十分紧张时，你张开双臂深呼吸，重复几次就会感觉轻松许多，这都是生理调节对我们心理的帮助。因此当你对陌生人产生紧张感时，可以通过这样的一些生理措施来舒缓下你的紧张感，如深呼吸、搓手、舒展四肢、

走动等，都可以使你的紧张心理消除，慢慢恢复自信心，从而有利于你向陌生人展现一个大方、自信的自己。

2. 心理暗示让我们放松心情

在与初次见面的人打交道时，人们总是容易紧张，这其实与我们自己的心理活动密切相关。心理学家解释说，当我们面对不同的说话对象和说话环境时，心理常会出现微妙的变化，这是由于人们心理的夸张性感受导致的，要想缓解这种情况，必须让我们的心理感受重新归位。要达到这一要求，我们可以对自己进行心理暗示，提醒自己对对方作客观、正确的认识，对自己作准确、公正的评估，这样就能保持清醒，树立信心。比如，当你和一位事业很成功的前辈谈话时，他的卓越能力可能让你感到十分压抑、拘谨，这时你不妨提醒自己，“他工作了20年，理当是这一领域的精英，我同样也有优势，10年后我会比他更成功。”如果你能这么想，那么你的紧张感就会消失不见了。正确地认识自我，摆正自己的心态是放松心情的关键，但切忌妄自尊大，否则你所提高的不只是自信心，还会有自负、自大的负面情绪。

3. 与人交往培养我们的自信心

有时，在与人交往时，人们的紧张感是由于缺乏交往实践和成功的交往感受造成的，因此，加强交往实践的训练能有效提高我们的自信。见到陌生人就主动去打招呼，这不仅体现了我们的热情、真诚，还能给对方留下美好的第一印象。多多交往会让年轻人变得稳重、大方，来自他人的肯定也会让我们信心十足，这是一个很好的方法。

初次见面，说话要注意细节

有的人非常善于与人交谈，即使是初次见面的人，他也能同对方聊得愉快而轻松，这是因为他非常注意初次见面的种种细节，从而给对方留下了很好的印象。

在我们的社交圈中，有一种人会给人留下非常善于交谈的印象。很多人都喜欢和他做朋友，即使聊多久都不会冷场，因为他们非常注意初次见面的种种细节，即使没有话题可说时，他们也能说出“你的衣服搭配得真好，很适合你”“你的事业真成功，我要多向你学习”而引出新的聊天切入点。可以说，这类人总是受到大家的欢迎，好运也特别青睐他们。

二十几岁的年轻人要想在社会上博得一番天地，受人赏识以及机遇是非常重要的，因此，若你能在初次见面时留给对方一个热情、诚恳的好印象，或许就能为自己之后的工作生活创造出一个好机会。年轻人要想成为一个出色的沟通者，除了要有很高明的社交手腕，还要有一双敏锐的眼睛，因为在初次见面时，细节往往能够决定一切。

1. 提前作好充分的准备

通常情况下，陌生人见面时往往会感觉紧张、尴尬，因此你要提前作好充分的准备。一般来说，搜集些对方的资料，找到彼此的共同点，能让对方产生亲切感。两个本不熟悉的人，一旦有了共同的话题、相似的经历，就会倍感亲切，当然，这也能体现出你对对方的重视和尊重。

2. 适时制造话题

初次见面时，我们最害怕的就是因为没有合适话题而冷场，那会让谈话双方都感觉十分尴尬。因此，年轻人要动用自己的聪明和机智，当谈话主题结束，或是话不投机而突然中断时，要适时制造些话题，避免尴尬场面出现。这个时候，你可以把身边的任何事物都当作过渡话题，比如，“你家的狗狗好可爱啊”，“您家的装修真别致，是您自己设计的吗”。只要

你用心些，身边的任何事物都可以作为话题，这些话题不仅轻松自然，还能拉近双方的距离，让对方感觉你很亲切。

3. 时刻留意对方的反应

很多年轻人认为，给初次见面的人留下一个好印象很难，其实这并不需要你有多么高深的说话技巧，只要你能细心留意下对方的反应就可以。比方说，当对方在发表意见时，你一直注视着对方，并在适当的时候轻轻点头或微笑以示赞同，对方会感觉你对他说的话十分关注，自然也就会格外注意你，更加乐意与你说话。

4. 不打断对方的话

在与初次见面的人谈话时，切忌唐突地打断人说话。每个人都希望自己能尽快与对方建立起一种无话不谈的关系，但有些性格急躁的年轻人总会无意地打断对方，殊不知，这会让对方极为反感。如果你和对方意见不合，那么不要马上打断对方说出自己的意见，这会让人感觉你很无礼。因此，倘若你希望留给他人一个好印象，就一定要注意避免犯类似的错误。

5. 谈话时注意姿势

有个女孩，听课时总习惯把双手抱在胸前。一次，来了一位代课老师。一上课，老师就一直注意着她，使她感到非常不安。下课后，这位新老师走到她跟前说："这位同学，你是否对我的教法有质疑？"这个女孩非常惊讶地问："没有啊，老师怎么会这样问？"原来问题出在她抱胸的姿势上，因为抱胸代表"拒绝"，所以才会引起老师的误会。

大多数人只知道在同长辈谈话时，抱胸跷腿显得没有礼貌，其实即使是对初次见面的人，这种姿势也是要避免的，这会让对方误以为你不愿与他作进一步的沟通，甚至认为你的态度傲慢而对你产生不好的印象。

6. 避免敏感话题

在与初次见面的人谈话时，话题的选择十分重要，你不但要准备充足的话题，避免冷场，还要避免一些敏感的话题，以防引起不必要的争吵。如双方的宗教信仰、政治见解、学术讨论等问题都应该避免。谈论这些问题，或多或少都会带有"评价对方"的感觉，因此我们在与他人初次见面的时候，最好不要谈这些，以免让对方觉得自己不被尊重。

7. 不要刻意恭维对方

赞美像一朵美丽的花，谁都喜欢，由于初次相识，双方的信任还没有达到一定的程度，因此适当地赞美对方是需要的，但切忌刻意去说恭维话。刻意奉承、谄媚的话，也许会令人飘飘然，但却明显浮华不实。这样的话不能代表你的内心，只会让人感觉夸张、不真诚，因此也就无法从心底去接受。

拿破仑本人就非常厌恶虚伪奉承，一次聚会中，来宾多是一些谄媚逢迎之人，他们一见到拿破仑便谄媚地迎上来，一开口就恭维话连篇："将军真是武功非凡！""您对国家的贡献太伟大了，要不是您，我们怎么能享受如此丰富的盛宴呢？"这些话让拿破仑感觉非常不舒服。这时又一位客人走过来敬酒，并对拿破仑说："将军最讨厌逢迎巴结的话，今天这个聚会一定使您感觉不舒服吧！"拿破仑有些惊讶，但稍微顿了一会儿后便对这位客人微微一笑，然后表示无奈地摇了摇头。

显然这位客人把话说到了点子上，一句发自内心的体恤话，远远胜过十句、二十句刻意恭维的话，不刻意恭维反而能够得到对方的认同。这些细节，能帮助你顺利地与陌生人交流，避免谈话中出现尴尬场面，如果你能灵活利用这些细节，就会给对方留下一个大方、得体的好印象。

称呼对方要得体

任何称呼都不是可以随便叫的，因为它意味着特定的社会关系和义务，因此在初次见面时，年轻人要学会用得体的称呼来表达对对方的尊重，这是一个很重要的细节。

在与人初次见面时，"称呼"往往是我们说的第一句话，因此，大方、得体的称呼是给人留下良好的第一印象的一扇门。"称呼"是根据社会习惯来分类的，一般分为职务称、姓名称、职业称、一般称、代词称、年龄

称等，如“李经理”“老王”“赵裁缝”“孙姐”等，年轻人要学会用一个得体的称呼来表达对对方的尊重。

二十几岁的年轻人正值充满青春活力的好时光，你可能已经有了一套和陌生人打招呼的方式，如点头、招手、大声呼喊姓名等，但这些都是适用于和熟识的同龄人的招呼方法，对于一个初次见面的人来说，这种方式就显得有些不礼貌。但是如何“称呼”好对方可不是一件简单的事，我们每天都要和不同的人接触，因此就不可避免地会运用到不同的称呼，但是任何称呼，都不是随便可以叫的，因为它意味着特定的社会关系和义务。由此可知，在初次见面时，得体地称呼对方是一个很重要的细节。

在现今复杂的社交生活中，恰当、得体的称呼是给人留下良好印象的第一步。尤其在初次见面时，我们的称呼往往直接影响对方对你的印象，如果称呼不当，就会使双方的交流产生困难。很多情况下，“称呼”不是为了满足我们自己，而是为了满足对方的虚荣感，这样对方会很高兴，也乐于与你交谈。

小旭在公园遛弯的时候，正好看到公司的一个同事也在散步。小旭本来和这个同事不太熟，没说过几句话，不过她知道这个同事近期刚被提升为办公室主任。小旭便主动走过去和她打招呼，热情地说，“主任，今天您也来遛弯啊，真高兴在这儿遇到您。”对方听到小旭的称呼，心里格外高兴，虽然她和小旭并不熟，但今天公园偶遇，她觉得小旭很热情友好，对她印象好极了，俩人最后成了熟识的朋友。

在称呼对方时，我们还要注意的是，要把对方的心理因素也考虑在内。比如，有的男士到三十多岁了还没有结婚，你若称呼对方“老赵”“老杨”，人家肯定会很不高兴；对女人来说也一样，如果你对未婚的女士称呼“太太”“夫人”，一定会遭到对方的白眼，而换个年轻些的称呼，比如“杨哥”“赵哥”“王姐”，想必对方是会很高兴接受的，毕竟人都是希望自己能青春永驻的，二十几岁的年轻人要深谙这个道理。

“称呼”不是我们谈话的主要内容，也不是关键因素，但是它在初次见面时所起的作用是不容忽视的。因此，要想让对方对自己有个好印象，得体的称呼是关键。

如何说好见面第一句话

说好见面第一句话会给对方热情、友善的感觉，有利于快速消除彼此的陌生感。如果我们不善于和陌生人交谈，就会在之后的交际中处处碰壁，事业、生活都会受到影响。

初次见面，给人的第一印象最为关键，二十几岁的年轻人要想在短时间内和对方一见如故，达到心灵上的共鸣，说好见面的第一句话是一条捷径。对我们来说，说好见面第一句话会给对方热情、友善的感觉，有利于快速消除彼此间的陌生感。如果你不善于和陌生人交谈，就会在之后的交际中处处碰壁，事业、生活都会受到影响。因此在初次见面时，我们要把握机会，用一个好的开场白来赢得对方的好印象。常见的方式有以下几种：

1. 攀亲认友，缩短彼此的距离

攀亲认友的方式虽然不太被推崇，但有很强的实用性。其实，任何两个人，只要彼此留意，就不难发现双方有着这样或那样的“亲”“友”关系。这时我们只要利用这层关系，在见面时告诉对方，就能一下子缩短彼此的心灵距离，使对方感到十分亲切。比如：“你是首都师范大学毕业生，我曾在首师大进修过四年。说起来，我们还是校友呢！”“您来自山东，我出生在山西，两地相隔咫尺，今天相见真是高兴！”这种方式很容易让人在短时间内产生一见如故的印象。

1984 年 5 月，美国的里根总统访问上海复旦大学。在一间大教室里，里根总统面对一百多位初次见面的复旦学生，他的开场白就紧紧抓住彼此之间还算“亲近”的关系：“其实，我和你们学校有着密切的关系。你们的谢希德校长同我的夫人南希，都是美国史密斯学院的校友呢。照此看来，我和各位自然也就都是朋友了！”此话一出，全场鼓掌。短短的两句话就使一百多位黑发黄肤的中国大学生把这位碧眼高鼻的洋总统当作十分亲近的朋友，接下去的交谈自然十分热烈，气氛极为融洽。

2. 恭敬仰慕，让对方受到敬重

在初次见面时，人们要想向对方表示敬重、仰慕之情，可以用这种方式来表达，这是热情有礼的表现，如“您的艺术品我曾经观摩过多遍，受益匪浅。想不到今天竟能在这里一睹您的风采！”这种方式会让人感受到你发自内心的敬意，也表示出你的尊重，不过用这种方式说第一句话时，我们一定要把握好分寸，不能胡乱吹捧。表示敬慕的内容根据说话的对象、说话的时间以及说话的地点而定。切不可虚无边际地奉承对方，这会让对方感觉你十分虚伪。

3. 恳切的问候带给人温暖

“您好”是我们最常用的问候语，这短短的问候能让对方感到十分温暖。在初次见面时，我们把这一声温暖的问候送给对方，这会表现出你自身的热情及涵养。

小柳的家在外地，她经常坐火车回家探亲。一坐就是十几个小时，她经常主动同周围的人打招呼，“您好，您也是回家探亲吧。”或者说：“您好，能不能把您的报纸借我看一下。”于是原本陌生的人聊了起来。小柳说，每次坐车她都能认识几个朋友，分手时互相留下电话，彼此像老朋友一样亲切，长时间的旅途非常愉快。

二十几岁的年轻人只要主动、热情地问候初次见面的人，同他们聊天，努力探寻与他们交谈的共同点，就能赢得对方的好感，拉近双方之间的距离。

4. 赞美对方，学习他人的长处

几乎每个人都喜欢别人看到并赞美自己的长处。因此，初次见面时，我们应该投其所好，赞扬对方的长处，并表示对方是自己学习的榜样。这种赞美不同于一般的奉承，而是让对方感觉到你的真诚，从而对你产生好感，进而激发交谈的积极性。反之，倘若你总是有意或无意地触及对方的短处，伤及对方的自尊心，那交谈的效果便可想而知了。

方佳是一家广告公司的业务员，她有一套独特的交际秘诀，那就是初次交谈时一定要赞美对方。有一次，她为了一个广告业务去拜访一位房地产公司的经理，见面寒暄后，方佳突然开口问道：“您是在哪学会开越野赛车的？总经理居然是环线越野赛车的常胜将军，这可真不简单啊，您真

厉害，我得多向您学习。”话音刚落，总经理兴奋起来，谈兴大发，广告之事当然不在话下，总经理还热情地邀请方佳去观看他参加的比赛。

5. 共同的话题勾起交谈的欲望

如果我们想在第一句话就吸引对方的注意力，那么双方就必须确立共同感兴趣的话题，我们要从对方的兴趣、爱好、个性特点人手，这样在谈话时才能谈得投机。

生活在同一时代，同一国家，只要你善于寻找，就不愁没有共同的话题。比如，一位小学教师和一名清洁工，两者看似没有共同感兴趣的话题，但如果这名清洁工是一个小学生的家长，那么，两者便可以就如何教育孩子各抒己见，交流看法。只要我们能留意观察，就不难发现彼此有对某一问题的相同观点、某一方面共同的兴趣爱好，我们要利用共同的话题勾起对方交谈的欲望，这样才能更快更好地和对方加深感情。

一次张小姐在拜访陌生人时，见其墙上挂有“制怒”二字，便知对方有克服易怒缺点的要求。她第一句话便问道：“您平时很爱发脾气吗？”对方答：“我很容易冲动，但明知自己有这个毛病，却有时控制不了，为了提醒自己，就写下来挂到墙上，时刻告诫自己。”张小姐由此话题谈开，先是表示非常理解，继而谈出自己的看法，对方也就同一问题谈出感想，两个人谈得非常投缘，这样就缩短了距离，两人颇有“相见恨晚”之感。

年轻人自我介绍的几个技巧

自我介绍是指人们在社交场合中向他人介绍自己的过程，通过这种方式推销自己的形象。自我介绍是否成功，直接决定着我们与对方深层次的人际交流是否能够实现。

和人初次见面时，给对方留下一个好印象，不仅是一件快乐的事，还能够对我们的工作和学习大有裨益，因此，初次见面时的自我介绍是很重

要的一个步骤。所谓自我介绍，是指人们在社交场合中向他人介绍自己的过程，通过这种方式可以推销自己的形象和价值。自我介绍是否成功，直接决定着我们与对方深层次的人际交流是否能够实现。

自我介绍不是简单地自报姓名，从某种意义上讲，自我介绍是一种学问和艺术，它需要我们掌握许多必要的技巧。

1. 平和地说“我”

二十几岁的年轻人在介绍自己时，少不了会说“我”这个字，有些人说“我”时语气特别重，似乎想要通过这个字来强调自己，因此会给人骄傲自大的感觉。给别人什么样的印象，关键就看我们在自我介绍时用什么态度来介绍“我”。左一个“我”怎样怎样，右一个“我”如何如何，对方的耳朵充斥着的都是“我”字，怎么会不反感呢?

所以，我们在自我介绍的时候应平和地说出“我”字，目光亲切，神态自然，这样才能给对方一个自信、自立而又自谦的美好形象，而不是一副得意洋洋、不可一世的丑恶嘴脸。

2. 介绍时要详略得当

在一些特定情况下，我们自我介绍的内容需要较全面、详尽，不仅要把自己的姓名、身份、目的、要求讲清楚，还要介绍自己的经历、学历、性格、专长以及兴趣爱好。为了取得对方的信任，有时候应讲一些具体事例，这有利于让对方感受到你的真诚，并在短时间内了解你，一般面试时推荐用这种方式自我介绍。然而不是所有的情况都需要你介绍得这么详尽，有时不需要面面俱到，这样能够给自己保留一丝神秘的感觉。

3. 独特地介绍自己

通常情况下，二十几岁的年轻人的自我介绍就是向对方报上自己的姓名、工作单位、职业、学历、特长或兴趣爱好等等，像这种千篇一律的自我介绍并不能给人留下深刻的印象。因此我们要从独特的角度，选择使对方感到有意义，又觉得顺其自然的内容，用生动活泼的语言把自己“介绍”给别人，这样的自我介绍会令对方耳目一新，自然就印象深刻。

4. 用心介绍自己的姓名

一个人的姓名，往往有丰富的文化积淀，或折射凝重的史实，或反映

时代的乐章，或寄托着父母的厚望。因此，我们在自我介绍时，要多花费些心思在自己的姓名上，为了让对方准确听清自己的名字，往往要对“姓”和“名”加以注释，注释得越巧，给人留下的印象就越深刻。

需要声明的是，自我介绍仅仅是个好的开始。我们要想给对方留下一个好印象，还要注意与对方交流的态度。有的年轻人在与对方交谈时，神情散漫，目光游移，让人感觉心不在焉；或者只谈论自己感兴趣的话题，高谈阔论，让人摸不着边际；也有的十分拘束，沉默冷场；更有甚者，信口开河，东拉西扯，只顾自己说，结果往往不欢而散。因此，在初次见面时，我们应避免傲慢无礼的态度，尤其在最初的几分钟里，务必要心平气和，全神贯注，不失礼节地倾听。唯有如此，才能使交谈推心置腹，给对方留下一个好印象。

如何让肢体语言为你加分

语言显示我们内在的思想和智慧，而举止则更多地彰显着我们的外在风度。一个优秀的人除了要有动人的谈吐，还要有大方得体的仪表和动作。

初次见面时，除了必要的称呼、自我介绍，得体的仪态也会给对方留下深刻的印象。可以说，肢体语言是人类的第二种语言，语言显示人们的内在的思想和智慧，而举止则更多地彰显着人们的外在风度和形象。一个优秀的人除了要有动人的谈吐，还要有大方得体的仪表动作，这样才能使沟通更加顺利。

1. 传递真诚的眼神

与人初次见面时，拥有一双炯炯有神的眼睛会给对方留下一个好印象，给自己加不少分数。在交谈时，如果你用饱含真诚的眼睛与对方进行目光接触，这不仅仅是一种礼貌的象征，还能帮助双方维持一种特殊的联系。

一般来说，在交谈时不敢用眼睛交流的人，难免会让人感觉他企图掩

饰什么，眼神闪烁不定则让人感觉此人不诚实。在交谈时，如果你根本不敢抬头看对方，那基本上可以说是怯懦和缺乏自信心的表现，这些都会妨碍你给别人的第一印象。当然，这里要强调的一点是，同他人进行目光交流并不意味着总用眼睛盯着对方。

一项研究表明，交谈时，目光接触对方脸部的时间最好占全部谈话时间的 30% ~60%，倘若超过了这一界限，则会让人感觉你对对方本人比对彼此的谈话内容更感兴趣；反之则表示你对彼此的谈话内容和对方本人都不怎么感兴趣。

2. 合适的坐姿

一般来说，初次见面时，人们都会与对方坐下来作深一步的交谈，因此合适的坐姿可以为你赢得不少印象分。有的人喜欢坐在中间，让其他人围坐在自己周围；有的人喜欢坐在角落，不想引起其他人的注意；有的人喜欢坐在对方身旁，有利于拉近距离。其实，对于初次见面的人，最好的座位是坐在他的对面，让对方清清楚楚地看到你。此时，你的坐姿一定要保持自然端庄，不要斜靠在椅中或者把手臂搁在椅背上，这样往往会引人轻视，让对方感觉你不尊重他，因此这些细节我们一定要注意。

3. 腿部的姿势

腿部的姿势是人们仪表中的一个重要部分，得体、端庄的腿部姿势也可以为你加分。无论是坐着还是站着，我们的腿部往往会呈现出这样三种姿势：两腿分开、两腿并拢和两腿交叉。两腿分开属开放型姿势，显示你是稳定、自信的，并有接受对方的倾向；两腿并拢的姿势则显得你过于正经、严肃；而两腿交叉属防御性姿势，往往是人们害羞、忸怩、胆怯或者随便、散漫的表现。

在与初次见面的人说话时，我们最好采取第一种姿势，即两腿分开。站立时，两腿张开，两脚平稳着地成“丁”字形或者平行相对，或者一前一后，躯干伸直，注意不要屈膝和弯腰弓背，否则会显得消极懒散，无精打采。坐下的时候也一样，我们要把自己的两腿稍稍分开，间距不超过肩宽，注意不要过分叉开，腰板要轻松地挺直。这样一来，你自然、从容的姿态就会展现在众人眼前，不仅你本人显得情绪饱满，而且还会感染对方，

给对方留下一个好印象。

4. 传情达意的双手

在与人交谈时，我们一定要特别留心该如何安放自己的双手，尤其是与人初次见面时，千万不要紧张得手足无措，不知道把自己的手放在哪里。这个时候，安放它们的最好办法是将其忘掉，让它们自然垂直在身体两侧。或者不妨把它们插在衣袋里或是放在背后。总之，双手能够平和我们的紧张情绪，因此你不用过多注意它们是否有碍，更不必顾虑对方是否会留意你双手的位置。不过值得我们注意的是，千万不要故意把双手交叉在自己的胸前，这是一种防备的姿势，对方也会不知不觉地受到你的影响，存在戒备心理。

5. 生动的表情

在不同的场合，二十多岁的年轻人要用不同的表情来表达自己的感情，有时候，我们生动的表情比手势更能感染对方。面部表情是对我们各种情感体验的反应动作，它与我们表达的内容配合得最恰当，因此使用的频率要比手势高很多。在初次见面时，很多话不是很方便说，我们要想给对方一个好印象，这时生动的表情就能发挥作用。

虽然肢体语言在我们说话的过程中可以帮助你，但它毕竟只起一个辅导的作用，一个人的言谈举止可以让人看到他的修养，单纯的肢体语言虽然无法达到有声语言表情达意的效果，但是通过肢体语言的运用，可以使有声语言的效果增强。所以，我们一定要重视肢体语言，运用得好，就会给人留下更好的印象。二十多岁的年轻人千万不要小看这些小细节，从现在起开始注意修饰自己的仪表，注重自己的肢体语言，这样会让你整个人都更充满魅力。

如此寒暄拉近双方距离

虽然寒暄语大部分并不重要，然而它能使谈话的双方摆脱尴尬的沉默。在寒暄时，我们的语气要轻松柔和，充满感情，让对方彻底放松，这样才能让对方很顺利地接受你。

寒暄，也就是人们见面时打个招呼，以示礼貌和关心。寒暄是人与人交谈的润滑剂，它能有效拉近双方的距离。因此，寒暄是我们人际交往中必不可少的一部分。

每个人可能都会有这样的经历，在与人初次见面时，由于彼此都不太了解，往往容易陷入无话可说的尴尬场面。此时，你不妨以一些寒暄语做开头，比如，“天气似乎热了点”或者“最近忙些什么呢”等。虽然这些寒暄语大部分并不重要，然而它能使谈话的双方摆脱尴尬的沉默。在寒暄时，你的语气要轻松柔和，充满感情，让对方彻底放松，这样才能让对方很顺利地接受你。

在寒暄时，年轻人要注意，要想让对方容易接受自己的观点，首先要先发现、捕捉对方的兴趣，同时要对对方的一些基本情况、爱好都很熟悉，这样我们才能占据主动。当对方接受后，我们还要及时引入正题，切不可过分寒暄，这会让对方认为你可能是不怀好意而对你加以提防，那样就功亏一篑了。适当的寒暄可以缓和、营造气氛，只要对方认可你就可以了，如若一味地寒暄，就会引起别人的反感，自然不会对你有什么好印象。

恰当恭维别人的小技巧

真诚的态度是恭维成功的必要因素，恭维对方一定要让对方感觉你是发自肺腑、情真意切的，这才能使你的新交一见如故，对你有一个好印象。

每个人都渴望得到别人的赞同，因此，在初次见面时，我们不妨适当地恭维一下对方。但是恭维并不是越多越好，二十多岁的年轻人更要注意恭维的尺度，若不顾对象、时机和分寸，大肆恭维对方，就会演变成阿谀奉承，这时你得到的回报往往会事与愿违。

1\. 因人而异恭维对方

在与初次见面的人交谈时，我们首先要注意对方的年龄、文化、职业、性格、爱好等特点，恭维对方要因人而异。比如，我们对一个为自己身材过于肥胖而愁眉不展的姑娘说："你的身材真的很好！"人家一定会认为你是在取笑她而大为不快。但如果是一个身材较好的姑娘，你说出这句话，就可以使人家对你的好感和信任增加。现实生活中，还有些人喜欢"直言不讳"，你越是能够一针见血地指出他的不足，他就越喜欢你；相反，你若太过恭维他，他就会讨厌你。因此，我们在恭维对方时一定要注意对方的特点。

2\. 把握时机恭维对方

在与对方谈话时，恭维的时机往往很重要，恰到好处的恭维会达到意想不到的效果。当你发现了对方有值得赞美、恭维的地方，就一定要及时大胆地赞美、恭维，别错过了时机。不适合时宜的恭维，无异于南辕北辙，结果往往事与愿违，甚至还会产生一定的副作用。

3\. 把握尺度恭维对方

当我们和初次见面的人谈话时，一定要注意拿捏好恭维的尺度，恰如其分的恭维能让对方很受用，而过度的恭维只会让对方感到不自在，甚至会有厌恶的感觉。

恭维的尺度往往直接影响着恭维的效果，如果你对一个初次见面的人说；“你的头发是全世界最漂亮的！”结果极有可能使双方难堪。但如果适度些，比如说：“你的头发好漂亮，你是怎么保养的？”对方听了一定会很高兴。

诚然，每个人都喜欢别人恭维自己，但是我们不能忘记，对方更期待的是你的坦诚相见，真情以待。真诚的态度是恭维成功的必要因素，恭维对方一定要让对方感觉你是发自肺腑、情真意切的，这才能使你与新交一见如故。

初次见面时说话有禁忌

健谈的人要注意，与初次见面的人谈话时要注意几点禁忌，以免因为自己的失礼而让对方轻视。

人的性格各有不同，有的人在面对初次见面的人时会紧张得不敢说话，而有的人却能落落大方地和对方交谈。还有一种性格特别活泼，特别善谈的人，他们很自然地就会和不认识的人聊在一起，丝毫没有胆怯的意思；但是他们的言谈举止又没有那么谨慎、端庄，谈话时难免会给对方留下不好的印象。因此健谈的年轻人要注意，与初次见面的人谈话时要注意几点禁忌，以免因为自己的失礼而让对方轻视。

1. 不要自我夸耀

含蓄、谦虚的态度有时更能体现人的内涵和风度，过多地向陌生人炫耀自己的人生只会让人反感。即使我们在某方面有所成就或者高人一等，也说明不了你在其他方面都出类拔萃，更何况在初次见面的人面前谈这些没有任何意义，因此二十多岁的年轻人一定要记住，不要和刚认识的人大肆炫耀自己，这会在别人脑海里落个华而不实的坏印象。

如果你一味地夸夸其谈，为了得到别人的赞赏，而把事情说得神乎其神，那样只会让对方感觉你是个沽名钓誉的人，不但不会因此高看你，反而会更加反感。明白了这条禁忌后，我们在说话时，既要有实事求是的态度，又要给人谦虚的印象，坦白地承认对某些事情的无知并不是什么丢人的事情，相反，别人会因为你的坦诚而喜欢上你。

2. 不要信口开河

初次见面时，总有些自命不凡的年轻人会走入交谈的误区，就是信口开河。这是非常不明智的，很多时候，信口开河的人往往品位不高或者知识欠缺，为了显示自己的出众或是掩饰自身的不足，他们通常会言过其实，这样的话说得越多，损失往往就越大。当这种夸张的说法被人们发觉后，其结果是他们会遭到所有人的反感。

有些二十多岁的年轻人很喜欢夸耀自己的成就和长处，希望能得到别人的钦佩和赞颂，从而给初次见面的人留下深刻的印象。但是这种做法往往会适得其反。你得到的很可能只是对方表面的赞美，事实上别人对你已经没有好印象了。所以，当你真的想把自己的优点和辉煌的成就传达给别人时，最好做到点到为止，不要夸大其词，只有这样才可能使对方认同而不产生厌恶感。

每个人都有一种向别人炫耀的心理，但是如何才不至于引起别人的反感，就不仅仅是说话那么简单了。我们可以在一开始先称赞对方，在称赞对方的时候顺便提起自己的长处，比如："您的市场开拓能力太让人佩服了，我就不行，一提到市场这方面就头疼，倒是技术研究，我还有些心得……"借话引话，才不至于让别人觉得你在信口开河。要知道，自我的渲染和夸张是不会赢得别人真正的赞许和钦佩的。

3. 开玩笑注意分寸

有些人在与初次见面的人聊天时会开一些玩笑，以此来活跃气氛，这当然是件好事。因为有时候开玩笑会使彼此之间没有距离感，显得更加亲切，有利于感情的交流。但是，虽然如此，我们在开玩笑的时候也要注意把握分寸，不能背离人的品格而说出伤人自尊或让人难堪的话来，这样你会给自己招来是非，甚至造成不可弥补的严重后果。

要知道，玩笑是不能乱开的，尤其是拿别人取笑更不可取。另外，开

玩笑要适可而止，平常开开玩笑，一两句话说过便罢，不能老盯着一个人。如果你这样做，绝大部分人都是可以接受的。但如果你专对一个人不停地大开玩笑，绝大多数人是不能忍受的。开玩笑如果使对方太难堪了，那就失去了开玩笑的意义。不仅使对方难堪，而且表现出你的冷酷无情。同样，不可拿别人生理上的缺陷来做你开玩笑的题材，这属于一个人的不幸，你应该同情而不是取笑。

第2章

巧言赞美，开口说一嘴漂亮的话

年轻人处世，常感觉不像在学校时那样很容易与他人建立亲密的友谊。有些人常常感叹心与心之间沟通之路最难行走。然而，对于会说话的年轻人来说，真诚的赞美他人就是走进他人内心深处的捷径。每个人都希望得到别人的关注，而赞美就是对他人最大的肯定，当你用真诚的语言赞美对方的时候，对方会认为你是一个了解、认可他并值得信任的人。这自然就拉近了你们之间的距离，而你与对方的关系也会因那份真诚的赞美而变得更加和谐美妙。

年轻人要学会赞美他人

赞美他人是有条件的，它有别于趋炎附势和曲意逢迎。我们在赞美他人的时候，在语言选择方面应当根据不同人的身份、年龄、关系、心境、环境、场合等选择不同的赞美语言。

在生活中，每个人都怀着一种心理期待，每个人都希望在任何场合中都受到尊重和肯定，都希望别人对自己的赞美能不绝于耳。可以说，渴望获得赞美是人类最基本的天性。因此，二十几岁的年轻人要想练就一番好口才，赞美是一门必不可少的必修课。从心理学角度看，赞美是一种很有效的交际技巧，它有效地缩短人与人之间的心理距离，是一种良好的交流沟通手段。学会赞美是对他人的品格行为、审美尺度、工作业绩的肯定，并能显示出自己坦荡的胸怀。赞美能够保证与他人的交往能够在美好的气氛下进行，它往往能带给我们难以估计的好效果。

凌欣刚刚升职做了部门主任，工作压力比以前大了许多。沉闷的办公环境，满桌子的文件和繁冗的公务，让凌欣变得烦躁焦虑，动不动就对同事和下属摆脸色，发脾气。渐渐地，她被同事列入了“黑名单”，每个人看到她不是冷眼相对就是避之不及，凌欣也意识到自己的缺点，但是她就是无法抑制自己的脾气。

一天，为了转变一下心情，她去发廊做了一个新发型。不料，做完发型后凌欣对自己的造型更加不满，在发廊对发型师发了一顿脾气，几乎和发型师当场吵起来。凌欣怒气冲冲地回到公司，原以为会被同事们嘲笑一番，不料同事们都齐声称赞她发型的清爽和简洁。凌欣在这一片赞美声之中，原来的怨气一股脑儿全消了，心情变得大好，随后几天的工作都非常顺利。事后，凌欣自己感慨道：“在我感到压力大或者烦躁的时候，其实我最渴望的就是一句对我承认和肯定的赞美。”

生活就像一面镜子，别人对待你的方式，大部分取决于你对他们的态度。有的人总是抱怨同事对自己不热情、不友好，其实他应该先反省一下自己，自己对待同事的态度如何呢？就像故事中的凌欣一样，一个热情友好的赞许，也许就能换取对方同样的态度，从而有了彼此沟通的桥梁。

但是赞美不是无原则的吹捧，也不是使人肉麻的讨好迎合，更不是借赞美之语去挖苦、嘲弄对方。赞美是一种语言艺术，是怀着一种真诚待人的心态表现出的对生活的热爱，同时更是一种勇气，将有助于你在现实生活和社会交往中获得成功。

作曲家史提夫·摩利斯少年时视力不好，他常常为此感到自卑。一次，他们在上实验课时，实验室的老鼠从笼里逃了出来，老师和其他同学找来找去，几乎把实验室翻个遍，也找不到。这时，史提夫·摩利斯突然听到了一些轻微的声音。他赶紧叫大家静一静，再认真地听了听，便给老师指出了老鼠藏躲的地方，大家一看，老鼠果然就藏在了这里。

实验课的老师由此发现他的敏锐听力与音觉，大加赞赏，并鼓励他发挥独特的优势，主攻歌唱。这位老师对史提夫的认可和赞美，给了他莫大的自信和勇气，并为他开启了他崭新的人生：1970年起，史提夫·摩利斯便以"史提夫·汪达（steve wonda）"之名扬名全世界，如今依然是顶尖的热门歌曲歌星与作曲家。

在很多名人的成功史上，我们都不难发现赞赏的足迹。赞美往往可以使一个人巨大的潜能得到最大限度的发挥。尤其是在竞争如此激烈的当今社会，你想要成为一个成功的上司或者同事，就一定要学会运用赞美来激励你的下属和伙伴。对他人的欣赏，是回馈给对方的奖励；赞美是对他人关爱的表达，是人际关系中一种良好互动的过程，是人与人之间相互关爱的显现，如果你能恰当运用好赞美，你的口才水平和人际交往能力一定会更上一个层次。

但是赞美他人是有条件的，它有别于趋炎附势和曲意逢迎。我们在赞美他人的时候，在语言选择方面应当根据不同人的身份、年龄、关系、心境、环境、场合等选择不同的赞美语言。如果不考虑上述条件，即使使用赞美的语言也不一定会取得满意的结果。这就要求我们注意以下几个方面：

1. 语言要真诚

真诚的赞美包括对对方的情感感受和自己的真实情感，说白了就是赞

美要发自内心。比如，你的女上司这一段时间明明是胖了，你就不要睁着眼睛说瞎话，硬说她最近“人比黄花瘦”。这样不符合实际的赞美，反而会给人虚假和牵强的感觉。

2. 用词要得当

在赞美同事的时候，要根据不同人的性格来使用我们的赞美语言，对待城府深的同事，赞美要点到即止；对待性格活泼外向的同事，就不要吝啬赞美的词汇，多夸奖对方会让他很开心。

3. 懂得运用幽默

恩格斯说过：“幽默是表明人对自己的事业具有信心并且表示自己占有优势的标志。”我们只有秉持乐观幽默的信念，才能在人际交往中显示出自信和乐观，才能在赞美他人时迅速博取他人好感，使彼此的心情变得愉悦、轻松，合作起来也格外容易。

赞美是一种对生活的热爱，是人们对生活环境的赞美。热爱生活不是一句空话，而是使生活更美好、更热烈的追求，学会赞美是一种对社会生活的态度。越爱赞美他人的人，对生活就越开朗、豁达，他们的生活中将存在一片晴朗与和谐的天空。

赞美他人，成就自己

聪明的人，明白成功的灵丹妙药就是鼓励和赞美，并且不吝啬于利用。在社会竞争如此激烈的今天，假如你想活得更快乐。想要获得更大的成功，你一定要学会运用赞美来激励同事和下属。赞美是虏获人心的黄金定律，每个想要成功的人都要牢牢记住它。

俗话说：“美言一句三冬暖，恶语伤人六月寒。”可见渴望获得赞美是人类最基本的天性，人们听到一句赞美的话往往会获得极大的满足感而充满动力。从心理学角度看，赞美是一种很有效的交际技巧，它能有效地缩短人

与人之间的心理距离。另外，在赞美他人的同时，我们也为自己的人际交往打下了坚实的基础，而且往往自己也能有美好愉快的情绪体验。因此，二十多岁的年轻人在生活中或者工作中一定要学会和掌握赞美这一技巧。

如云在公司是个“嘴特别甜”的女孩，深受同事和老板的喜爱。如云做人很有自己的一套标准，那就是该赞美时决不吝啬言辞。例如，公司的李姐诞下爱儿，喜滋滋地把照片分给同事看。其他同事只是顺口说一句:“恭喜”或者“长得真可爱”，而如云则不。她先是对着照片把孩子全身夸了个遍，然后又极感兴趣地听李姐讲自己孩子的趣事。听到好笑之处，如云还会轻轻一笑或者插一句“真是可爱”或者“真想抱抱他”。夸得李姐笑得合不拢嘴，直说：“如云，你有空要记得来我家玩啊，我让你们见见面。”以后，在公司遇到事李姐总是第一个站在如云这边，极力支持她。李姐是公司的前辈，在工作上是老板的得力助手，得到李姐的支持后，如云的仕途可谓“平步青云”。

如云的成功就来源于她那张特别会赞美人的嘴。当今社会竞争压力大，繁杂的公务、压力在不知不觉中就会使人变得丧失热情、烦躁焦虑。这时如果办公室里有一个善于赞美人的人，时不时地赞赏你，关心你，为你加油鼓劲儿，舒缓你的压力，让你感觉如沐春风，试问，这样的人又有谁会不喜欢呢？

俗话说“士为知己者死”！人们总是愿意为赏识自己、欣赏自己的人赴汤蹈火，肝脑涂地。古代的荆轲受到燕太子丹赏识，明明知道将死也很乐于为他刺杀秦王，可见赞美和认同的重要性。新时代的年轻人们，特别是已经处在管理阶层的人们一定要学会赞美别人。福特汽车公司前总裁皮特森说：“作为管理者，每天最重要的十分钟，就是你花在鼓励员工方面的时间。”因为员工受到来自上级的肯定，他就会积极地去工作，而你的事业必定也会更加成功。

乔榛刚刚当上主管那会，并不晓得语言的力量，总是吝啬于赞美。下属做得好的时候，她也只是淡淡地点点头，仿佛下属所做的一切都是应该的，没什么值得夸赞。半年过去后，他们部门有一位优秀的员工跳槽，部门业绩也掉到了公司所有部门的末尾。乔榛一帆风顺的仕途受到了前所未

有的挑战，然而乔榛却不知道那位员工为什么要走。

一次，一个偶然的机会乔榛碰到了那个跳槽的优秀员工，便问他："你原来在我们公司做得很出色，但是却在我升职的两个月后跳槽了，你对我有什么不满吗？"那个优秀员工惊诧地说："我怎么会对你不满？是你对我不满吧？无论我做得多么出色，你都没有称赞过我一句。我一直认为是你不喜欢我，我才另觅出路的！"乔榛说："我怎么可能会不喜欢你？你完成的好几个项目都是非常出色的，我虽然没说，但是我都看在眼里。我一直以为你的工作能力这么优秀，不会屑于这些赞美的！"那个员工沉思了很久说："当时你应该说的！"

每个人的成长、成功，都需要赞美，赞美就是给他人机会锻炼以及证明自己的实力。每个人都应该充分认识到这点，并且善加利用。在员工每一天的工作、生活中，一个温暖的言行，一束期待的目光，一句激励的评语，都会极大地激发他们的上进心，打动他们的心，让他真心实意地为你工作。只有这样你的工作才会再创巅峰，你也才能为公司创造出更大的利益。如果你对你的同事下属都不期望太高，看到对方的每一点进步，都及时予以鼓励和肯定，这些赞美会使他们看到自己的价值，激励着他们向前冲刺奋发。

聪明的人明白成功的灵丹妙药就是鼓励和赞美，并且不吝啬于利用。在社会竞争如此激烈的今天，假如你想走得更高，想要获得更大的成功，你一定要学会运用赞美来激励同事和下属。赞美是虏获人心的黄金定律，每个想要成功的人都要牢牢记住它。对他人的欣赏，是回馈给对方的奖励；赞美是对他人关爱的表达，是人际关系中一种良好互动的过程，是人与人之间相互关爱的显现。二十多岁的年轻人们，恰当运用好你的赞美吧！

学会在背后赞美他人

有时候，赞美并不需要你挖空心思去想各种优美的语句、华丽的辞藻，也不用你费尽心机找各种场合去讨好别人。会说话的人，总是会在“不经意中”就把赞美的语言送了出去，让他人在“不经意中”听到，效果却是出奇的好。

英国戏剧家萧伯纳曾说过：“每次有人吹捧我，我都头痛，因为他们捧得不够。”可见，世界上大部分人都是喜欢赞美的，赞美能够拉近人与人之间的距离，是人际关系中的最有效的润滑剂。真诚坦白地直接赞美别人，固然能取得效果，但是有时背后赞美能收到更好的效果。因为如果我们当面说别人好话，说得不妥帖很可能被人误解为在阿谀奉承；然而在背后说相同的赞美之言时，被赞美者往往会认为这是肺腑之言，备感真诚温暖。因此，有好口才的人总是善于在背后赞美他人。

林芳刚刚结婚那时，总是和婆婆关系紧张。林芳想尽各种方法改善，其中当然不乏各种“甜言蜜语”和“糖衣炮弹”，但是收效甚微。有一回，婆婆突发奇想做了一道冬瓜排骨盅，林芳毫不吝啬赞美之词，夸道：“妈的厨艺真是一流的，就拿这盅来说，咸淡适宜，汤鲜味美，真是我吃过最好吃的呢！”婆婆听完却没有任何惊喜之情，只是淡淡地“嗯”了一句就再也没有任何反应，林芳大为失望。

晚上，林芳路过婆婆的房间时，无意中听到婆婆对公公说：“咱这个媳妇厉害得紧呢！我今天做那个冬瓜排骨盅，做得太咸了。没想到她一口一个好，吃得那叫一个香，还夸我做得咸淡适宜，你说她这样奉承我想干吗？她这种笑里藏刀我会看不出来？笑话！”林芳听得如一头冰水从头灌下，心里凉飕飕地。今天那道菜是真的合她的胃口，自己也是真心赞美，没想到却被婆婆这样误会，当真是“猪八戒照镜子——里外不是人”。林芳回

去找妈妈哭诉了一通，她妈妈提醒她："俗话说人心隔肚皮，你当面再怎么夸她也没用，她总对你存了一分戒心。要是在背后夸她，让她知道又是另一种情况了，人总是认为背后说的才是实话，你不也是在背地里听到你婆婆说你，才知道她对你的真实看法？"

林芳把这话听到了心坎里，以后对婆婆的"甜言蜜语"总是采用"迂回战术"，不是故意提高嗓门对着老公夸婆婆，让婆婆"无意间"听到，就是有意对家人夸奖婆婆，再让别人转述。这招果然奏效，婆婆这座冰山，在林芳这种"背地里若有似无的赞美"中渐渐融化，对林芳笑得越来越多，越来越甜……

赞美是一件好事，但绝不是一件易事。赞美如果不审时度势，不掌握一定的赞美技巧，即使你是真诚的，也会像林芳开始那样变好事为坏事。能够懂得在背地里赞美别人的人才是一个会说话的人，这种会说话的人能够让自己和他人的生活都充满意想不到的精彩。

在背后的赞美，首先说明你没有一点儿功利性。你只是"无意"中说了别人的好话，而且又是在"无意"中被别人听到，因此对于你这种由衷的赞美，可以想象被赞美者"辗转"听到你的赞美之词时，心里该是多么激动和高兴！

其次，背后的赞美体现了一种对他人的真正的尊重，对自己也是一种收获。我们对于同事、邻里、朋友间背后的赞美，是对别人的一种鼓励和鞭策，也是一种激进和劝勉。也许他本身并没有你说得那么好，但是，对于你这种由衷的赞美，他总会有一些反应。人性本善，你的赞美所带来的良好影响是不可低估的。

最后，背后的赞美则体现了我们宽广的胸襟。这是一种人格的魅力，是人们展现自己修养、内涵的最佳时机。背后赞美虽然是一种小事，是一个小小的善举，但正所谓：不以善小而不为。我们要想获得别人的认可和尊重，这样的行为是必不可少的。

事实上，世界上没有人对别人在自己背后的赞美无动于衷，只不过有人会赞美他人，有人不会赞美而已。

《红楼梦》中的林黛玉纤细、敏感、多疑，又好耍小性子，可以说是大

观园众多姐妹中最难讨好的一位。然而这样一位难讨好的人，也难逃“背后赞美”的“天罗地网”。有一回史湘云、袭人一起劝宝玉好好学习，以后做官，宝玉对此大为反感，对着史湘云和袭人赞美黛玉说：“林姑娘从来就没有说过这样的混账话！要是她也说这些混账话，我早就和她生分了。”

恰巧黛玉此时走到窗下，听到了宝玉对自己的赞美，“不觉又惊又喜，又悲又叹”。之后宝玉和黛玉二人互诉衷肠，感情倍增。在黛玉看来，宝玉是在背后赞美自己的，而且不知道自己会听到，这种赞美就不是刻意的。如果宝玉当着黛玉的面说这样的好话，生性多疑的黛玉可能会认为宝玉是在讨好她或拿她打趣。

可见，背后说别人好话要比当面恭维别人效果明显好得多。有的人会担心自己所赞美的人会听不到自己的赞美，最后“竹篮打水一场空”。其实完全不必要担心，不要小看语言的传播速度。

二十几岁的年轻人要明白，有时候，赞美并不需要你挖空心思去想各种优美的语句、华丽的辞藻，也不用你费尽心机找各种场合去讨好别人，会说话的人，总是会在“不经意中”就把赞美的语言送了出去，让他人在“不经意中”听到，效果却是出奇地好。

想拥有好口才的人，先从背后赞美开始练习吧！

借人之口，表己之意

聪明的人想要博取他人好感的时候，总是会选择以“第三者”的口吻来赞美对方，如此更能赢得被赞美者的好感和信任。借他人之口赞美，不仅可以达到赞美对方的目的，还可以维护你基本的心理安全需要。

古人云：“假舆马者，非利足也，而至千里；假舟楫者，非能水也，而绝江河。君子生非异也，善假于物也。”这里所说的“假”，就是借。在人际交往中，很多时候个人的力量是有限的，尤其是刚走入社会的年轻

人，这个时候我们就必须学会利用他人的力量来帮自己，借他人之口，表自己之意。只有这样我们才能在竞争日趋激烈的社会中，挥洒自如，胜人一筹。

在现实生活中，大家总是认为“第三方”所说的话大多比较公正、实在。因此，聪明的人想要博取他人好感的时候，总是会选择以“第三方”的口吻来赞美对方，如此更能赢得被赞美者的好感和信任。借他人之口赞美，不仅可以达到赞美对方的目的，还可以维护你基本的心理安全需要。而对方则不但要感激你的赞美，而且往往为了“对得起”你的赞美，在你的面前会格外重视自己的形象。

吴敏是一位房地产推销员，一次她接到了一个棘手的推销任务。她的上司希望一位知名学者能够购买一套他们的房子，以便公司能以此为宣传提高业绩。但是这位学者是出了名的“难讨好”，公司派去的几位能说会道的推销员都无功而返，无奈之下老板把任务交给了拥有丰富经验的吴敏。

接到任务后，吴敏并不急于上门推销，而是充分调查了这位学者的背景、喜好等，并结交了一位这位学者的朋友。一切准备就绪后，吴敏带着学者的朋友的介绍信正式上门拜访。彼此一番寒暄之后，吴敏说道：“此次幸会，是因为我刚结交的朋友林某（也是学者的朋友）极为敬佩您，叮嘱我若拜访阁下时，务请先生您在这本书上签名……”边说边从公文包里取出这位学者最近出版的新书。学者听到自己的朋友这么推崇自己，不由得心花怒放，自然而然地放下戒心，不仅在书上签了名，还与吴敏交谈开来。谈着谈着，吴敏“很自然”地谈到了自己从事的工作以及正在推销的楼盘。在吴敏的大力赞扬和夸奖下，学者不由动了心，最终预定了一套房子。吴敏圆满地完成了任务。

吴敏最终能够推销成功，实际上用了一个口才的小技巧，那就是借学者朋友之口对学者进行恭维，使他开怀，当然结果我们都看到了，那是相当好的。

事实上，如果我们直截了当地夸奖一个人，处理不当的话往往会有谄媚的味道，会使人很容易觉察其目的。聪明的人会有意撇开自己，用借他人之口的迂回之法，表达自己的赞美。这样的方法才更巧妙、更有效，更容易使人接受。另外，生活中或者工作中，我们常常会碰到一些“难以启齿”

的事，这时候借他人之口就显得尤其重要了。

有的人，天性和性格决定了他们在说话的时候比较含蓄，特别是对恋人的一些相思之情、爱慕之意，总是“羞羞答答”地难以启齿。这时候，借他人之口来传达也是个不错的方法。

小琴今年已经28岁，和男友交往已经五个年头，两人感情稳定，志趣相投，是他人眼中的模范情侣。然而让小琴苦恼的事情是，自己已经28岁，家人不断地催促她尽早结婚，然而男友的事业刚刚起步，每天都忙得团团转，似乎并没有把结婚纳入近期的计划之中。小琴既想早点结婚，让父母安心，又拉不下脸来先提这件事，给男友造成压力。小琴夹在父母和男友之间，简直是“腹背受敌”，终日苦难不已。

最后她的一个死党给她出了个主意，由死党去找男友假装“无意间”提及小琴父母着急女儿的婚事这件事，探探男友的口风。男友经过小琴死党的“无意”点拨，明白了小琴所承受的压力。当天晚上就去小琴的家，当着她父母的面向小琴求了婚，小琴的父母和小琴自然喜不自禁。

事后，小琴的男友对她说：“我本是想事业稳定后和你结婚，没想到你的家庭给了你这么大的压力。要不是刚好碰到你的朋友，向我提到这事，我还不知道呢！我看这是天意让我们早点儿结婚！”小琴听完，笑而不语。

像小琴这样这种假借他人之口，委婉地说出了自己意愿的方法，往往都能起到良好的效果，往往能正中“要害”，达到自己想要的结果。当然要做到从容自如、得心应手地通过间接的方法赞美别人或者表达自己的意思，还是需要我们在实践中不断去磨炼。

赞美是一门艺术，技巧性很强。就像画画一样，胡乱涂鸦的人都会涂上几笔，但要画一幅完整的作品，就没那么容易了。在人际交往中，我们要想让自己成为一个受人欢迎的人，不仅要掌握赞美的技巧，还要用真心去赞美，这样我们才能成为一个说话、办事样样行的人。

抓住赞美的几个要点

要善于及时大胆地赞美、恭维，千万不要错过时机。不适时机的恭维，无异于南辕北辙，结果只能事与愿违。

张口就能恰当地说出赞美别人的话，不仅会让别人高兴万分，更会让自己在他人心中留下良好的印象。赞美别人是一小笔投资，只须片刻思索，找到别人的优点，就能得到意想不到的回报，赞美也是与他人沟通情感、表示理解支持的最好方式。任何人都想听到赞美自己的话，而不愿意听到批评的话。年轻人要努力学习赞美的方法，把赞美的话说得恰如其分、恰到好处，让对方感到很舒服。

1. 雪中送炭的美言

生活中，最需要赞美的不是那些早已功成名就的人，而是那些因被埋没而产生自卑感或身处逆境的人。他们平时很难听到一声赞美的话语，一旦被人当众真诚地赞美，便有可能振作精神，大展宏图。因此，最有实效的赞美不是“锦上添花”，而是“雪中送炭”。

此外，赞美并不一定总用一些固定的词语，见人便说“好……”。有时，投以赞许的目光、做一个夸奖的手势、送一个友好的微笑，也能收到意想不到的效果。

2. 赞美要把握好恰当时机

赞美的话什么时候说出口，有着一定的“时效”约束。不合时宜的赞美，起不到应该起的效果，甚至还会产生一定的副作用。同时，你还应该记住：当你的朋友发现他自己的某种不足而正要改正时，你却要对他的这种不足之处大加赞赏，这绝不会令你的朋友满意的。

3. 要有善于发现赞美的眼睛

年轻人不仅要有赞美的口才，更要有一双发现对方优点的眼睛，这样

才能让你在他人心里留下不可磨灭的良好印象。

卡耐基小时候是一个公认的坏男孩。在他 9 岁的时候，父亲把继母娶进家门。当时他们还是居住在乡下的贫苦人家，而继母则来自富有的家庭。父亲一边向继母介绍卡耐基，一边说："亲爱的，希望你注意这个全郡最坏的男孩，他已经让我无可奈何。说不定明天早晨以前，他就会拿石头扔向你，或者做出你完全想不到的坏事。"出乎卡耐基意料的是，继母微笑着走到他面前，托起他的头认真地看着他。接着她回来对丈夫说："你错了，他不是全郡最坏的男孩，而是全郡最聪明、最有创造力的男孩。只不过，他还没有找到发泄热情的地方。"

继母的话说得卡耐基心里热乎乎的，眼泪几乎滚落下来。就是凭着这一句话，他和继母开始建立友谊。也就是这一句话，成为激励他一生的动力。

在现实生活中，不论何时何地，人们都希望听到别人一句赞美的话。赞美是对他人的一种鼓励，也是一种鞭策。

怎么说好赞美的话

赞美用语越翔实、具体，说明你对对方越了解，对他的长处和成绩越看重。

美国著名作家、幽默大师马克·吐温曾说过："一句赞美的话能当我十天的口粮。"赞美对于赞美者来说，是一种给予。赞美，首先就是你对他人成绩的认可，一种高度肯定的评价，一种对他人价值的赞誉。

1. 从否定到肯定的效果好

很多人在赞美别人的时候总是平铺直叙，效果很不好。如果能尝试采取从否定到肯定的赞美方法，效果就会好得多。看看以下两句评价同事的话，你就会明白赞美的技巧是多么地重要。一般的说法是"我像佩服别人一样佩服你"，从否定到肯定的说法则是"我很少佩服别人，你是例外"。

2. 赞美别人引以为荣的事情

每个人跟你谈到他自己引以为荣的事情的时候，往往希望能得到听众的肯定和欣赏，希望得到热烈的回应。因此，当别人谈到自己得意的事情时，我们不妨给予适当的赞美。

乔治·伊斯曼是世界上最有名望的商人之一。当时，纽约高级坐椅公司的总裁亚当斯想得到伊斯曼所盖的两幢大楼的坐椅订货生意。于是，他约定拜见伊斯曼。

进入伊斯曼的办公室时，亚当斯满脸诚恳地说："伊斯曼先生，我一直很羡慕您的办公室，我在这之前还没有见过比这更漂亮的办公室呢。"

伊斯曼回答说："这间办公室很漂亮，是吧？当初刚建好的时候我对它也是极为欣赏。可如今，我每来这儿时总是盘算着许多别的事情，有时候甚至一连几个星期都顾不上看这个房间一眼。"

接下来，伊斯曼带亚当斯参观了那间房子的每一个角落，他把自己参与设计与监造的部分一一指给亚当斯看。他还打开一只带锁的箱子，从里面拉出他的第一卷胶片，向亚当斯讲述他早年创业时的奋斗历程。

在离开伊斯曼家时，亚当斯获得了那两幢楼的坐椅生意。

3. 赞美要翔实、具体

在日常生活中，人们有非常显著成绩的时候并不多见。因此，交往中应从具体的事件入手，善于发现别人哪怕是最微小的长处，并不失时机地予以赞美。赞美用语越翔实、具体，说明你对对方越了解，对他的长处和成绩越看重。让对方感到你的真挚、亲切和可信，你们之间的距离就会越来越近。如果你只是含糊其辞地赞美对方，说一些"你工作得非常出色"或者"你是一位卓越的领导"等虚空的话语，不仅会引起对方的猜度，甚至会产生不必要的误解和矛盾。

一位举止优雅的妇女对一个朋友说："你今天晚上的演讲太精彩了。我情不自禁地想，你当一名律师该会是多么出色。"这位朋友听了这意想不到的评语后，高兴得红了脸。正如安德烈·毛雷斯曾经说过的："当我谈论一个将军的胜利时，他并没有感谢我。但当一位女士提到他眼睛里的光彩时，他表露出无限的感激。"

赞扬对方的时候，往往细微之处显真情，当同事、朋友或下级感受到你对他优点的切实了解时，你也就获得了他们的信任、真诚相待及工作上的积极支持。

不要让赞美变奉承

犹太人有一句谚语："唯有赞美别人的人，才是真正值得赞美的人。"赞美需要恰如其分、真诚以及适可而止，要区别赞美和奉承。

二十几岁的年轻人要想在人际关系中胜人一筹，赢得上司的青睐和同事间的和睦，有很多方法可以使用：如帮助他人、送礼笼络人心、赞美他人等。其中利用自己的好口才赞美他人而博人欢心，是简单也是最有效的方法。赞美是让我们成为一个受欢迎的人的必备手段，是建立良好人际关系的基石，更是事业成功的良性催化剂。然而在实际操作的过程中，有些年轻人由于应用的不恰当，常常会给人刻意奉承的感觉，最终费尽口舌也无法拉近彼此的距离。

我们必须弄明白，环境中的任何指数都有合适的比例。就像在海水里，缺氧会造成鱼类窒息，而氧量超出比例，海藻又会疯长。人际关系也是如此，也许你把赞美一味地馈赠给身边的人，但是别人并不为你的赞美陶醉，反倒会因你的过分赞美迷惑，你便很难获得良好的反馈。

小可已经辛辛苦苦地在这个公司贡献了三年，然而依旧没有半点升职的迹象，很是泄气。经过朋友的"点拨"，小可恍然大悟，平时应该多赞美上司几句，拉拢关系，为自己以后升迁和加薪打下基础。而她的顶头上司，掌握着他们部门所有"生杀大权"的柳荷无疑就是小可最应该拉拢的对象。

一天，小可在电梯中巧遇柳荷，电梯中刚好也没有别人，小可觉得自己的机会到了。"你这双皮鞋可真好看，是最新款式吧！我从来没有看到过这么好的皮鞋，穿在你脚上配上这身衣服真是合适极了！"柳荷听完这

番话似笑非笑地看了小可一眼说："这双鞋是我三年前买的，我经常穿的，你都没看到过？"小可尴尬地站在原地，只得一个劲地傻笑。

不过小可仍然不灰心，接下来的几天里，她只要一看见柳荷起身去倒水喝，就连忙笑着过去说："你亲自倒水啊，我帮你倒吧！"接着就给柳荷端过来了。柳荷对此倒是颇为满意，对她的态度也温和多了。正当小可暗喜自己的方法奏效时，无意中却听到同事们在背后对自己议论纷纷。

"小可真是不要脸，要巴结柳荷也不要做得这么明显，搞得跟奴才伺候主子似的。"

"可不是嘛，样样事都要代劳，恨不得把柳荷揣在兜里，那怎么不代柳荷去上厕所啊？哈哈，真是个虚伪的人。"

小可听完后，一脸尴尬，不知道怎么办。她到底该怎么做才能做到既让上司满意，也能避免落别人的口舌？小可苦恼不已。

我们要想利用赞美来建立良好的人际关系，无论是从出发点还是从良苦用心上说，本来都无可厚非。但是万一应用的方法不得当就会变成小可的下场，把赞美话说成了奉承话，结果就变成猪八戒照镜子——里外不是人。可见，赞美话也不是那么好说的，说好了，对方心花怒放，说得不好就会弄巧成拙。

首先我们要区别赞美和奉承。

在生活中，有些人的"赞美"总让人感到恶心。他们总像套着一个面具，不分场合和时间，奉承他们遇到的每一个人，什么过头儿的话他们都说得出口，他们认为向上司大献殷勤就能轻而易举地得到提升，事实上这样的奉承根本没有任何好处，反而在自己身上贴上了"马屁精"的标签。

聪明的人明白赞美需要恰如其分、真诚以及适可而止。我们要明白一点，不努力工作而整天想着如何巴结上司的人是不会得到肯定的。赞美并不是我们工作的全部，只是建立良好的人际关系，使自己的工作得以顺利完成、目的得以顺利实现的一种方法。赞美并不是要让你不分场合地乱拍一气，成功的奉承是一种为人处世的技巧。它能够让你加上良好的印象分，使得他人能够关注到你以及你所取得的成就，以便你可以获得更好的机遇。

其次，赞美话要说得灵巧。

好口才的人善于抓住别人确实存在而又值得夸奖的那一"点"，即使

发出的赞美不完全出自于他们的本意，但别人听来至少是合乎实际的，是实事求是的。

例如，你的女上司今天刚刚做了一个新发型，你在适当地夸奖之余也可以多和她谈谈头发保养的技巧并向她推荐一些你认为好用的护发品；上司的孩子考试取得了好成绩或是得到了某个奖项，这个时候你就要懂得“打蛇随棍上”，顺势提起自己不争气的侄儿或者熟人的孩子，让上司的孩子在对比中更显优秀，上司的心里必是喜不自禁。总之，赞美他人一定要学会察言观色，根据不同环境、不同人，找出最适合赞美的“点”，赞美到他人的心坎上，才算是“功德圆满”。

总之，年轻人要善用赞美的技巧，让你的上级欣赏你，让你的同事帮助你，让你的工作得以顺利完成，但同时又不可以把赞美话说过头使之变成奉承，让自己失去自己做人的尊严和修养。如果你能做到这一点，那么相信你的口才会让你更进一步，成功之神也会在前方向你招手。

赞美的话要真诚表达

会说赞美话的人，必定能够根据真实的客观情况用恰当的语言，不动声色地把话说到别人的心窝里，这不仅有助于提升人缘，拉近与对方的关系，而且还不会降低自己的人格。

赞美是培养人际关系的润滑剂，但是前提是真诚。赞美是对于别人的长处和成绩表示敬佩和高兴，是一个有修养的人应该有的行为。赞美并不是一味地贬低自己，以此抬高别人，甚至牵强附会，毫无理由地大肆赞赏对方，那会被别人认为是有所企图的狡诈。会说赞美话的人，必定能够根据真实的客观情况用恰当的语言，不动声色地把话说到别人的心窝里，这不仅有助于提升人缘，拉近与对方的关系，而且还不会降低自己的人格。

在生活中，人人需要赞美，人人喜欢赞美。这绝不是虚荣心的表现，而是渴求上进，寻求理解、支持与鼓励的表现。父母经常赞美孩子，家庭气氛和睦、欢乐；领导经常赞美下级，员工的积极性、创造性不断被激发，被调动。随便赞美他人并不难；难在真心诚意，贵在确有实效。想要做到真诚地赞美，需遵循以下几条基本准则：

1. 尽量避免使用模棱两可的表述

多年好友就要结婚了，晓芸前往祝贺。不料，准新郎居然是晓芸另一位好友的前任男友，这让晓芸尴尬不已。私聊时，好友偷偷问晓芸："你觉得他怎么样？"其实，晓芸早已耳闻准新郎的风流史，但是看着好友一脸幸福的样子又不好说破，只好含糊地赞美道："还可以吧！"好友不依不饶："还可以在哪里啊？"晓芸想了一想，只好说："凑合着吧！"

好友听完非常不高兴，觉得晓芸这是在敷衍她，还暗含讽刺和怜悯，气冲冲地走了。晓芸心里也觉得冤枉，自己倒是想赞美新郎来着，不过也不能昧着良心说得太假啊！只好折中地说，怎么还是得罪好友了？

晓芸不知道在赞美他人时，用"还可以""凑合""挺好"等词语会让人感觉不真诚。晓芸这种含糊的赞扬往往比侮辱性的言辞还要糟糕，因为侮辱至少不会带有怜悯的味道。

2. 明确自己要说的话，弄明白你要夸奖的对象的具体情况

筱筱听说自己的上司接受了一个电视台的采访，想着自己身为她的下属，无论如何也要去恭喜一下。巧的是，节目播出的那天自己刚好有事无法观看，于是隔天碰到上司的时候只是胡夸一通："我昨天在电视上看到你的专访了，你表现得真是棒极了！"结果上司听完后不但不高兴，反而狠狠地瞪了筱筱一眼。筱筱觉得莫名其妙，赶紧去问同事。这才知道昨天电视节目作了调整，上司的专访被延期播出。

生活中，我们在赞美他人时一定要弄清楚赞美的具体事宜，实事求是地进行赞美。不要云里雾里地胡乱赞美一通，不然很容易出现适得其反的尴尬场面。

3. 不要同时夸赞很多人

小美的两个同事同时参加了一个公司举办的演讲比赛。甲比赛完，问小美："我刚才表现得这么样？"小美毫不犹豫地回答："真是太棒了，

你是所有选手中发挥得最出色的。”过了一会，乙也回来了。小美又夸奖道：“我觉得你刚才表现的很大方啊，冠军非你莫属。”在一旁的甲听到了这句话，心里很不是滋味。

用同一件事情同时夸奖两个人是非常危险的，即使你是在背地里分别夸赞的两人，也难保“世上有不透风的墙”。万一一方知道你同时夸奖了其他人，你难保不会落下虚伪小人的恶名，而且你的赞美效果也会大打折扣。

4. 不要在某件事显然已经出错时还去赞美对方

电台编辑小武就有很糟糕的一次赞美经验。一位新来的女播音员在一次电台直播中，表现得结结巴巴，搞砸了这次直播。直播结束后，所有的工作人员都垂头丧气，特别是那个新来的女播音员。小武觉得那个女播音员也不是故意的，于是就安慰道：“你表现得很棒，这是你第一次录直播吧？”新来的女播音员听完这句话，眼泪一下子就涌了出来，放声大哭。相信那个时候，小武选择沉默会更好一些。

5. 尽量不要在有求于人的时候赞扬别人，哪怕你是真心实意的

婵真最近的生意做得不是很顺心，由于一个项目的投资失败，公司周转出现了问题。婵真向一位生意上的伙伴封三借钱，封三答应考虑。第二天，婵真就听说了封三儿子由于在数学竞赛中表现优异，被保送上了一所名牌大学。婵真跟封三的儿子特别投缘，真心地为封三一家感到高兴，于是就打电话恭喜封三。没想到封三听完只是冷冷地说：“我已经答应你会考虑借钱给你了，你这时候就别拿奉承的话来跟我套近乎了。”婵真觉得自己真是冤枉，好心被人当成了驴肝肺。

其实婵真的错只是在于自己赞美的时机不对，容易给他人造成不必要的联想。想必如果等到封三具体回复到底借不借钱后，她的赞美会有另一番结果。

总之，如果你能掌握了以上几点规则，想要说话说得真诚而且得人欢心是轻而易举的事。

多谈对方成就和得意之事

每个人都有自己感兴趣的事物或话题，每个人也根据不同的人生阅历或多或少有一些成就，聪明的人懂得寻找到他人的成就和得意之事，积极主动地以这些事作为话题，不动声色地“夸人于无形”。

赞美是一门说话艺术，如果你想要使你的赞美深得人心，就一定要找到那把打开人心的钥匙。赞美的方式不止一种，当然钥匙也不止一把，“多谈对方成就和得意之事”这把赞美钥匙无疑是众多钥匙中最耀眼闪亮的一把。

每个人都有自己感兴趣的事物或话题，每个人也根据不同的人生阅历或多或少有一些成就，聪明的人懂得寻找到他人的成就和得意之事，积极主动地以这些事作为话题，不动声色地“夸人于无形”。无论是与朋友还是客户交谈，多谈一谈对方的得意之事，这样不仅容易赢得对方的认同，并且容易让对方对你产生好感。

文慧刚刚调到人事部门工作的时候，在同事中几乎连一个朋友也没有，她经常为此感到郁闷，不知道要怎么样和同事融为一片。后来，文慧在一位公司老前辈的提点下才明白症结所在。原来，文慧刚刚调来的时候常常在同事面前炫耀自己以前的成就和得意之事，刚开始同事们还姑且听之，后来听得多了，就觉得文慧这个人有点浮夸，做人不踏实，渐渐地就不愿意和她交往了。文慧意识到自己的失误后，从此，她很少在同事朋友面前炫耀自己的得意之事。同时，她改变战略，认真调查了每一位同事的兴趣和成就，每当她有时间与同事闲聊的时候，她极富技巧地“不经意”说出他人的成就或者得意之事，打开同事的话匣子，让同事滔滔不绝地说出自己的得意之事，久而久之，她的同事们无一例外地都成了她的好朋友，文慧终于成功地融入了新的环境。

每个人都非常希望别人重视自己，都喜欢别人谈论自己。因此在朋友

面前，千万不要过分地炫耀自己的得意，而是要以说话对象为中心，多说对方的成就和得意之事。在人际交往中，如果你让别人谈出自己的得意，或由你去说出他的得意，他肯定会对你有好感。文慧就是利用了这一点，才能迅速和朋友打成一片。二十几岁的年轻人千万要记住人际交往中这一条亘古不变的定理。

卡耐基说："即使你喜欢吃香蕉、三明治，但你也不能用这些东西去钓鱼，因为鱼并不喜欢它们。你想钓到鱼，必须下鱼饵才行。"因此我们要善于挑选"鱼儿"喜欢吃的"鱼饵"。

蔡玲在一家公司当业务员。一次，蔡玲的老板要她去和一个老客户联络感情，希望蔡玲可以和他签下下个季度的订单。但是蔡玲曾经听公司的其他同事说过，这个老客户性情清高孤傲，待人冷淡，从来不轻易买任何人的账，公司的同事都不愿意和他打交道。蔡玲知道这个情况后，忧心忡忡了好几天。后来，蔡玲在调查这个老客户的背景之时，发现原来这位老客户喜欢写书法，于是蔡玲就花了好几天的时间阅读关于书法方面的书籍。

到了拜访的那一天，她来到这位老客户的家里，老客户对她的态度果然十分冷淡。这时，蔡玲发现客厅里挂着一幅书法，她灵机一动，装作不经意地看到那幅作品，便边欣赏边赞叹道："这幅书法作品，气势磅礴，用笔一气呵成，真是一幅好作品啊。敢问先生，这幅作品你是如何得来的？出自哪位名家之手？"一番话使老客户升腾起愉悦感和自豪感，笑呵呵地对蔡玲说："这是我自己闲来无事随手之笔！""原来是先生你的作品，真是厉害啊！我学过几年的书法，知道一点皮毛。要写到你这样的境界，可真是不容易！"蔡玲继续下"迷魂药"，果然一会儿，老客户的态度就彻底转变了，话也多了起来。接着，蔡玲对所谈话题着意挖掘，环环相扣，终于，蔡玲说服了老客户，让老客户签下了下一个季度的订单。

每个人都有自己的兴趣爱好，如有的人喜欢爬山，有的人喜欢书法，有的人喜欢音乐，有的人喜欢看小说，有些人热衷于研究时政大事，有些人对八卦新闻津津乐道……不管是谁，不管这个人的兴趣爱好是高雅还是低俗，只要懂得在说话的过程中，投其所好，就能够在人际交往中获得意想不到的收获。

愚蠢的人在和别人交谈的时候，只谈论自己，从来不考虑别人，这样的人永远不会得到别人的认同。而聪明的人，懂得在说话的过程中，以对方为中心，多谈对方的成就和得意之事，引起对方的兴趣，博取对方的好感，从而使自己的嘴“战无不胜，攻无不克”。

人的潜意识里都希望自己能够成为这个社会的主流，成为众人瞩目的焦点。我们只要抓住人的这一特点，在交谈中就很容易做到“步步为营”。二十几岁的年轻人，你们一定要记住：你想让别人对你感兴趣的办法只有一个，那就是先对别人感兴趣！

女人赞美男人的技巧

对于大部分男人来说，成就不仅包括事业有成，仕途顺利，还包括女人的赞美和青睐，因此聪慧的女人，总是掌握着赞美男人的技巧以及男人的心理。用一点儿小心计，耍一点儿小手段，让自己的倩影在男人眼中长存，和男人们保持良好的关系。

美丽的女人可以获得男人一时的喜爱，但是懂得赞美男人的女人，却往往能获得难得的一辈子的宠爱。世界上没有不爱听赞美的人，特别是来自异性的赞美，男人更是如此。对于男人来说，来自女人的赞美不仅是自己价值受到肯定，更是自己魅力获得证明的表现。聪明的女人就会利用男人的这一心理，适时地赞美男人，使男人产生极大的价值感。因为她们明白对大部分男人来说，成就不仅包括事业有成，仕途顺利，还包括女人的赞美和青睐。因此聪慧的女人，总是掌握着赞美男人的技巧以及男人的心理。用一点儿小心计，耍一点儿小手段，让自己的倩影在男人眼中长存，和男人们保持良好的关系。

但赞美也要保持着一定的“度”，过了头，你在男人眼中就变成了趋炎附势和势利的女人。男人们喜爱能够欣赏自己的女人，但是往往非常厌

恶势利的女人。因此女人们在赞美男人的时候，要把握一定的分寸，以确保送出去的赞美不仅甜，而且能够甜到男人的心坎里。以下就为女人们介绍几种赞美男人的技巧：

1. 赞美时，送上关心体贴的问候

男人总是喜欢用“温柔如水”来形容女人，可见在大部分男人心中，温柔、体贴可以说是女人的一个特性，男人们比较喜欢的也往往是那些既体贴又善解人意的女人。女人们细腻的关怀，会让男人们如沐春风，而女人的赞美如沁人心脾的淡淡花香，让男人们在不知不觉中已经沉溺在女人们的温柔中，不能自拔。

2. 带着崇拜去赞美

俗话说：“男人对女人的爱总是带着怜惜，而女人对男人的爱总是带着崇拜。”可见社会的普遍期望值是希望女人能带着崇拜去看待男人，男人也希望女人能够用尊敬、仰视的眼光看待自己，女人们要善于利用男人们这种渴望被崇拜的心理，这能够使你的赞美获得更好的效果。

千禧的丈夫是独生子，原来在家里是什么家务事都不做的。千禧在婚后为此十分苦恼，不过很快她就找到了解决之道。千禧的丈夫第一次做饭时，千禧说：“老公你好厉害哦！第一次做饭味道就这么好，我第一次学做饭连个蛋都煎不好！”千禧的丈夫第一次拖地板的时候，千禧说：“老公你好细心哦！你做完家务地板干净得连一根头发都找不到！”

就这样，在千禧不断地带着崇拜的赞美声中，千禧的老公逐渐养成了做家务的习惯，有空的时候都会主动地帮助千禧做家务。千禧的公公婆婆对儿子的变化都感到不可思议，直说真是找对了媳妇！

3. 赞美的同时予以鼓励

很多男人都有一点大男子主义的情怀，认为自己是女人的保护伞。他们总是喜欢在女人面前表现自己优秀的一面、强悍的一面，最怕女人看到自己输。所以，女人要善于鼓励男人，切忌数落男人，打击男人。反之，应该常常鼓励男人，让他们充满自信地为女人们打造一片天。当今社会，竞争激烈，男人所承担的压力往往也很大。没有任何一个男人可以保证不会遭受任何挫折和失败，女人们不仅要在男人们成功的时候赞美他们，更要在他们遭受挫

折的时候，用赞美的话去鼓励他们，帮他们重拾信心。锦上添花的女人不会得到男人的青睐，而雪中送炭的女人往往能让男人们铭记终生。

陈茜和老公结婚二十年，见证了她的老公从一个普通的打工仔变成了一个叱咤风云的商人的传奇。然而这二十年来，陈茜的老公对她始终是喜爱有加，不管是在顺境还是在逆境，对陈茜二十年如一日。他经常对旁人说："我妻子是世界上最好的妻子，她不论在任何时候都相信我，鼓励我。这二十年来，我生意遇到瓶颈的时候数不胜数，但是我妻子从未在任何时候责备我、质疑我，反而比我自己更加坚信我能够渡过困难，获得成功。我终于没有辜负她的期盼，做到了！"

女人们的赞美和委婉的激励，有时就像一剂良药，给头昏脑热、春风得意的男人一点不动声色的提醒，给失败受挫的男人一点激励人性的鼓舞，进一步激发起他的冷静和投入下一次竞争的热情。女人们，善用你的赞美去征服身旁的男人，从而获得好人缘吧！

赞美领导的注意要点

赞扬领导要尽量使用"中性"词，切不可滥用形容词和副词。否则容易使领导者感到你言过其实，而且感到你比较虚浮，言不由衷。

年轻人都有这样的感觉，赞美的话犹如在点心中夹着一块奶酪，使人甜在心里。试想一下，如果你能把这种感觉精彩地送给领导，想必你至少是个很受欢迎的人。

年轻人闯荡职场，适度的赞美是得到领导的青睐、缩短与领导的距离的重要方法。值得注意的是，赞美是有分寸的，赞美领导时稍不注意就会变成了"拍马屁"。有的人虽然在称赞领导方面一向很"积极"，但却不注意方式，不仅领导不喜欢听、不敢接受，就连同事听了也反感，不仅没收到效果，反而还得罪了别人。赞美实在是一门微妙的艺术，年轻人在张

嘴说出赞美的话之前，要特别注意以下几个方面。

1. 正确地赞美领导

赞扬领导最好以“公众”的语气赞美，同时把自己的赞美融入进去。比如，某报社的魏主编的一篇稿子在 ×× 报上发表，小张不失时机夸赞：“魏主编，大家都在学习您的报道呢！我们都认为您报道的角度独到，大家都要向您请教呢！”魏主编听后很高兴。

赞扬领导要尽量使用“中性”词，切不可滥用形容词和副词。否则容易使领导者感到你言过其实，而且感到你比较虚浮，言不由衷。例如，一位领导同志经常自己动手写稿，偶尔秘书帮他准备稿子时，他也是事先把稿子的“路子”告诉秘书，供执笔人参考。因此，秘书经常对他说：“像您这样当领导，我们都快失业了。”“人家都说写稿子是苦差事，可是为您写稿子是美差事。”由于赞扬恰如其分，这位领导每次都愉快地接受了。如果秘书说“你真有水平”，“别的领导都比不上你”，那么这位领导一定接受不了，也不会有好的效果。

2. 赞扬方法要正确

对领导者值得赞扬的优点，也要讲究赞扬的方法。直接赞扬和间接赞扬可以并用。直接赞扬，主要是指对领导者个人“有话直说”，当面赞扬。如领导刚作完报告，他主动询问你对报告的印象，那你就可以使用恰当的语言实事求是地进行直接赞扬，切不要以“还可以”“凑合”之类的话应付了事。间接赞扬，是指对领导者采用迂回的方法进行赞扬。你可以把大家听完报告后的反映转告给领导，这既是直接赞扬，又是间接赞扬。

3. 内容选择要正确

赞扬领导时，最要紧的是赞扬领导者真正在乎的事情。比如：新任职的领导的第一次公开讲话，领导作出的被实践证明是完全正确的决策，领导近期所取得的某项工作的成功，领导者子女的“金榜题名”等，这些事情常常是领导者很“在乎”的事情，可以恰当赞扬。

某局钱局长喜欢开车，常常自己驾车，并乐于谈论车技。一次局长司机小孙不慎在驾车过程中扭了腰，钱局长让小孙坐车，自己开车。当时正值车辆运行高峰，路上交通拥挤，但钱局长的车开得稳而不慢，这时小孙开口说："局长，想不到您的车技这么好，在这种情况下开得这么快，这么稳，比专业司机还棒。"这句由衷的赞美之辞使钱局长非常高兴，并时常夸小孙有眼光。

年轻人说好赞美的话，让别人开怀的同时，也是在为自己铺路。

第3章

因人而言，如何与不同对象聊得投机

有名话说得好，“话不投机半句多”。二十几岁的年轻人在各种社会场合要想和别人谈得投机，需要高超的语言驾驭能力。说话是一项与人交流的艺术，我们不但要把握好说话的时机和技巧，还要把握说话对象和特点。对待不同的人，我们应该采用不同的交谈的方式，去谈对方感兴趣的事情，这样的谈话才会使双方产生共鸣，甚至有种相见恨晚的感觉，才能更好地拉近关系，升华感情。

说话看人，到什么山头唱什么歌

生活中，我们每天遇到的人都是不一样的，他们的心理特点、脾气秉性、语言习惯都各不相同，这就决定了我们每次选择的说话方式和说话内容都是不一样的。

俗话说：“到什么山头唱什么歌。”世界上有着形形色色的人，人各有其情，各有其性。我们想要说话说得漂亮，想要获得好人缘，就要学会见什么人说什么话。只有言辞表达的内容和方式符合接受对象的脾气性格，才有可能获得对方的共鸣，给对方留下一个好印象。古人说：“知己知彼，百战不殆。”说话也一样，我们在交谈之前，要尽可能地了解对方的兴趣、背景、爱好等，然后针对不同的对象，采取不同的会谈技巧。唯有这样，才能使交谈获得最佳的效果。

有些年轻人时常被认为“少根筋”，容易得罪人，就是因为他们说话不看对象。这些人往往说话急于开口，不看对象，结果惹得对方不高兴。

韩玲工作两年了，不仅没有融入同事之中获得好人缘，还被同事评为“最尖酸刻薄的人”，韩玲在觉得委屈的同时，也觉得莫名其妙。其实韩玲之所以在公司不受欢迎的原因就是她不懂得说话要看人这个道理。例如，公司的同事怀孕了，别人都笑着说恭喜，但是韩玲却说：“哎，现在养孩子没什么好处，花心思花钱不说，说不定长大了还会给父母气受。我侄子就是这样，读书也读不好，工作也找不到，整天赖在家里玩游戏。”怀孕的同事的脸立刻就黑了。还有一次，韩玲部门主管的父亲过八十大寿，邀请公司的同事一起去庆祝。结果在寿宴上韩玲对着寿公大谈人寿保险的好处，还说自己有个朋友也在卖保险，如果去买的话可以给他打折。老人家最忌讳的就是这个，立刻变了脸厉声说：“你这是在咒我吗？”结果闹得很不愉快。

其实韩玲说这些话都是出于好心，但是她没有看场合和对象，结果把身边的朋友、同事得罪了个遍。会说话的人，在开口求人办事之前，一定会根据各种人的身份地位、性格爱好和心理选择不同的处理方式，并把握好分寸。只有这样，才能成为受欢迎的人。

生活中，我们遇到的人都是不一样的，他们的心理特点、脾气秉性、语言习惯都各不相同，这就决定了我们每次选择的说话方式和说话内容都是不一样的。

1. 对不同年龄的人说不同的话

如果见到一个 5 岁以下的孩子，要和他讨论糖果。

如果见到一个 10 岁左右的孩子，要和他讨论游戏。

如果见到一个 18 岁左右的学生，要和他讨论高考。

如果见到一个 20 岁左右的漂亮女青年，去和她讨论哪部电影最经典、哪里的小吃最出名。

如果见到一个 24 岁以上的独身女青年，现在有了男朋友的，害怕男朋友是不可以托付终身的那种人；而没有男朋友的，为了找一个好的男朋友绞尽脑汁，所以要巧妙地避开“男人”这个敏感话题，谈谈她的事业、化妆品等。

如果见到一个初为人妇的女子，要和她探讨厨艺、她丈夫的事业等。

如果见到一个初为人母的女子，要和她讨论育婴经验、奶粉调制等。

如果见到一个孩子在 18 岁左右的母亲，就和她谈谈孩子的未来。

如果见到一个 50 岁左右的中年妇女，就和她谈谈她老公的身体情况。

如果见到一个儿孙满堂的老奶奶，就和她谈谈她的幸福晚年。

2. 对不同性格的人说不同的话

如果你遇到为人严谨的人，你要注意说话的态度必须诚恳，切忌高谈阔论和巧舌如簧。严谨的人喜欢朴实无华，直而不曲的说话方式。因此我们要力图塑造老实敦厚、诚实可靠的形象。

如果你遇到性情豪放的人，你就应该爽快、坦白地说话。千万不要给人留下畏首畏尾，唯唯诺诺的形象。这个时候你越能放开胆子来说话，越能获得对方的好感。

如果对方是比较粗犷的人，我们说话要尽量简洁直白。千万不要玩话中有话，绵里藏针的把戏，否则会给他人留下工于心计的小人形象。

若对方是学识渊博之士，我们说话要尽量引经据典，多用华丽的辞藻，要尽可能地表现出自己的含蓄和文雅，显得谦虚而又好学，并且使得谈话始终保持幽默风趣和富含哲理。和这一类型的人说话切忌粗俗和措辞不雅。

总之，二十几岁的年轻人在和人谈话时，能够面对不同的人说不同的话，是很重要的。听话对象的不同体现在多个方面，包括民族、地域、性别、年龄、职业、文化、修养、阅历、性格等。一个人要想使自己说出的话引起对方的重视或取得对方的认可，必须根据不同的说话对象，把握说话的分寸。只有真正做到“见什么人说什么话，到什么山头唱什么歌”，我们在生活中才能做到真正的如鱼得水。

边看边说，改变说话的策略

边说还要边看。从对方的表情变化中便可猜度对方的心理状态，透视对方的心理需要，然后随时调整自己说话的内容与方式，并透过巧妙机智的言语获得预期的良好效果。

许多年轻人认为好口才的定义就是能说会道，伶牙俐齿。这种看法事实上是偏激的，我们必须清醒地意识到，想要在社会上如鱼得水，获得好人缘，除了基本的口才训练外，还要重思考和观察。固然，谈话的能力有赖于相当的训练，也就是我们常常说的“边看边说”。好口才往往源于人们敏锐的观察和敏捷的思考。俗话说：巧妇难为无米之炊。没有这些基础，光是口齿伶俐，也不能成为一个口才好的人。

一个口才好的人，无论在自己说话的时候，还是对方说话的时候，他的眼睛，总是随时地留意着对方的面部表情，眼神，姿态以及各种细微动作。因为他们明白一个人并不只是用语言来传达他的思想感情，一般人常常在

认为无法正确表达意思或者语言无力的时候，用神态和动作来补充。例如，人们常常用点头或者微笑表示赞许之情，常常用皱眉或者摇头表示反对。因此，我们在和人谈话的过程中，一定要边“看”边说，注意观察，并及时地调整自己的说话“策略”，以达到最佳的效果。

吴钗在公司工作不到五年，就被破格提拔为总裁的首席秘书。公司许多人对吴钗神奇的迅速升位感到莫名其妙。因为吴钗既不是长得倾国倾城，也没有特别的背景后台，但是总裁就是喜欢把吴钗带在身边，并且亲昵地称她为“我的第三只眼睛”。一位和吴钗在一起工作的同事说起她也是一脸赞叹：“吴钗总是知道总裁的意思，有时候总裁还没说话她就知道总裁要下大的指示了，仿佛有窥心术一样，真是不可思议。”

有一次，新进的职员向吴钗讨教“窥心术”时，吴钗大笑着回答说：“世界上哪有什么窥心术，只是我比别人更善于观察罢了。比如，我向总裁报告一项策划的时候，在说的过程中如果总裁斜着头微笑，就说明这个策划他很满意；如果他眯着眼睛，就说明这项策划他并不十分看好；如果他用右手的手指轻轻敲桌子，就说明他还在思考，需要更详细的报告。我就是靠观察总裁这些小动作来揣摩他的心理，并且适时调整语速语气，以求最佳效果。”

吴钗成功的原因就在于她在说话的过程中，始终用眼睛观察，并且根据对方的反应作出判断，不时地改变自己的“战术”，取得说话的最佳效果。这样的“边看边说”，才使吴钗在众人中迅速地脱颖而出，获得成功。二十几岁的年轻人要想获得好的口才，就必须先学会观察。那么我们具体要观察什么呢？

1. 看面部表情

有位哲人说过：“一个人的每一个心理活动都可以在他的脸上找到蛛丝马迹。”可见面部表情的重要性。俗话说“知人知面不知心”，这句话并不是绝对的，有时候只要人们细致地观察一个人的面部表情，还是很容易“知面又知心”的。例如，有时候对方口头表示赞同，但他的眉头却不知不觉地紧皱了起来，或者嘴角向下撇。这些表情恰恰是内心不愉快的流露，这都表明他口头的赞同其实是言不由衷的。

2. 看身体表情

几乎每一种体态、每一种动作都是一种特殊的语言，都在表现着一个人的内心世界。我们可以根据这些身体动作来判断一个人的心情、想法。

这里有一些常见的身体表情介绍给大家：如果一个人常常摊开双手，这表明此人是真诚坦率的，对人毫无提防之心；如果一个人双脚开立，双臂交叉在胸前，这就表明此人怀有某种敌意，这种身体表情表明他并不信任你，而是已经在进行自我防卫了；如果一个人不仅双臂交叉，而且双拳紧握，很有可能他内心对你的话很反感，愤怒，并且等待时机向你反击、进攻。俗话说“看云识天气”，其实，看身体表情也是可以知道一个人的内心的，年轻的人们千万不要忽视了这些。

3. 看语言表情

与人交谈不但要看他说什么，而且还要看他怎么说。这就要求人们从对方说话声音的高低、强弱、快慢、腔调等听出他的言外之意、弦外之音。同样一句话，用不同的声调来说，往往就传达出不同的心意。在一句话里面，哪个词说重了点，哪个词说得轻一点，就使这句话发生了或大或小的变化，而这种变化往往反映了一个人的情绪与心境。

例如，一个人忧伤时语速慢、声音低、节奏平缓；而兴奋时则语速快、声音高、节奏强烈。我们只要认真观察和聆听，一定可以从微小的变化中看出一个人的心绪。

有很多年轻人由于涉世未深，在说话的时候由于害羞或者不好意思而不敢望着对方，有的人甚至认为用眼睛望着对方是十分不礼貌的行为。事实上并非如此，当你用眼睛看人的时候，固然有时候是在侦察，但更多的时候，你是在认真地注意对方，你是在热烈地关心对方，你是在诚恳地尊重对方，你也是在细腻地体贴对方。当然你不能用眼睛死死地瞪对方，或者眼睛一眨不眨地盯着对方，这会使人产生不舒服的感觉。大多数时候这只是一种礼貌，只要你自然而真诚地望着对方，相信不会有人认为这是无礼的行为。

年轻的人们千万记住：边说还要边看。从对方的表情变化中，便可猜度对方的心理状态，透视对方的心理需要，然后随时调整自己说话的内容与方式，并透过巧妙机智的言语获得预期的良好效果。

与名人交谈的几点技巧

与名人交谈的时候，切不可有害羞或畏怯的心理，只要你所表现的是你内心真正的意念，你就能与任何名流开口说话。

二十几岁的年轻人因为涉世未深，在与人交谈时的心理是羞怯的，尤其是一在与那些名人交谈的时候，更容易胆怯紧张，语无伦次，往往会造成“冷场”“尴尬”等后果。在生活中我们常常看到一种现象，有些人意外获得一个与敬仰已久的名人交谈的机会，他们兴奋不已，连做梦都梦到与名人侃侃而谈的情景。但是当面对面的交谈真正到来的时候，能够自然大方、表达流畅的人却少之又少。其中最主要的原因是他们没有掌握和名人交谈的技巧，没有作好充分的心理准备，下面我们就为二十几岁的年轻人介绍六种与名人交谈的技巧：

1. 摆正心态，把名人当正常人看待

会说话的人面对任何一位名人，都会把他视为一位有血有肉的人来对待。对待他们，完全要像对待能够感觉疲倦、欢乐、悲伤、痛恨、惊惧等的人一样。名人并不因为有了地位、名利或者权力就不再是人。把名人放在和你同等的地位，这是与名人交谈的基础。

与名人的交谈中所涉及的内容要符合事实，实事求是，能够表达最真诚的情感，而不是把名人摆在与上帝同等的位置，极尽吹捧。事实上，那些社会名流，也像普通人一样，可能同你一样害羞，甚至比你心理更脆弱。

2. 与名人交谈前，要了解他们的嗜好

名流往往比寻常人作更多的贡献，而且也有他自己的嗜好。譬如有的名流对音乐很有研究，那么在交谈的时候你尽可能地提及有关音乐的东西；有些名人则很关心时事，他们可能对一些措施有自己独到的见解，这时你若提及他所关注的焦点，就不难使他口若悬河地说个不停了。因此，二十几岁的年轻人在与名人交谈之前，一定要预先了解你所要交谈的名人的嗜

好，并且预先作点谈话内容的准备，这样才能使你们的谈话顺利地进行。

3. 对不喜欢说话的名人一定要有耐心

有些名人，特别是喜剧演员或是主持人，他们所从事的工作要求他们不停地说话，不停地幽默，他们在舞台上、电视上已经说到极致，笑到极致，在私底下他们反而不爱说话。因此我们在生活中与他们交谈的时候，一定要记住保持耐心。也许他们在与你交谈的时候，会表现得不活跃、不自在，甚至有些冷漠。但是你一定要面带微笑地保持温和、冷静和体贴，就像应付任何敏感的人一样，千万不要轻易动怒，也不要在他们面露不悦时表现得太过于热切。只要你有足够的耐心与他们周旋，相信你们的谈话也一定会在愉快的氛围中圆满地落下帷幕。

4. 交谈时，提问的问题最好是开放式的

我们要想与名人愉快地交谈，提问的问题很关键。问正确的问题，才能使得双方的交谈能够愉快地进行下去，这时候开放式的问题就显得尤其重要了。何谓开放式的问题？就是你所问的问题一定不能是用简单的“是”或“不是”来回答的，而需要较长的答案。例如，你要与一个成功的企业家交谈，你想知道他的创业历程，这时候你千万不要问“你的创业过程是不是很困难”“你觉得现在自己算不算成功”这样的问题。如果你这样问，名人很可能就回答“是”或者“会”就结束话题。而如果你采用开放式的问题，例如：“你的创业史是怎样的？”“你在创业过程中最困难的时期是那一段？”这样的问题，对方在回答时不受约束，而且有可能让他们回忆起过往的种种，引起他们谈话的兴趣。

5. 与两位名人同时交谈时，要二者兼顾

当我们同时面对两位名人时，千万不要只跟你所景仰的一位侃侃而谈，而对另一位不理不睬。这样不仅会让“无话可说”的那个名人尴尬，也会让你敬仰已久的那个名人不自在，最后可能就草草结束这次交谈。因此如果你想和他们保持较长时间的交谈，那么你必须保证话题是他们两位都能参加意见的。换句话说，你要确保三人谈的方式。如果你对另一位名流并不熟悉，而且在经过介绍之后，你仍想不起有关他的任何事迹，你也不能对他有所疏忽，你必须一视同仁地表现热情和友善。

6. 对一些过了气的名人，要采取迂回方式

人们对于那些过了人气的名人，特别是一些明星，最好采取迂回的战术，有些问题千万不要问，例如："最近很久没有在电视上看到你了，你都在忙什么呢？""这么久没有演出，你会不会觉得无聊？"这些话无疑是给他当头一棒，很可能会让他觉得你在冷嘲热讽，让他对你怒目相视。这时候你可以试着谈一些无关紧要的话题，如谈他的孩子。经验表明，在多数情形下，与名人谈孩子是不会错的。可以谈谈孩子的成绩、教育等话题，但话题不要扯得太远，要适可而止，而且不要过分地涉及隐私。

总之，与名人交谈的时候，我们切不可有害羞或畏怯的心情，只要你所表现的是你内心真正的意念，你就能与任何名流开口说话。如果你想让自己更为真诚，那你就把内心的印象说给他听，他会深深感动，并且非常愉快，但所用的措辞和说话的态度都要得体。记住，名人也是有血有肉的普通人，把他放在平等的位置上，相信你们的谈话会进行得更为愉快。

与上下级交谈的技巧

在与上下级打交道的过程中，其实技巧多多，年轻人要懂得根据不同的情况作出不同的反应，切忌一概而论。

在生活中，人们在与比自己地位高的人交往时，往往会感到紧张，表现比较拘谨、谨慎，有时甚至会表现得唯唯诺诺。然而当人们与社会地位与自己同级或者低于自己的人讲话时，就会表现得比较自如、自信，甚至放肆。那么我们该怎么做才能使自己在与上下级交谈的时候，都能表达得大方得体，不仅能博取上司的好感，还能得到下属的拥护？以下是几种与上下级交谈的技巧。

与下属交谈要注意的几点：

1. 切勿用命令、训斥、使役下级的口吻说话

在与下属交谈的时候，要力求避免采用命令、训斥、使役下级的口吻说话，而是要放下架子，以平易近人的方式对待下级。只有这样，下级才会愿意尽力帮你做好每一件事，才会向你敞开心扉。

2. 批评时不宜对下级作完全否定的表态

人们在批评下级的时候，千万不要因为生气而对下级作完全否定的表态，如："你们这是怎么搞的？""有你们这样做工作的吗？"这样的表述，除了能够让你发泄情绪以外，对事情的进展完全起不到任何的作用，而且往往会使下级心灰意冷，提不起劲继续工作。因此我们在有必要发表评论时，应当善于掌握分寸。除了表达要谨慎外，还要尽可能采用劝告或建议性的措辞，如："你觉得这个方案有没有改进的空间？""这是我个人的意见，你们可以参考看看。"这些表述在无形中起了一种启发作用，而且口气也以建设性的为主，下级也比较容易接受。

3. 改掉一些令下属不安或者愤怒的小动作

由于话语是通过语气、语调、表情、动作等体现出来的，因此，一些表情和动作可能会引起下属的误解。例如，有些人说话的时候常常会习惯性地冷笑，或者死死盯着下级，这样的动作往往会引起下级不安的猜测。你千万不要以为这是小节，纯属个人习惯，不会影响上下级谈话。事实上这不但关乎此次谈话的效果，还关乎你的下属是否愿意对你打开心扉。

与上级的谈话要注意的几点：

1. 不亢不卑的态度

有的人在与上司谈话的时候，往往会显得胆小、拘谨，甚至有点胆怯，唯恐一句话不当就断送了自己的前途。但是事实上，一味附和上司，"抬轿子""吹喇叭"等，不仅不能博得上司的好感，还将失去重视与尊敬。试问哪个上司会对如哈巴狗一样对自己点头哈腰的人肃然起敬？过分附和上司，反而会引起上级的反感和轻视，只有改变诚惶诚恐的心理状态，转而活泼、大胆、自信地表达自己的主见，才有可能赢得上司的尊重。

2. 察言观色，了解上司的性格

在平时与上司相处的过程中，还应该学会察言观色，揣摩上司的心理，

了解上司的性格。这样有利于在与上司的谈话中顺利沟通。上司虽然是你的领导，掌握着对你的“生杀大权”，但是他毕竟是个人，他有他的性格、爱好，也有他的言语习惯和处事方法。有的领导性格爽快，喜欢“快刀斩乱麻”，遇事要干脆解决。在与他“交锋”时，展现你果断、处事敏捷的一面，对你大有好处。例如，上级叫你处理一件比较棘手的事，这时候你千万不要说“让我再考虑考虑”，这样会显得你做事黏黏糊糊，使得上级反感。如果这时候你能回答：“我马上处理。”相信这种冷静、迅速的回答，会为你在上司心中加分不少。当然有些领导比较沉默寡言，事事多加思索，遇到这种类型的领导时，你则要表现出自己沉稳并且心思缜密的一面，这样才能给上级你能“挑大梁”的印象。二十几岁的年轻人千万不要以为这种察言观色的行为是“迎合”，这是一种谈话中的心理战术，使用得恰当，它会让你在谈话中取得事半功倍的效果。

3. 遇小事，自己可适当作抉择

上级一天到晚要考虑的问题很多，所以，若是在工作上遇到一些小事，就不要在他埋头处理大事时去打扰他，可以自己适当地做出一些抉择。事后，再找一个适当的时机去向上级反映。你应该根据自己的问题重要与否，去选择适当的时机反映。

例如，某个不太重要的客户突然来拜访，而你的上级恰好正在与另一个大客户周旋，这个时候你就不要立刻打电话询问上级应该如何处理，需不需要与这个客户见面。你可以用委婉的口气先让这个客户打道回府，或者告知上司去出差了，另行与客户约时间。

另外，一些个人琐事，如请假或者工作中遇到的小瓶颈，要懂得挑适当的时机去向上司说。不要在上司自顾不暇的时候，不断地对他提起这些小事，这样容易引起上司的反感，得到适得其反的结果。

在与上下级打交道的过程中，其实技巧多多。我们要懂得根据不同的情况作出不同的反应，切忌一概而论。另外，无论是上司还是下属，只要你能从工作出发，摆事实，讲道理，相信你的说服力在任何时候都可以帮助你取得最佳效果。

如何同陌生人打交道

正所谓："世界上没有陌生人，只有还未认识的朋友。"只要你能学会一些和陌生人说话的技巧，勇敢地直面陌生人，相信你会从和陌生人的偶遇中寻找到更多忠贞不渝的朋友。

学会和陌生人说话，给人一个良好的第一印象，为以后的合作打下坚实的基础，在社交上是非常重要的。如果你能处理得很好，可以和陌生人一见如故，相见恨晚；如果处理得不好，则很有可能落入四目相对、局促无言的尴尬境界。然而二十几岁的年轻人天性含蓄委婉，因此，同不熟的人交谈，特别是同第一次见面的陌生人交谈，是他们口语交际中的一大瓶颈。

灵岩是大学校报的副主编，在临近毕业的时候，有位知名记者来学校做讲座，灵岩被派去迎接这位记者。灵岩接到这个任务的时候，兴奋得晚上都睡不着觉，辗转反侧地想着在和这位知名记者见面的时候应该说些什么，又应该向他请教一些什么。然而当她真正见到这位记者的时候，她却紧张得不知道怎么和陌生人沟通，手足无措，讷讷不能言。在和记者接触的整整两个小时里，灵岩一句话都没说出来，她拼命地寻找机会，但是越着急就越是说不出来。记者见她满脸通红，还一个劲儿冒冷汗，还以为她生病了，关切地问她需不需要先去医院，灵岩尴尬不已。

很多年轻人和灵岩一样，都害怕和陌生人接触。不知道如何开口，不知道该说些什么，这些都是一般人的通病。例如，在聚会上人们想不到有什么风趣或是言之有物的话可说；在求职面试时拼命地想给人好印象，却紧张得结结巴巴不知所云。这些其实都是我们过于紧张的表现，当我们把注意力过于放在周围的环境上，总觉得别人对自己的一言一行非常关注，总担心自己会出现错误而被别人嘲笑，总处于一种莫名的心理压力之下。

但是有一句话说得好：“自卑就像受了潮的火柴，再怎么使劲，也很难点燃。”如果你总是表现得犹犹豫豫，缩手缩脚，不仅会使自己处于自卑的恐惧中，还会使别人认为你真的很无能，不愿和你交往。陌生人并不可怕，试着想想，我们身边的朋友哪一个不是原来的陌生人呢？正所谓：“世界上没有陌生人，只有还未认识的朋友。”只要你能学会一些和陌生人说话的技巧，勇敢地直面陌生人，相信你会从和陌生人的偶遇中寻找到更多忠贞不渝的朋友。以下就为羞涩的年轻人们介绍几种同陌生人说话的技巧：

1. 学会察言观色

福尔摩斯常常根据他人的服饰或者身上的某一个特征就能够完全判断出陌生人的工作，爱好等，可见一个人的心理状态，精神追求，生活爱好等，都或多或少地要在他们的表情、服饰、谈吐、举止等方面有所表现。只要我们学会察言观色，就一定能或多或少地获得一些陌生人的信息，并因此找到你们共同的话题。

一天，吴敏接到公司的任务，到外地去出差。火车上闲得无聊，吴敏想找个人来聊天，刚好隔壁座位就坐着一个在看杂志的中年女人，但是吴敏苦于不知道该聊什么话题。这时，吴敏发现隔壁女人在介绍某个明星的一页看了很久，刚好吴敏最近在看这个明星出演的一部电视剧，吴敏灵机一动，故意凑过脑袋说：“啊，这个不是演某电视剧的那个明星吗？”隔壁女人马上笑呵呵地说：“是啊，是啊，你也看过这部电视剧啊？”于是这一对陌生人就开始谈天了，一路上两个人有说有笑，后来还成了好朋友。

这一切都归功于吴敏的察言观色，懂得寻找共同的话题。人们在面对陌生人的时候，不妨尝试这个办法，多多观察，试着打破沉寂的气氛。

2. 积极的心理暗示

如果你想要在公共场合与陌生人交谈甚欢，又或者想要自己说话说得漂亮，广结人缘，积极的心理暗示是必不可少的。例如，当你在和陌生人交往感到恐惧的时候，你可以想：“我虽然谈吐算不上幽默，社交能力不算好，但是就是因为不够好才需要多锻炼。虽说万事开头难，但是功夫不负有心人，只要我多多联系，以后我一定也会在社交场合如鱼得水的。”这种想法往往会给予我们莫大的勇气，使得我们抛弃害怕、胆怯、腼腆、

羞涩等一系列感情，走出社交的第一步。

另外，我们与陌生人交谈完后，也应该给予自己一些积极的心理暗示。例如，在自我感觉良好的时候应该激励自己："其实和陌生人说话也没什么难的，以后我也能经常尝试。"如果感觉交谈不是那么顺利，也要对自己说："再坏又能坏到哪里去？最终我又能失去些什么？最糟糕的结果又会是怎样？大不了是再回到起点，有什么了不起！"这些话能够让我们迅速从沮丧中走出来，勇敢地迎接下一次的挑战。

3. 不要过于关注个人表现

很多人在与陌生人沟通时，总是把自己看得太重要，总觉得别人都在关注自己。因此自己犯了一点小错或者一时言辞不当，都紧张得不得了。然而我们要明白，大家关心的是事情本身，而不是你本人，除非你是大明星。如果你只是个平凡人，你的一言一行根本不会引起人们的过分关注，你只要把你需要做的事做好，需要说的话说清楚就行了。

"疯狂英语"的创始人李阳的名片上有三句话：越是自己不敢做的事情越是要去做，越是令自己恐惧的事情越是要去做，越是自己没信心的事情越是要去做。年轻人要勇敢地迈出同陌生人说话的第一步，大胆地与陌生人说话，相信你会活得更加自信和多姿多彩！

与家人沟通的技巧

家庭是一棵树，只有夫妻双方共同辛勤培植，才会枝繁叶茂，焕发勃勃生机。其中，学会与家人沟通是至关重要的。

家是人生的避风港，一个美满的家庭，往往有如沙漠中的甘泉，涌出宁谧与安慰，让人洗心涤虑。然而要让这个避风港风平浪静，永远都风和日丽，除了需要我们的智慧外，有时还需要我们的"花言巧语"。

钱钟书在《围城》里说："婚姻就像一座围城，外面的人想进来，里

面的人想出去。”对于刚刚突破围城，建立家庭的年轻夫妻，往往太轻易地剥去了恋爱中的伪装，开始松懈，于是引发出大大小小的矛盾。然而，组建家庭不是一段感情的终结，而是另一段人生旅途的开始，我们还有太长的路要走，有太多东西需要学习。家庭如同一棵树，只有夫妻双方共同辛勤培植，才会枝繁叶茂，焕发勃勃生机。其中，学会与家人的沟通是至关重要的，那么我们怎样才能掌握与家人的沟通之道呢？

1. 把握吵架的分寸

俗话说：“夫妻床头打架床尾和。”可见，夫妻吵架是非常常见的，几乎每一对夫妻都要经历大大小小的矛盾和争吵。除了有原则性的分歧所致的争吵外，夫妻间的争吵一般多是那些没有实质性的分歧，就是因为说话的一方不注意技巧，让对方产生了曲解而引出误会。

小林接受到前任男友的结婚喜帖，犹豫良久最后还是对老公说：“我以前的男朋友要结婚了，他请我们去，你想去吗？”

老公一边看报纸一边不假思索地回答：“行！”

小林有点惊讶老公会这么轻易答应，想了一想，又说：“我是说你是不是真的想去？”

老公说：“我不是说行嘛！”

小林觉得老公的语气有点在耍脾气，于是赌气说：“你要实在不想去，我们就待在家里得了！”

老公觉得莫名其妙，终于把视线从报纸移到小林身在：“你干吗这样说话？”

小林有点生气地说：“我干吗这样说话？还不都是你！我本来是征求你的意见，你却偏要和我吵！”一气之下，顺手拿起一个茶杯重重地摔在地上。

于是一场争吵不可避免地发生了。现在我们再来追溯小林的这场争吵的源头，我们发现这是莫名其妙的。小林本来是好意征求老公意见，而老公本来对这件事也是毫无芥蒂地答应，但是由于双方使用的口气、神情不恰当，最终导致误会的产生。而小林在这场争吵中，最不应该的就是使用“摔东西”战术，一摔东西就表示和解无效，“战争”开始。就算老公后来有心和解，也不可能了。因此，人们在吵架中也要时刻保持清醒，最好能够

“大事化小，小事化了”。不要轻易争吵，一旦开始争吵也要尽量不要把争吵扩大化。我们要明白，有时候小吵是情趣，而大吵可是真的要伤感情了。

2. 常用“甜言蜜语”

人们都明白在恋爱中需要“甜言蜜语”，时不时在恋人耳边夸夸他，然而却甚少有人能够明白维系一段婚姻更需要“甜言蜜语”。很多人结婚后，觉得都成了夫妻了还经常把“我爱你”“谢谢”这些语句挂在嘴边，不仅显得肉麻，还显得见外。其实不然，学会用动情的语言，能增加夫妻生活情趣，是恩爱夫妻的感情纽带之一。

例如，丈夫在生日的时候送给你一份礼物，女人们千万不要觉得这是丈夫的义务，心安理得地收下而不附带任何感谢词。其实这个时候如果你能说一句“谢谢你记得我的生日”或者“这礼物真漂亮，我好喜欢”，不仅使丈夫高兴，还会暗暗增加丈夫为你买礼物的兴趣。

另外，丈夫出差在外，别忘了发几封邮件或者几条短信，让丈夫知道你在思念他。一句简单的“甜言蜜语”不仅使人感到舒畅、清爽、甜蜜、兴奋，而且容易激起感情的浪花，避免夫妻间不必要的矛盾发生。因此女人们千万不要忘记在婚姻中添加爱情的保鲜剂——“甜言蜜语”。

3. 唠叨要不得

不知道你是否还记得鲁迅笔下的祥林嫂？她由于一遍一遍重复地说阿毛的故事，而受尽世人嘲笑。可见唠叨实在是一件要不得的东西，特别是婚姻中的双方。然而总有些人忽略了这一点，爱用絮絮叨叨来发泄自己不满情绪的人简直数不胜数。有的人从一早上就开始抱怨，老公早上起得早，女人就抱怨他影响一家人的休息；老公早上起得迟，又责怪他太懒散。这样的唠叨从早到晚，简直没完没了。这样的唠叨无疑为你的家庭埋下了一颗“定时炸弹”，隐藏久了注定要把你的家庭炸得四分五裂。

拿破仑的侄子拿破仑三世的婚姻就是葬送在妻子尤琴永无休止的唠叨上。当拿破仑三世坠入爱河的时候，曾经非常自豪地向自己的家族介绍这位美人：“我已经选好了一位我敬爱的女人，我从没有遇见过这样迷人的女人。”可见爱意之浓，对尤琴的迷恋之深。

然而，婚后不久，尤琴的弱点就暴露出来了。在拿破仑三世面前，她总是百般挑剔，喋喋不休地批评他，指责他的种种不是，甚至身边发生的一点儿小事也会絮絮叨叨，没完没了。她每天像中了邪一般人前人后数落丈夫的缺点。终于，拿破仑三世忍受不了妻子的无休无止的“唠叨”，逃出家门去和情人幽会……

我们要记住，无论你认为多么重要的话，只说一遍，千万不要一遍一遍地重复。俗话说“过犹不及”，任何事超出太多都会引起他人的不满。经常听别人唠叨的人，精神所受的痛苦远比肉体上受到的刑罚更难以忍受。因此，我们在家人面前一定要懂得及时闭嘴。唯有如此，你才会拥有一个美满幸福的家庭。

恋爱妙语让感情升温

恋爱都是靠嘴谈出来的，口才好的年轻人，恋爱才会有好结果。恰当的话语，温柔的鼓励，才能让自己的恋人在自己的情网中不能自拔。

有的年轻人在天性上是比较沉默寡言的，他们并不怎么擅长用语言将他们的感受说出来。因此在与恋人交往的过程中，打开话匣子的任务，就不能完全寄望在他们身上，而是你要积极主动地交谈。

俗话说：“谈恋爱，谈恋爱，恋爱就是谈出来的。”这句话虽然有点以偏概全，但是也充分说明了说话在恋爱中的重要性。处于恋爱期的男女朋友，对爱情尚未确定，彼此还需要加深了解。这时候说话的技巧、内容乃至说话的语气，都对你们情缘的深浅和能否走进婚姻殿堂，起着至关重要的作用。

姚妮和男友名彭是在大学中相识、相恋的。跨出校门走入社会后，名彭的工作一直不顺利。先是没有考上公务员，后来去几家大公司应聘都没有选上。于是只好在一家小公司当一名小小的策划，生活的压力和工作的

坎坷让名彭整天都处于低落的情绪中，连和姚妮在一起都是眉头紧锁，一脸忧郁。

姚妮看在眼里，急在心上。一天，姚妮对名彭说："我今天到庙里面找到了一位算命先生为你算命，算命先生说你是有福之人，以后必定能够飞黄腾达的。"名彭一听便知道姚妮是在说谎，姚妮从来不信什么神佛，怎么可能会去庙里面算命？不过是姚妮找个借口安慰、鼓励自己吧！不过姚妮的这番心思还是让名彭感动。后来不论遇到什么困难，姚妮都会在名彭身边说："你还记得那个算命先生说的吗？困难是暂时的，你一定会飞黄腾达的。"名彭每次听到，想起自己身后还有一个人在默默支持自己，心里就暖洋洋地。后来名彭终于凭借自己的能力为自己闯出一片天，两人的爱情也在相恋 8 年之后开花结果。很多人在名彭婚后问名彭："你和你太太的爱情怎么能走得这么长久？"名彭总是笑着回答说："我早已离不开我太太的温柔的声音了。"

恋爱都是靠嘴谈出来的，有好口才的人，恋爱才会有好结果。就像姚妮一样，恰当的话语，温柔的鼓励，将男友网在自己的情网中不能自拔。男女之间的爱恋期，尤其是男女双方在刚刚踏入爱河时，由于彼此之间不熟悉，所以，说话时一定要注意技巧。以下就为坠入情网的年轻人们介绍几种恋爱中的说话技巧：

1. 甜言蜜语适当说

在生活中，许多人总是过于害羞，不习惯对恋人说一些甜言蜜语。但是无论是在工作中还是在生活中，我们每一个人都是需要甜言蜜语的，因为在甜言蜜语当中，我们不仅能够感受到乐趣和温馨，同时也能给人带来自信。尤其是男人，他们往往希望女友能多说一些赞美之词来肯定自己的价值。

爱情是甜蜜的，甜蜜的爱情是需要用甜言蜜语表达出来的。一个人，如果不善于赞美恋人，就很难获得他的好感，更难得到他的爱情。在恋人心里，赞美如优美动听的音乐，悦在耳畔，醉在心中，赞美会使他深深地感受到你的心迹：我时刻在关注你，我真心地喜欢你，你是我心中不可取代的太阳。

2. 说话时要从容大方

很多人在和自己心仪的人交谈时，特别是交往并不深的时候都会觉得害羞，然而这样的害羞反而会使你的表现扭扭捏捏，显得小气。因此，我们在与对方交往的时候一定要摒除害羞的观念，表现得大方得体。唯有这样，才能凸显你的气质。

要做到从容大方，在交谈的过程中可以很自然地用眼睛看着他。说话要从容，不要太急促而显得紧张或局促不安，否则不仅会给自己造成压力，也会在一定程度上造成对方的不安与紧张。

3. 寻找恰当的话题

在与对方交谈的过程中，恰当的话题是十分重要的。因为你们聊的话题不仅能体现你的文化水平、知识程度，也能在一定程度上反映你的教养和兴趣，彰显你的个性，为彼此之间的爱情奠定下坚实的基础。

如果你们刚刚开始交往，还不了解彼此的兴趣爱好，你不妨找些你们双方普遍爱好的事物作为谈话题材，譬如，球类、音乐会、电影等，这些话题较为普遍，可以防止冷场和尴尬。如果你们交往已经有一定的时间，对彼此都比较熟悉了，你就可以寻找双方的共同兴趣或者爱好，这样的话题往往会使对方产生“惺惺相惜”的共鸣。另外，身边发生的一些小趣事和新鲜事也可以告诉对方，增加彼此的认知度。但是值得你注意的是，身边的事，可以说俯拾即是，你千万不要说得太过琐碎，最好要说得有趣而不繁复。

在交往过程中，真诚是十分重要的，所以不到万不得已的时候，千万不要说谎。简明、直率、不虚伪造作的说话，宛如那潺潺的小溪，汩汩流入对方的心中，奠定了你在对方心中独特而不可撼动的地位！

与孩子说话的注意要点

我们应该掌握和孩子的沟通技巧，这不仅仅是说话水平的体现，也是家庭教育中的重要一环，我们只有掌握了一定的说话技巧，才能和孩子更有效地沟通。

很多初为父母的人，由于缺乏经验以及缺乏与孩子沟通的技巧，在孩子面前说话非常不注意。他们总是认为小孩子什么都不懂，因此说话也不需要什么特别的技巧，但事实却并非如此。语言在教育过程中具有神奇的力量：一句赞美可能会极大地鼓舞孩子，让他重新建立起自信；一句批评也可能会让孩子彻底泄气，一蹶不振。更有专家表示："父母对孩子说什么样的话，孩子就会成为什么样的人！"

因此人们也都应该掌握和孩子的沟通技巧，这不仅仅是说话水平的体现，也是家庭教育中的重要一环。我们只有掌握了一定的说话技巧，才能和孩子更有效地沟通。以下就为你介绍几种和孩子说话的技巧：

1. 站在孩子的角度说话

和孩子说话的时候，要多站在孩子的立场，多关心孩子，了解其想法和需要。唯有这样，孩子才愿意主动和你交谈，你才能真正走进孩子们的世界，和他们融成一片。

孩子们在很多时候不能和父母在思想上达成一致。例如，当孩子经常因为在学校和同学们闹矛盾而受了委屈时，他细腻幼小的小心灵很可能会难过半天。这个时候孩子向父母哭诉、抱怨，而很多父母却只是认为这是一点小事，根本无足轻重，还一味地跟孩子说大道理："没关系，坚强一点。"或者："这只是小事，以后你会遇到更多的挫折，你根本没必要为这点小事伤心！"这些话只会让孩子觉得父母一点都不能体会他的感受，久而久之，也许孩子会拒绝再和你沟通。如果在这个时候，你能够先站在孩子的立场

想一想，并且以同情和理解的态度对待孩子，适时安抚他，给予一些亲情慰藉，相信不仅能够缓和与孩子交流的气氛，而且能够进一步有效促进父母与孩子的沟通。

琴子一直和孩子保持着良好的关系，她和孩子之间经常无所不谈，孩子不仅把她当成母亲来尊重，还把她当成朋友来交心。能够和孩子处得如此之好，自然让其他人羡慕不已。当被问及她是如何和孩子相处的时候，她笑着说："我给你举个例子吧。我的孩子在刚上幼儿园那会儿，话多得不行，每天都在我身边闹我。我虽然烦得不行，但是想到这毕竟是孩子希望和我分享喜怒哀乐，因此还是每天坚持和孩子谈天。后来，孩子长大了，但是无论他遇到问题或者作什么决定之前都会主动和我说。我听过很多女人抱怨说孩子长大了就什么事都不跟她说，其实这很可能是她们在孩子年幼的时候没有站在孩子的立场，积极与他们沟通的恶果。因此女人们说话一定要站在孩子的立场上，多为孩子着想。"

2. 多赞扬，少批评

有些人在和孩子发生矛盾的时候，常常因为生气或者愤怒而口不择言地责骂孩子，这对孩子的成长是十分不利的。著名心理学家、儿童研究专家和作家米勒说，一些不恰当的话，如"你怎么这么傻""我对你已经彻底失望了"等都会产生可怕的后果。这些不当的严厉措辞，会严重地伤害孩子的自信心和自我价值感，说不定还会让孩子一生都在心里留下阴影。

相对的，正确而积极有效的语言能在教育孩子的问题上比较容易地达成目标，也能使孩子改变对自己的评价，建立起自信心。用赞扬的方式和孩子对话，还可以增强孩子对父母的信任感，增强孩子与父母进行交流的自信心，增进亲人之间的关系。在赞扬声中长大的孩子往往能找到自尊与自信，获得健全的人格。

另外，万一你一不小心说出那些伤害孩子的话，那也一定要亡羊补牢地及时向孩子道歉。这时候千万不要再想那些所谓的"父母的尊严"，还有什么东西比孩子的健康成长更重要呢？

3. 注意恰当用词

有些人为了在孩子心目中树立起父母的"威严"，经常使用命令式的语句，

如“不要将你的玩具到处乱放”“不要与小朋友吵架”等诸如此类的句子。是的，在大多数父母眼里，孩子只能听命于大人，因为他们还很弱小，根本无力与你抗衡，不敢违背你的意志。高声训斥虽然能暂时制止孩子的不良言行，但孩子口服心不服，久而久之会产生对立情绪，引发孩子的沉默、固执等对抗方式，甚至养成“当面一套，背后一套”的坏习惯。

因此，我们在和孩子交流的过程中，只有放下架子，用孩子易于接受的语言，孩子才会真正把父母的话听到“心”里去，并实施到自己的学习和生活实践中。只要你与孩子能够尽可能地改变讲话的方式，就能看到令人惊喜的好结果。比如，对孩子说：“请你整理好自己的房间。”“要好好和小朋友一起玩。”这类比较正面积极的教导所带给孩子的信息，能使孩子更乐于接受。

教育专家说：“孩子是一个独立的生命，他们虽然还小，但他们同样有自己的思想，有自己的好恶，有自己的爱恨，有自己的欲望。父母如果不考虑这些，只凭自己的一厢情愿采用孩子难以接受的语言与孩子说话，那么，你要想达到理想的教育目的，则是很难的。”因此，我们在和孩子的相处过程中，千万要注意恰当用词！

孩子的健康成长，需要父母靠高超智慧和说话技巧去营造适当的环境。你千万别忘了在关心孩子之余，选择适当的说话技巧。这样才能使你和孩子的关系更上一层楼！

因人而异的说话妙招

不同的说话对象要有不同的说话策略，要把握对方的身份、心理与之交谈。

有一天，孔子带着他的几名学生出外讲学、游览，一路上非常艰辛。一天，孔子一行人来到一个村庄，他们在一片树阴下休息，正准备吃点干

粮、喝点水，突然，孔子的马挣脱了缰绳，跑到庄稼地里去吃了人家的麦苗。一个农夫上前抓住马嚼子，把马扣下了。

子贡是孔子最得意的学生之一，他一向能言善辩。他凭着不凡的口才，自告奋勇地上前，企图说服那个农夫，争取和解。但是，他说话文绉绉，满口之乎者也，天上地下，将大道理讲了一串又一串，尽管费尽口舌，可农夫就是听不进去。

有一名刚跟随孔子没有多长时间的新学生，论学识、才干当然远不如子贡。当他看到子贡和农夫僵持不下的情景时，便对孔子说："老师，请让我去试试看。"于是他走到农夫面前，笑着对农夫说："你并不是在遥远的东海种田，我们也不是在遥远的西海耕地，我们彼此靠得很近，相隔不远，我的马怎么可能不吃你的庄稼呢？再说了，说不定哪天你的牛也会吃掉我的庄稼哩，你说是不是？我们该彼此谅解才是。"

农夫听了他的这番话，觉得很有理，责怪的意思也便消释了，于是把马还给了孔子。旁边几个农夫也互相议论说："像这样说话才算有口才，哪像刚才那个人，说话让人听不懂。"

也许子贡能言善辩，满腹经纶，可是面对一个没有什么文化的人，他就没有了办法，因为他还是用他平时的说话方式和农夫交流，农夫自然无法理解。而这个新来的学生却知道变通，知道如何和一个农夫交流，这就体现了因人而异的道理。

我国古代，有个叫许允的人在吏部做官，提拔了很多同乡。魏明帝觉察之后，便派人去抓他。他的妻子为了把这件事"摆平"，告诉他说："明主可以理夺，难以情求。"让他向皇帝申明道理，而不要寄希望于哀求。因为，依皇帝的身份地位，是不可能随便以情断事的，皇帝以国为大，以公为重，只有以理断事和以理说话，才能维护好国家利益和作为一国之主的身份。于是，当魏明帝审讯许允时，许允直率地回答说："陛下规定的用人原则是'举尔所知'，我的同乡我最了解，请陛下考察他们是否合格，如果不称职，臣愿受处罚。"魏明帝听了他的话之后，便派人考察许允提拔的同乡，他们倒都很称职，于是就把许允释放了，还赏了一套新衣服。许允提拔同乡，根据的是封建王朝制定的个人荐举的任官制度，无论此举妥不妥当，它都

合乎皇帝在其身份地位上所认可的“理”。

许允的妻子深知跟九五之尊的皇帝打交道，难于求情，却可以“理”相争，于是叮嘱许允以“举尔所知”和用人称职之“理”，来避免提拔同乡、结党营私之嫌。许允的妻子就是一个善于根据对方的身份地位去选择说话方式和内容的人，她的这一讲话技巧救了她丈夫的命。总而言之，根据谈话对象的不同，年轻人也要选择不同的谈话方式来应对。

年轻人在日常的交际中，要用一种变通的方式和陌生人打交道，要因人而异，才能让双方之间的感情日益加深，让你的人际关系越来越好。

第4章

礼貌沟通，培养优雅而令人愉悦的谈吐

步入社会，你的素质直接关系着个人发展的前程。会说话能让你在人群中脱颖而出，礼貌而优雅的谈吐更是年轻人讨人喜欢的生存技巧，它不但可以提升你的魅力，而且是缓和双方可能产生的紧张关系的一帖灵药。它能让你在与人交往时少遭责难，多受担待。每个人都渴求得到别人的尊重和赞赏，我们只需要在日常的语言交流中多使用礼貌用语，就能让双方都得到该有的尊重和理解，同时我们的人生旅途也会多一分温暖、多一些机会。

礼貌代表对别人的尊重

我们在向人求助时加上“您”“请”，得到帮助后说声“谢谢”，这是很简单的事，礼貌代表了我们对他人的尊重，同样，对方也会礼貌回应你，给你一份尊重。

礼貌是人们在社会交往中表示尊重与友好的行为规范。礼貌用语则是友好关系的敲门砖。多用礼貌用语有利于人们营造双方相处的融洽气氛，不仅给予了别人尊重，也能表明我们自己的修养。

生活中，很多人都知道要注意很多细节，诸如进门时要先敲门，接电话时要说你好，得到帮助后要说谢谢，接名片要用双手，这些礼貌用语和行为，也许是因为从小就受到此类教育，所以已经成了一种习惯，不能真正体现一个人是否有礼貌。但是有一些礼貌，如果不是出自内心真正的尊重，是不可能做到的，试问：当遇到路边乞讨者，你能否将钱轻放，甚至双手呈上，而不是随便地把钱扔给他？也许你不觉得这样有什么不妥，也许在你心里乞讨者是没有尊严可言的，正是因为不尊重才会对他们无礼。假想，面对一个你尊重的人，你会这样随便地把钱丢给他吗？

在公交站，一位中年男子向身边的交通协管员问道：“问一下，怎么到马路对面去啊？”协管员没带回头地说：“下回说话带上主语，客气点。”然后顺手一指，“直走，桥下过马路！”男子悻悻然离去，协管员也没好气地冲周围的人抱怨。

这只是一次很简单的问路，却因为问路人不懂得使用基本的礼貌用语而造成了双方的不愉快。其实，这位男同志只须在问路时加上几个简单的词语，比如，“同志您好！请问……”敬称“您”再加上“请”，相信协管员在回答问题时会客气得多。从协管员这方面来说，虽然问路人说话不礼貌，但也不需要动气，更不需要针锋相对。他可以先使用礼貌用语指路，然后再婉转地提醒路人注意礼节。这样的方式对方更容易接受，也比较有成效。

我们对他人的礼貌，不能因为职位、年龄、性别、身份的不同而有所不同。任何人都是一个独立的、有尊严的个体，尊严无价，对他人的尊重亦是对自己的尊重，人与人之间，只有那不经意，表达一种与私利无关的真诚和善良，才是令人信赖的礼貌。

在我们的日常生活中，也经常会发生没有注意礼貌用语，而让对方感到不被尊重的事。比如，在公交车上人们经常会询问售票员关于到站或换乘的问题，很多人会习惯性地大喊："哎，问一下，××站到了吗？"或者："我到××，应该在哪站下车啊？"尽管司乘人员有服务的职责，但是我们也应该表示对他们的尊重。别小看了"请""您好""谢谢""对不起"这些简单的礼貌用语，如果能恰当使用，既能在主观上感到身心愉快，又能在客观上促进人际关系的和谐发展。

有这样一个小故事，有两个人到曼哈顿出差，其中一个看到马路对面有个卖报纸的小摊，就想过去买份报纸，让他的朋友等他。接过报纸后，他发现自己没带零钱，只好递过一张10美元的钞票，对卖报纸的小贩说："找钱吧。"

谁知小贩一听很不乐意，对他说"先生，我来上班可不是给人找零钱的。"

当然，这人没有买到报纸，只好悻悻地回到了马路对面。

这时，他的朋友安慰道："不用急，你在这儿等着，我过去试试。"

朋友来到报摊前，递过同样的10美元钞票，对小贩说："先生，对不起，不知您是不是愿意帮我个忙？我是外地来的，想买份报纸，可是身上没有零钱，您看能不能帮我把这10元钱找开。"

小贩听了他的话，顺手抓起一份报纸，递给他说："拿去吧，这次不用付钱了，等以后有了零钱，再给我就是了。"

从这个故事中，我们可以知道，尊重是我们人生中重要的一课。尊重也就是要我们能设身处地地换位思考，而说话有礼貌，就是对别人最好的尊重，这也体现了一个人的道德修养。只有懂得尊重别人的人，才能真正获得别人的尊重。因此，无论是求人办事，还是日常交往，我们在说话时一定要礼貌先行。因为你满足了对方"被人尊重"的心理，就会使别人对你怀有好感，这样才会有利于我们的日常交往。

俗话说，“言为心声，语为人镜”，如果你说话有礼貌，能让帮忙的人感到高兴，说话没礼貌却会破坏别人的心情。向人求助时加上“您”“请”，得到帮助后说声“谢谢”，这本是很简单的事。礼貌代表了我们对他人的尊重，同样，对方也会礼貌回应你，给你一份尊重。

礼貌说话事半功倍

二十几岁的人在说话时，一定要有礼貌，用心与人沟通，不能仅仅是毛躁地发表自己的意见，滔滔不绝，而要学会以对方能接受的方法展开对话。

与人相处时，如何说话确实是一门艺术，值得二十几岁的人细细琢磨。当你需要向他人表达意见时，除了文字、肢体语言外，说话也是一种人际传达工具。如果说话语言不当、不得体、不礼貌，非常容易伤害别人，造成人际交往中的不和谐。因此，说话的礼貌是不容忽视的。

说话时的态度和语气极为重要，有的人谈起话来滔滔不绝，绝不容许他人插嘴，把大家都当成自己的学生；有的人为了充分显示自己的伶牙俐齿，总是喜欢用夸张的语气来说话，甚至夸大其词，危言耸听；有的人以自己为中心，丝毫不顾他人的喜怒哀乐，成天谈的话题全是显示自己。这些人常常给人傲慢、放肆、自大、不尊重人的印象，对个人的人际交往有百害而无一利。

我国古代的大将军岳飞就是这样一个说话有礼貌的人，在《说岳全传》中的一段故事便说明了这点：

一天，牛皋向一位老者问路。只见他在马上吼道："嘿，老头儿！爷问你，小校场往哪儿去？"这位老人不但没给他指路，反而生气地骂他是个冒失鬼。过了一会儿，岳飞也来到这里。他先是离镫下马，然后上前对老人施礼道："请问老丈，方才可曾见一个骑黑马的？他往哪条路上去了？"老人见岳飞说话如此有礼貌，便耐心地给他指路。

这个故事正印证了一句俗话：礼到人心暖，无礼讨人嫌。老人正是有

感于岳飞礼貌真诚的话语，才诚心为他指路。

二十几岁的人在说话时，一定要有礼貌，用心与人沟通，不能仅仅是毛躁地发表自己的意见，滔滔不绝，而要学会以对方能接受的方法展开对话。

涉世之初的人说话时要说正派的话、善良的话、中肯的话，让他人知道你心里是怎样的想法，以减少沟通障碍，如若哗众取宠、举止轻慢、信口开河的话，则难以树立自身的形象。当对方所述要求自己办不到或与他人意见相左时，若要拒绝或辩论，必须以委婉的态度说明缘由，灵活机智地转换话题，这容易幽默地推拒或弥补争端以缓和气氛，切莫语气严峻冷酷，毫无通融的余地，这容易令人难堪而导致双方反目成仇。

一天，歌德这位德国的伟大诗人在公园里漫步。当他走在一条只能允许一人通过的小道上时，对面走来了一个曾经对他的作品提出过激烈批评的评论家。这时评论家高声喊道："我从不给蠢货让路！"歌德却笑着回答："而我却恰恰相反！"并让在一旁。

歌德在微笑中把"蠢货"的头衔还给了批评家，批评家却无言以对，只能接受。歌德这样礼貌而幽默的话语，不仅达到了反击的目的，而且显示了自己的风度和睿智，从而成就了一段千古佳话。

年轻人与人谈话时，要讲正事、谈正题，不要偏离主题，而进行自我宣传、夸大自我。最好不要说或问别人难以回答的问题或事情，如别人不愿意回答的问题。在说话过程中主动寻求他人的优点，尽量避免谈及缺点，并给予适当而诚恳的赞美，不可谈及他人的隐私，或探寻他人的私生活。谈话中，不能出现倦怠的神情，如打呵欠、屡屡看表、跺脚等，说话时要面带微笑、谦和有礼、态度亲切。言谈举止不可太过做作，故弄玄虚，这容易让人反感；亦不可言词抽象，让人产生误解，语言表达要简单明了。

当对方的话尚未结束时，不可强行打断抢说，如须先说，则要征得对方的谅解，插话时也要注意用词的礼貌，宜多用"抱歉""打扰了"等词。与人在谈话时，要注意音调、速度适中，并应将内容说清楚，讲明白，不可贸然与人发生争执冲突。与人交往中要尽可能谈上几句话，如遇到有人想同自己谈话可主动与之交流，如谈话中遇到冷场，应设法使谈话有礼貌地继续下去。在谈话中如因故须退场，应向他人说明原因，并致歉意，不

要自顾自一走了之。

年轻人在听别人谈话时要全神贯注，不可东张西望，或不耐烦，应当积极地表现出对他人谈话内容的兴趣；听别人谈话就应该让别人把话讲完，不要在他讲到兴头上时打断他，如要对别人的谈话内容加以补充或发表个人看法，也要等到最后，抢话和挑剔对方都是极不礼貌的。在聆听时积极反馈是种互动方式，适时地点头，微笑或偶尔重复对方谈论的要点，适度赞美都是必要的。

参加他人正在进行的对话，不要悄悄地凑过去旁听，应征得当事人同意才进行，一言不发或自吹自擂都是令人扫兴的原因。

涉世之初的人如想建立自己儒雅而又风度翩翩的形象，帮助自己成功地打开交际网络，建立良好而广泛的人脉，那么学习有礼貌地说话是重中之重，能起到事半功倍的效果。

讲话注重分寸有礼貌

礼貌是一个人应有的基本修养，在和他人交谈的时候，有礼貌的人都会给人一种好感，受到别人的尊重。所以，我们要注意做到自己的一言一行都有礼貌。

从前，有个年轻人骑马赶路，忽然见一位老汉从路边经过，他便在马上高声喊道："喂！老头儿，离客店还有多远？"老汉回答："五里！"年轻人策马飞奔，急忙赶路去了。结果一口气跑了十多里，仍然不见人烟。他暗想：这老头儿真可恶，说谎话骗人，非得回去教训他一下不可。他一边想着，一边自言自语道："五里，五里，什么五里！"猛然，他醒悟过来了，这"五里"，不是"无礼"的谐音吗？于是便掉转马头往回赶，追上了那位老人，急忙翻身下马，亲热地叫声："老大爷"，话还没说完，老人便说："客店已走过去了，如不嫌弃，可到我家一住。"

若要做到语言得体、有礼貌，首先我们就要做到言语之间有分寸。没有分寸的谈话很容易招致对方的反感，让对方感觉你是个无礼的人。因此在与人交流前，我们首先要明确自己的目的，再选用适当的言辞去与对方交谈。除了说话要有分寸，礼节也是很重要的一点。必要的礼节能表达出我们在几种情况下的礼貌，如问候时的“您好”，告别时的“再见”，致谢时的“谢谢”，致歉时的“对不起”，回敬时的“没关系”等。

有分寸、有礼节的说话其实也就是一种有教养的体现，这种人能够尊重和谅解别人，委婉地指出对方的缺点，谅解对方的行为。同时具有必要的学识，也会表达出不同于一般人的谈吐，得到社会和他人的敬重。

其实，我们仅仅具有这四条是不够的，还要避免犯一些惹人不满的语言错误，在与人交流时尽量不要谈及一些别人不想公开的隐私，有时隐私是别人的某些缺陷或不想被别人知道的秘密。在言语交际中避谈避问隐私，能展现出我们有礼貌的一个方面，若冒失地询问对方的年龄、职业、婚姻、收入之类，是一种很不礼貌的行为。

总之，文明礼貌看似简单，但要真正做到并非易事。这需要我们平时多加学习，加强修养。“敬人者，人恒敬之”。礼貌是一个人应有的基本修养，在和他人交谈的时候，有礼貌的人都会给人一种好感，受到别人的尊重。所以，在和他人交往的时候，我们要注意做到自己的一言一行都有礼貌。

礼貌说话的几点注意事项

在日常交往时，我们要表现得谦卑有礼，别人才会愿意帮助你，生活中最重要的是有礼貌，它比智慧和学识都重要。

礼貌是一个人的名片，说话有礼貌的人总是更受人欢迎。礼貌，看似小事，却直接影响着我们的形象以及别人的态度。无论一个人在社会上扮演什么样的角色，处在什么样的地位，礼貌一直是维持人际关系不断互动的规则。可以说，“礼貌是与人共处的金钥匙”，是容易做到的事，也是最珍贵的东西。

刘晓荣老师是北京一所高校的教授，一天，他正在办公室里备课，有人敲门，他习惯性地说了声请进。抬头一看，是一位女生，但是他并不认识，他想也许是找别的老师的。但是那位女生四下看了看，并没有确认自己找谁，张口就说道：“刘晓荣呢？”

这话一出口，大家都愣了一下，都往刘晓荣老师这里看，刘晓荣老师心里也很纳闷，在学校里这么多年，还没有谁直呼其名的。他脸色微微一变，但还是有礼貌地对她说：“我就是，找我有什么事吗？”

那位女生大大咧咧地说：“噢，你就是刘晓荣呀，我可早就听说过你了，我是某某教授的学生，我的论文你给我看一下！”

原来当时有规定，论文答辩时要请一个校外的专家来指导。这位女生是外校的学生，来找刘晓荣老师给自己批阅论文。

刘晓荣老师到底是有涵养的人，看到这个学生这么没有礼貌，并没有发火，只是随口说道：“那你就放那里吧！”

这名女生就把自己的论文往他的桌子上一扔，说：“你快点看呀！后天我们要论文答辩，你可别耽误我的事！”

刘晓荣老师再也无法忍受，说：“请问你是找人办事还是下达命令呢？把论文拿走，我没有时间给你看！”

求人办事就得有个求人办事的样子，要表现得谦卑有礼，别人才会愿意帮助你。生活中最重要的是有礼貌，它比智慧和学识都重要。一个不懂得礼貌的人，自然不会得到别人的帮助，所以我们在日常交往中一定要注意礼貌待人，以下几点需要注意：

1. 远离不文明用语

有一些年轻人，为了追求刺激和无拘无束的感觉，在很多地方都喜欢大大咧咧地表示自己的个性，无论是穿着、做事，甚至包括一些不文明用语，都成了他们标榜自己独特的对象。试想，如果一个美貌可人的女人在与人交谈时不停地说一些不文明用语，这是无论如何也不能让人接受的。所以身为一个有素质的人，我们一定要远离不文明的话语，否则会让自己的形象顷刻之间大打折扣。

2. 与人交谈不要用鼻音词

有的人喜欢用“嗯”“喔”等鼻子发出的声音来表达自己的意思，虽然这些话不是不文明用语，但是在有些场合还是不适宜用的，会让对方有种不被人重视的感觉。

3. 说话要有分寸

我们说话要有分寸，懂得尊重和谅解别人，委婉而善意地指出对方的缺点，切不可高傲地指示对方，这会让对方感到很不满。

另外，大方得体的谈吐是对对方的尊重，出于礼貌，我们要避免在交谈时表现得十分浅薄。浅薄是指不懂装懂，言辞单调，语句不通的说话方式，有些人很反感对方不懂装懂的劲头，会感到十分不快。人总有不如他人的地方，总有不懂的事，这时你要谦虚谨慎地向对方请教，切不可浅薄地妄下结论。

言语粗鄙是最无礼的语言，我们一定要避免粗俗低下的用语，同时在谈话时也要注意不要触犯对方的忌讳。所谓忌讳，就是指有些人视为禁忌的现象、事物和行为，为了避免忌讳而采用其他的语言来代替。这些语言能够顾念对方的感情，避免触忌犯讳，因此我们要好好注意这一点。

例如，大多数人都对“死”这个字很避讳，在谈话的时候很不喜欢听到这个字，因此为了避免让人感到不悦，我们要尽量避免谈到这个字。遇到不能改变的情况时，可以用“仙逝”，“驾鹤西去”等语言来代替，连带着与“死”有关的事物也要改变说辞，如“棺材”说“寿材”“长生板”等。

让“对不起”这句话更有效用

每一个人都应该懂得一些待人的礼貌，“对不起”就是应该学习的一句礼貌用语，它能使顽强者低头，能使发怒者气和，这就是“对不起”的真正效用。

如果有人问你，你会使用“对不起”吗？你知道“对不起”的效用吗？

也许你会觉得这个问题太简单了。可是在现实生活中，真正有多少人知道“对不起”的效用？又有多少人能充分利用它呢？多少怨恨，多少争吵，不就是因为有的人不会使用“对不起”而引起的吗？

某个星期天的早上，菜市场上人来人往，举步难行，偏偏在菜市场口的杂食店前，停了一辆半新半旧的自行车。忽然，“咣当”一声，这辆自行车随声倒下，旁边愣着一位小伙子，正在店里的车主人——一位老伯，扔下手中正在选购的东西，冲出店门，瞪起眼睛骂道：“喂，你瞎了眼啦，我的车好端端停在这儿，你干吗撞它？”这位小伙子自知理亏，便要去扶车子，老伯的火气越来越大，冲着弯下腰去的小伙子骂声不断：“要是我的车子有点啥损伤，非要你赔不可！”顿时，小伙子被这些话激怒了，他直起腰来，愤愤地说：“我呸，你这个老不死的，别欺人太甚！要不是你随随便便地把车停在门口，我怎么会撞倒？车倒了，是你活该！”“什么，你这个……”两人都毫不示弱，面红耳赤地开始了比赛似的骂街，自行车仍躺在地上，围观的人越来越多。这时，一位大学生模样的年轻人挤进了人群，在两人互相的咒骂声中，默默地扶起了地上的自行车，然后对这位小伙子说：“请不要再吵了，说句‘对不起’不就没事了吗？”接着又对那位老伯说：“老伯，不要与他斤斤计较，小心伤了身体。”世间原无不可解决的事，在这位年轻人的劝导下，这两位当事者终于和解了。

从这件事中，我们可以发现，这两句得体的礼貌用语竟有这样大的作用，它能使顽强者低头，能使发怒者气和，而这就是礼貌用语的真正效用。

俗话说：“人非圣贤，孰能无过。”当你不小心冒犯了别人时，使用礼貌用语，会使别人对你更为同情和谅解。

王小莉曾经经历过这样一件事：有一天，她骑车上学，因为出门晚了些，所以骑得飞快，在拐弯处，由于车速太快，又没有及时刹车，不小心碰了一位妇女，莉莉连忙说了一声：“对不起！”这位阿姨见她满脸内疚的样子，就说：“没关系，以后骑车小心点，快上学去吧，别迟到了！”

短短的一句“对不起”，轻轻的一声“没关系”，让人与人之间的距离缩短了，心贴得更近了。

中华民族自古以来就以礼仪之邦著称，每一个人都应该懂得一些待人

的礼貌，这样有利于我们与社会人士的交往。没有人喜欢一个不懂得礼节的人，也没有人不喜欢一个会说“对不起”的人。

“对不起”这句话在任何场合都能派上用场。这不仅仅是一句在犯了错误或是失态的时候的道歉语，也是一句对人有所委托、要求、提问以及邀请的时候都可以使用的万能用语。它可以帮助我们解除对方的戒备心，让对方平静下来，产生安心的感觉。因此，会说“对不起”的人，总会赢得更多的朋友，也会赢得更多的尊重。

年轻人要会使用谦词、敬语

使用谦词、敬语是对他人的礼貌，正确使用谦词、敬语可以缩短人与人的心理距离，为彼此的谈话奠定友好的基础和融洽的气氛。

在日常生活中，敬语是一种向对方表示尊敬的词语，多使用敬语不仅能表现出你的谦卑有礼，还能体现出你的优雅气度。我们日常生活中的敬语有：“请”“您”“尊夫人”“贵方”等，另外还有一些常用的词语用法，如初次见面对对方说“久仰”，很久不见称“久违”，请人批评称“请教”，请人原谅称“包涵”，麻烦别人称“打扰”，托人办事称“拜托”，赞人见解称“高见”等，都是表示礼貌的敬语。

同样的一句话，使用和不使用敬语的效果是截然不同的，人们都喜欢和使用敬语的人交流，而不愿意和初次见面不懂礼貌的人结识。

同敬语一样，谦词也是一种我们常用的礼貌用语，它多用于向人表示我们自己的谦恭和诚恳。最常用的用法是称自己为“鄙人”“家兄”“家父”等。谦词能够表现出你的恳切和对对方的尊敬，在双方交谈时，你的言谈举止彬彬有礼，人们就会对你的个人修养留下较深的印象，觉得你是一个十分懂礼貌的人。

使用谦词、敬语是对他人的礼貌，正确使用谦词、敬语可以缩短人与人的心理距离，为彼此谈话奠定友好的基础和融洽的气氛。尤其是在一些陌生的场合，与自己的上司、长辈或是与自己地位不同的人说话时，我们更要注意使用。

使用谦词敬语时也要注意情境和时机，太过谦虚有时会让对方感觉你很虚伪，不真诚。在日常生活中，我们说得最多的一个词就是“麻烦您了”，这是一种表示感谢的敬语，代表着人们充满感激的内心。如果说的时候太过敷衍，那么对方不仅感受不到你的感激，反而会有种不真诚的感觉。比如，你与对方在进行商业上的谈判，谈到最后双方都没有获利，这时如果你向对方说一声“麻烦您了”，对方不会觉得你是在表现礼貌，只会觉得是一种没有感情的客套。因此，我们在向对方表示自己的谢意时，不要只是平淡地说出这个敬语，要用简短的话语道出麻烦对方帮助你的原因，同时要用真诚的目光注视对方，伴有真挚的笑容，这样对方才能真切地感受到你的谢意，这才是我们懂礼貌的体现。

道谢时要注意的技巧

如果你想成为一个受欢迎的人，就把你的感激有礼貌地表达出来，不要把它藏在心里，那样永远也不会被人知道。

聪明的人知道有一个词，可以一讲出来就赢得别人的好感，那就是“谢谢”。“谢谢”一词不仅能让对方感受到你的感激之情，还能体现出我们谦恭懂礼的形象。有些人认为，可以用一些实际行动来表达自己的谢意，并不需要开口向人道谢，例如送对方些小礼物、小贺卡，或者是请对方共进美餐。诚然，这些都是人们道谢的一种方式，然而“谢谢”一词却是真正承受了我们内心的诚意，即使没有礼物，只要有一声真诚的“谢谢”，对方会感到无比地开心。但是很多人不知道如何向对方表达自己的谢意，他们干枯、平淡的语气，让对方觉得他们的道谢是一种敷衍。

“谢谢”一词虽然简单，但却需要一些表达的技巧，否则就会在不知不觉中与好人缘失之交臂，让对方对你的印象大打折扣。

1. 表现你的诚心

我们要向别人道谢，最重要的就是要表现出自己的诚心，并且让对方感受到你的谢意，这才是最重要的。二十几岁的年轻人要记住，人的感谢之情是来自内心的，敷衍的表面工夫不会让人感到任何真诚。你不要不好意思表达感情，一定要真诚，让对方感受到你的真心，这才是道谢的最高境界。

2. 用目光传达感情

心理专家曾作过调查，如果谈话中的两个人能相互注视，那么交流的效果往往会比不互相注视的情况好。这说明，目光是一种传达感情的好方式，尤其是我们在传达自己的感激之情时，最好能专注地看着对方，这样不仅能表现出自己的真心实意，同时这也是对对方的一种礼貌和尊重。

3. 告诉对方你感谢他的原因

向人道谢，诚意最重要，如果你只是向对方说“谢谢”，而对方却不知道你因何感谢他，那么这样的道谢只能说是太过空洞，没有感情，而换个技巧，就会产生截然不同的效果。例如，“真感谢你之前帮助我复习，我这次才有了这个好成绩，谢谢你。”这种道谢具体说出了对方帮助你的地方，会让对方感到你是一个知道感恩的人，也会对你充满好感。

4. 谢礼传心意

出于礼貌，我们在道谢的时候可以送对方一份小礼物，并附上一张便条，写上感激的话。只要我们送的礼物能够非常恰当地表达出自己的感谢，那送什么东西并不重要。或者请对方吃个便饭，重要的是向对方表达自己的心意。

5. 道谢不忘对方姓名

我们在表示感谢的时候，不要忘记对方的名字，这是对他人的一种礼貌。“谢谢你”和“谢谢你，张老师”的效果是完全不同的。清楚地道出对方的姓名，不仅让对方感受到你的真诚，同时也会让对方觉得你十分有礼貌，这样的道谢谁都乐于接受。

对别人的帮助报以感谢，是一种为人处世的礼貌，你充满真心的感谢

会让对方满心欢喜，但是年轻人要切记，不要虚假客套地敷衍人。是不是真心的感谢，谁都能感受出来，如果别人感到你的虚伪，那么他们会很反感你，而不知道感谢的人也同样会被人反感。所以，如果你想成为一个受欢迎的人，就把你的感激有礼貌地表达出来，不要把它藏在心里，那样永远也不会被人知道。

有礼貌才能得到别人的帮助

懂得如何巧妙运用“请”“谢谢”“对不起”等这些词汇的人是有教养的人、值得信任的人，这样的人才能得到别人的帮助。

《晏子春秋》中说：“凡人之所以贵于禽兽者，以有礼也。”礼貌是人际交往中一种言行方式和规范，是人类文明的一个标志。讲礼貌有助于保持人们良好的人际关系。有人说，礼貌是“冬天里的一把火”，礼貌是感情的“黏结剂”，礼貌是打开办事成功之门的“钥匙”。有时候，一个很小的动作或礼貌习惯都有可能影响到办事的结果。所以，在办事的过程中，一定要注意礼貌待人，这样在遇到困难时才能得到别人的帮助。

有这样两件事，能很好地验证礼貌用语的重要作用。

一次，小双出差在外，办完事准备回程时，才发现只能赶上最后一趟班车了。虽说是初次到这个城市，但小双的方向感原本不错，可是没想到，心急火燎的她竟然就在汽车站附近迷失了方向。不巧的是经过这条街的人寥寥无几。过了很久，小双才截住一位貌似当地人的大叔，由于时间紧急，小双张口就问：“汽车站在哪儿呀？”那人用怪异的眼神看着她，并不说话。小双更着急了，连声喊着：“哎呀，糟了，赶不上了，在哪儿呀？”这时那人突然说了一句话，小双愣住了。他说：“你看着像个文化人，怎么这么没有礼貌呢？”说完他就转身走开了。当时小双失望至极，来不及细想，就不管三七二十一朝着一个方向开始狂奔起来。老天保佑！居然让她赶上

了！当小双坐上车，捂着疼痛的腹部大口大口地喘着粗气的时候，好心的售票员过来了解情况后，告诉她其实她刚才绕了一个大圈子，原来小双问路的地方就是车站的后门。小双不知道自己当时的表情是沮丧难过还是气愤，周围不明真相的人只是觉得太不可思议了，纷纷为她抱不平。只有小双自己心里明白，如果当时她能多说一个“请”字，应该就不用吃这个苦头了。

还有一次，小双搭乘公交车前往和朋友约好的见面地点，那一带她很陌生，朋友没来得及告诉她在哪一站下车，手机就没电自动关机了。恰逢下班高峰，站在人群中的小双被挤得左摇右晃，懊恼万分。过了两个公交停靠站后，小双开始慌了。不少人下车后，车上的空间松动了些。小双转着脑袋四处寻找可以询问的对象，终于她选定了一个靠窗坐着的同龄女孩。小双慢慢挪到她身边，用探询的目光瞄了她一眼，低下头小心地问道：“你好！请问到某某地方在哪个站下车？”那女孩先是把瞟向窗外的眼神收回来，有些诧异地瞧了瞧小双，确认小双是在和她说话以后，脸上倏地友善起来。她说：“你要到的那个地方还远着呢，别急，快到的时候我会提前告诉你的。”听她这么一说，小双心里的那块石头终于落地了，她连忙向女孩道谢。可是没想到，当车再次停下来的时候，又涌上来一大批人，可怜的小双生生地给人流挤到了下车门边。站稳后小双急忙开始用目光竭力搜寻那个女孩，却意外地发现那女孩已经站起来了，正用同样的方法焦急地四处张望着，追寻小双的踪迹。当她们眼神交流的那一瞬间，一股暖流涌上小双的心头。看见小双后那女孩开心得旁若无人地大声朝她喊：“别担心，到了我会叫你的！”霎时小双感动万分！小双回想起自己上一次的遭遇，内心更是感慨良多。

礼貌其实是很容易做到的事情，礼貌无须花费一文，却能为你赢得许多。小双开始没有礼貌地问路，结果自己白白跑了一大圈，而她第二次有礼貌地询问，就得到了那个女孩的帮助，两件事相比，第二件事明显麻烦很多，但因为小双的礼貌相待，对方对她伸出了援手。

有礼貌的人做事有理、有力、有节，知道体恤别人的难处，懂得妥协的艺术。一个有礼貌的人，到处都会受欢迎，朋友会越来越多；相反，一

个没有礼貌的人，人们碰到他也会走开，不会帮助他，这样他的朋友越来越少，到最后他会变成孤家寡人，成事也就变得更困难了。小双一开始不也吃到了没有礼貌的亏吗？

可见，说话的技巧能够帮助一个人在社会上立足发展，并得到更多人的好感。在生活中，语言是人们表情达意时必不可少的重要工具。善于使用礼貌用语的人往往能使自己正在做的事情达到事半功倍的效果。懂得如何巧妙运用“请”“谢谢”“对不起”等这些词汇的人也通常被认为是有教养、值得信任的人，才能得到别人的帮助。

第5章

分清场合，怎样选择最恰当的说话方式

说话已经演变成时下最重要的一种生活技能，二十多岁的年轻人不仅要会说话，还要能根据不同的场合把话说好。恰到好处的说话方式不仅能为年轻的你增添魅力，还会让你在各种场合圆融通达，左右逢源，人见人爱。当我们掌握把话说好的方法、原则，在不同的场合都舌灿莲花、妙语连珠时，相信我们的处世之路会更加平坦。

多种技巧面对批评

在毫无准备的情况下，突然遭遇逆耳之言时，我们要视具体情况来分析应对，运用多种技巧，得体地面对批评。

郭明是一位作家，有一次她应邀到某大学进行演说，当她结束了精彩的演说时，听众报以热烈的掌声。接下来郭明要回答听众的问题。纸条一张张递到台上，郭明一一从容作答，语言得体流畅。突然，她看到一张字条上赫然写着两句刺眼的话："你有些作品只是二三流的，却都能发表在有名望的刊物的显著位置上，这是否得益于你的名气和背景？"

这分明是一句有意贬低人的话！郭明的笑容顿时僵住，显得有些尴尬。该怎么办？聪明的郭明完全可以原文照读，坦然作答。然而，她却是这样回答的："我作品的发表同我的名气和背景毫无关系。说我的作品是二三流的，那是你个人的看法，我认为我的作品不是二三流的。"郭明的自尊心受到了伤害，语气中明显有几分冲动。好在提问者没有继续发问，这场小"危机"就这样过去了。

可以说，郭明在这种场合下面对批评的反应是不可取的，若你像郭明这样，在毫无准备的情况下，突然遭遇逆耳之言时，知不知道该如何应答呢？这要视具体情况来分析。

假如对方说得有道理，我们完全可以诚恳地接受批评："你说得对！以后我会注意的。"虽然批评你的人已经制造了一个对他有利的对立形势，但是通常情况下，你不必立刻答复他。"你的意见我会认真考虑的，明天早上继续聊吧。"这类话语是较合理的应对方法，而且能使你在一定程度取得部分控制权。

如果错误不在你，那么你就不要急于反击。反唇相讥对你有害无益，那样只会给旁观者留下不好的印象，就像上例中的郭明一样。

通常情况下，常见的应付批评的说话技巧有以下几种：

1. 使用俗谚

使用俗谚简直可以起死回生的作用。俗谚可以使人产生“那是真理”的感觉，而大多数人都不得不服从于真理。当对方催你赶快作决断时，你就可以说：“俗话说‘欲速则不达’，在这种紧要的关头，我们首先要做的是先稳住阵脚，再从长计议。”

当对方以丰富的知识攻击你的无知时，你还可以说：“俗话说得好，‘知而不行，犹如不知’，我们应重视这一点。”

2. 找借口

找借口也不失为一种面对批评的好办法，这时的要诀是要有背水一战的决心。“我完全理解你的意思，但你何必这样严厉地指责，使彼此伤和气呢？再说了，你就完全没有问题吗？你这种欺人太甚的态度，实在让人难以接受。”“或许你说得对，不过我得告诉你，按规则做定会通行无阻，但是如果你固执己见，原本可以成功的事情也会失败的。”

你必须在话题以外寻找借口，反将对方一军。因为在此之前，你是处于被动挨打的地位，因此必须要跳出原来的问题，找到新的制胜点。

3. 不断发问

不断发问是你扰乱对方阵脚的有效方法。“你刚才说有必要检讨一下，这是什么意思？”“你刚刚说要建立全体参与的体制，所谓全体是指哪些人？而且是哪种参与方式呢？”

像这样连续发问，对方早晚会露出破绽。因此你就要锲而不舍地与对方缠斗下去，直到对方不耐烦地脱口而出:“这完全是无关紧要的芝麻小事!”于是你便有机可乘了，你可以反驳对方：“怎么可以说这是芝麻小事呢？只要我还有疑问，你就应该解释清楚，不然我怎么能完全了解呢？”

4. 多使用“比如说”

这种方法也能帮助你摆脱被批评的困境。即使对方在有条有理地高谈阔论，有时，只要以下列方式发问，对方就会立即崩溃。例如：“比如说，适合什么情况？”“比如说，你能想出适用的方法吗？”即使对方的话非常有道理，并且也合乎逻辑，但是一旦他无法回答“比如说”的问题，难免

会不知所措。

当你要求对方“举出例子”的时候，能够立即回答的人不多。这时，对方显然已处于劣势。这时你就要不失时机地说：“你说的我完全明白，不过，要是不知道具体的用法，无疑是纸上谈兵，还有什么意义可言。”

打破冷场的巧言妙招

冷场是人在日常交际时，由于话题不合或反应不够快而短暂出现的无人答话的尴尬场面，我们要想摆脱这种“低气压”的冷场状态，就要多学习几种打破冷场的小技巧，重新让谈话气氛活跃起来。

冷场是人在日常交际时，由于话题不合或反应不够快而短暂出现的无人答话的尴尬场面。无论与同事、亲人还是爱人，谈话时出现冷场都是让人很窘迫的。我们要想摆脱这种“低气压”的冷场状态，就要多学习几种打破冷场的小技巧，这些技巧一方面能帮助我们缓解尴尬的场景，另一方面也能顺利切换到更合适的话题中，让谈话气氛重新活跃起来。

当我们在日常交际时，最希望的就是与他人相谈甚欢，让双方的关系从不熟悉慢慢发展到熟识，但是如果谈话中有一方不善表达，或者没有谈话的欲望，那么冷场就会不可避免地出现。出现冷场的原因无外乎这几种：

(1) 初次见面，双方不熟悉。

(2) 年龄差异大，爱好不同。

(3) 性格不同，做事风格不同。

(4) 双方都不善言谈，不知如何开口。

(5) 双方有矛盾，感情不和。

(6) 双方的谈话内容有利益的冲突。

(7) 熟识的人因长期未见而感觉有些疏远。

我们在与人交谈时，尴尬的冷场就是一个交谈失败的征兆，人们在谈

话时，一定要提前作好准备，预防冷场的出现。比如参加多人谈话，我们要精心挑选对象，不但要考虑他们的性格和是否有必要出席，还要考虑他们是否会积极发言，以免光听不答，让气氛尴尬。

避免冷场是谈话双方共同追求的，但是，万一出现冷场时，我们可以用下面的小技巧打破冷场：

(1) 转移大家的注意力，向他们介绍一些新的事物。

(2) 提出新的话题，让多数人都对它产生兴趣，并愿意发表自己的看法。

(3) 故意制造一个话题的争端，引起两方人的争论。

(4) 开个玩笑，做个小游戏，帮大家放松下紧张的心情。

话题是我们在谈话时最重要的内容，有些无趣的话题让人根本没有附和的兴致，因此才会导致冷场。为了避免冷场的尴尬，我们要准备些“库存”的话题，而且这些话题都是能引起对方兴趣的，这样才能在冷场时产生“救急”的效果。

一般来说，人们对自己更关心，所以有时多问问对方的情况能很快打开对方心扉的突破口，以下这些话题都能让对方十分乐意与你开始交谈：

(1) 如果对方有孩子，问问她 (他) 孩子的事情，孩子永远是自己的好，提到自己的宝宝，谁都会有说不完的话。

(2) 问问对方的爱好，一般人都会很乐意和对方分享自己的乐趣，这也是加深双方感情的小技巧。

(3) 如果是男人，就问问他如何把自己的事业做得这么好；如果是女人，就问问她是如何把自己的家操持得这么好，这一问不仅夸奖了对方，还能让对方发现自己有很多话要说，从而说个不停。

(4) 问问对方生活的地方是什么样子，有什么特色，很多人都对自己生活的地方有很深的感情，可能话不会多，但一定会充满了感情地回味，这时对方就会放下警惕的心防，和你海阔天空地谈论起来，冷场的局面不攻自破。

(5) 如果对方的年龄比你大很多，那么就多问问他们的情况，一旦打开他们的话匣子，他们的话题就会从市政改革、风俗变迁一直谈到自己子孙的近况，你一点都不用担心会有冷场。

总的来说，不同的人有不同的内心感受，冷场往往出现在他们不感兴

趣的话题上，比如，做家务事是女士很热衷的话题，但和男人谈论这些他们会兴趣索然，文字工作者不喜欢别人对自己的作品议论纷纷，企业名人不喜欢在休息时还不停地被人问工作的事，事业失败的人不喜欢老被问为何事业没有起步等。因此破除冷场时选择的话题，必须是对方感兴趣并经历过的内容，关心、体贴、热情的态度也是让人肯多开口说话的“武器”，温和的笑容会让不发一言的对方感到温暖，“冷场”的寒冷气氛也会被一扫而空。记住以上几个小技巧，让话题、气氛、态度来成为你打破冷场的小法宝吧。

打圆场的小技巧

我们每天面对的生活都是全新的，所有事先设计好的“台词”并不一定能用上，只有具备机智的谈吐，才能在工作与生活中打好圆场，做到游刃有余。

有一家酒吧，年轻漂亮的雯雯正坐着沉思，这时走过来一个不怀好意的男人，对她说：“小姐，告诉我你正在思考什么，我将付你一元钱。”雯雯看了他一眼说：“我的思考不值一元。”接着她的话锋一转，说：“我思考的正是你。”那名男子本想戏弄雯雯，却没想到在雯雯的机智谈吐面前自讨没趣。

我们都知道，在行车途中，一个突然的大转弯很容易造成车祸，人与人之间的对话，若转弯过猛也易出现“口祸”，“打圆场”是化解“口祸”的有效手段。我们每天面对的生活都是全新的，所有事先设计好的“台词”并不一定能用上，只有具备机智的谈吐才能在工作与生活中打好圆场，做到游刃有余。

老诗人严阵和一位青年女作家访问美国，在一所博物馆广场散步时，恰巧有两位美国老人在广场上休息，看见中国人来，他们很热情地迎上来

交谈。其中一位老人为表达对中国人的感情，热烈地拥抱那位女作家，并亲吻了一下，女作家十分尴尬，不知所措。另一位老人抱怨那位老人说，中国人不习惯这样，那拥抱过女作家的老人像犯了错误似的呆立一旁。老诗人严阵赶快上前微笑着说：“呵，尊敬的老先生，你刚才吻的不是这位女士，而是中国，对吗？”那老人马上笑道：“对，对！我吻的是中国！”尴尬气氛在笑声中烟消云散了。

转移话题也是一种打圆场的办法，当谈话双方在一些细微的地方有些争执时，我们不妨换一个轻松的话题，给自己一个台阶下。当然，打圆场并不是刻意回避问题，如果确实牵扯到原则问题的话，我们还是要清楚地解释，当时就予以解决，误会若拖得太久，反而会影响不好。若争执的问题并不严重的话，我们只需稍作解释就可以跳到另一个话题中，摆脱这种不愉快。

当矛盾发生在别人身上时，我们作为劝解者，要怎么才能顺利地劝解好双方呢？打个圆场，不伤感情地把问题解决无疑是最好的选择，这就需要我们发挥卓越口才的优势了。

假设你的两个好朋友为了一个问题争吵不休，非要你作为中间人来裁决对错，这时无论是谁都会很为难。两个都是朋友，无论得罪谁都不好，但我们若选择逃避，那只会让问题升级，对解决没有任何帮助，因此我们在打圆场时要记得这样几个小技巧。

1. 客观公正

当争执发生时，争吵的双方谁都不会主动承认自己是有错误的一方，如果我们不分原则、不分是非，笼统地批评双方那是不能使人信服的。因此我们在劝解时，要秉持客观、公正、不盲目的原则，从各个方面尽可能详尽地了解情况，力求把话说到当事人心里，让他们能信服你。

2. 釜底抽薪

当争吵的双方吵得很激烈时，我们对言辞激烈，情绪激动的那一方要重点安抚。如果双方剑拔弩张，大有一触即发之势，那我们不妨釜底抽薪，假借个理由支开其中一人。等双方都冷静下来后，也就不会那么暴跳如雷了，解决问题也就容易很多。

3. 做足人情

有时候，争执的双方并不是真的要争个鱼死网破，只是双方都为了面子而不得不端着架子，把气氛搞得僵化。碰到这种情况，我们就应该随机应变，然后顺水推舟地做个人情，让双方主动“退战”。如：“你们都是我的好朋友，你们闹僵了，让我也很难过，就看在我的面子上，握手言和吧。”一般说来，双方都会领这个面子，矛盾也就不攻自破。

不得当的言论，无意义的争吵，尴尬的场合，这些都是需要我们打圆场来化解的谈话矛盾，你千万不要小看这些打圆场的小技巧，它能瞬间转变尴尬的气氛，帮助我们恢复轻松愉快的谈话心情，因此，打圆场也是交际口才中重要的一课，需要我们认真学习。

不要“哪壶不开提哪壶”

在不同的场合，年轻人说话的时候要讲究一些不同的技巧，如说话时要娓娓道来，不要随便插话等，这些技巧都能帮助年轻人在与人交流时，博得对方的好感，令双方的感情迅速升温。

在我国有这样一句谚语：“哪壶不开提哪壶。”意思就是说：说话不注意场合就容易失去分寸，更会使我们所说的话的本意出现扭曲，造成双方不快。

在现代社会的交际中，一个年轻人的说话能力往往决定了他的人际关系。年轻人要懂得“投其所好”的道理，不要揭别人的短，很多时候，装装傻倒让你赢得更多的赞同。而如果你非要表现自己善于“发现”的能力，“哪壶不开提哪壶”的话，不但不能让你和对方在感情上更进一步，反而会惹人厌。

在不同的场合，年轻人说话的时候要讲究一些不同的技巧，才能让你给对方留下一个好印象，才能加深你们之间的感情。说话的时候要三思而

行，不要心急口快，你要考虑一下这是不是触及了对方的敏感区域，是不是对方所忌讳的。发现了别人的缺点和错误更不能马上指出来，这样会让对方下不来台，局面也就尴尬起来。要把“那壶没开的水”放在那里，别去“提它”，避开别人的短，这能让你在与人交流时，博得对方的好感，令双方的感情迅速升温。因此，别人会发现你的通情达理，会发现你是个会站在别人角度考虑问题的人。

早年毕业于某高等院校中文系、辛辛苦苦工作了几十年的张老师退休了，学校准备给他和另外一个老同志一起办一次欢送宴。同时，学校还借此机会，让学校刚来的几个新老师和张老师见一下，为的是日后的教学工作可以向他请教。相比之下，对那位曾多次荣获过“先进”的老同志的美誉则尤多。当两位受欢送的退休老同志致答辞的时候，他们对大家的赞誉做了深情的感谢。一时间，会场里充满了一种令人动情的温馨气氛。作为答谢，话本该说到这里为止；然而，张老师却并未就此打住，却由人们对另一位“先进”的赞扬中引起了感触，并作了颇为欠当的联想和发挥：“说到先进，很遗憾，我从来也没有得过一次……”话犹未尽，坐在他对面的刚来的青年教师突然抢了话头：“不，我听说了，那不是你的错，是那些老师不好，不是你不配当先进，是怪他们没有提你的名。”话语中让人听着似乎带着一种不肯饶人而又让人难堪的“刺”。冷不防，老教师的眼角眉梢被“刺”出了一股感伤的表情，一时间会场出现了一种不悦的尴尬气氛。一位领导见势不对，马上接过话茬儿，想把气氛缓和一下。照理说，这时，他应避开“先进”这个敏感的话题，转而谈论其他。然而，他却反反复复劝慰那位退休老教师，叫他对“先进”的问题不要在意，说没有评过先进，并非等于不够先进，先进不仅仅在名义，当然还更要看重事实等，一席话，也就等于把本应避而不谈的话题作了重复与引申，使本已尴尬的局面显得更加尴尬。

这样一个本来很欢快的气氛就因为那个年轻教师的揭短而变得尴尬了，而这个领导更是火上浇油，虽然他的本意不在此，可是却将场面变得更加尴尬。这种场合对那个年轻教师来说，本来很重要，因为这是他们和张老师的第一次见面，这次见面本来可以加深他们和老教师之间的感情，

可是却因为年轻教师的不小心，“哪壶不开提哪壶”。可想而知，事情之后，他给张老师留下的也是很坏的印象，张老师也就不可能会把几十年的工作经验向他透露。

揭别人的短就是让人陷入尴尬的境地，你想，一位勤勤恳恳工作了一辈子的老前辈即将退休时，却让你这个不懂人情世故的后生毁了形象，他肯定心中不快，自然你和他之间不会有加深感情，反而会让他对你产生厌恶感。

所以，作为二十几岁的年轻人，在和人打交道时，千万别“哪壶不开提哪壶”，这样会让对方很尴尬，想加深感情更是无从提起，年轻人应该掌握灵活说话技巧，让你的人际关系越来越好。

考虑自己要说的话是否适合场合

在日常交际中，人们要注意自己说的每一句话是否符合自己说话的场合，如果场合不对，很可能会给我们带来难以解决的麻烦。

有这样一个故事，相传在春秋时期，越国有一个人大摆筵席，宴请宾客。时近中午，还有几个人未到。他自言自语地说：“该来的怎么还不来？”听到这话，有些客人心想：“该来的还不来，那么我是不该来了？”于是找个借口起身告辞而去。

这个人很后悔自己说错了话，连忙解释说：“不该走的怎么走了？”

其他的客人心想：“不该走的走了，看来我是该走的！”也纷纷起身告辞而去，最后只剩下一位多年的好友。好友责怪他说：“你看你，真不会说话，把客人都气走了。”

那人辩解说：“我说的不是他们。”

好友一听这话，顿时心头火起：“不是他们！那只能是我了！”于是也生气地走了。

这个可怜的越国人，直到最后所有的客人都走光了，他都不明白是自己说的话给自己惹了祸。从这个故事中，我们要有所领悟，就是因为这个越国人在说话之前没有注意场合，也没有好好考虑一下自己说的话，才造成了这样的结局。

当我们在与不太熟悉的人交谈时，应把对他人的尊重摆在第一位。以诚待人，不评论他人的隐私和是非，每说一句话都要先思考自己说的话是否合适，不要自以为是、口无遮拦地说长道短。我们和亲近的亲人或朋友或许不用如此小心谨慎，而对自己的领导、长辈、不熟悉的朋友，在谈话时还是要注意一下场合，以免“祸从口出”。

张华和刘英是一对形影不离的好朋友，两人私底下无话不谈。在一次同学聚会上，张华一时兴起，嘴上便少了个把门的，笑着对大家讲了刘英暗恋班上某男生的事，而那位男生已经有了女朋友，而且当时也都在场，一时间，弄得刘英很尴尬，下不了台，只得哭着跑开了。

张华的一时兴起，在不合适的场合抖搂出了刘英的隐私，导致双方都尴尬不已。这就是不考虑说话场合的下场。实际上，我们在和任何人交流的时候，都要做到“三思而后说”，不然往往会给我们造成难以挽回的损失。

有一位一心巴结上司的下属去给他的领导祝寿，席间他当着众人的面说，“希望我们的老厂长将来能大富大贵，死后也风风光光。”一席话说得这位厂长脸色发青，认为这个下属故意咒他早死，因此竟不顾贵宾云集，摔杯而去，弄得这位下属好不尴尬。

这位下属就是因为说话之前不考虑，在祝寿的场合说错了话，结果就得罪了领导。由此看来，说话之前的考虑的确很重要。

我们在与人打交道时，不要图口快，要细心地想一想自己说的话是否适合现在的场合。同样开玩笑的话在同学聚会上可以，但在公司聚会上就绝对不行。每一个想提高自己口才和临场反应能力的人都要不断学习，提高自己的决断能力，在想问题时要周到、细心。有时语速慢一些，不仅是沉稳低调的表现，也是自己给自己一个缓冲的时间，想想自己想说的话是不是适合这个场合，再决定是不是该说出来。当我们能做到这些时，就可以给对方一个比较完美的答案。

三思而后行，三思而后说。我们在说话之前要仔细考虑好所有的情况，才能够顺利地达到自己的目的；同样，在说话之前也要仔细考虑好，自己的话是不是适合这个场合，这样才能够起到自己想要达到的效果，否则，就有可能把事情搞砸。

社交场合的口才技巧

在社交场合中，我们一定要根据对象、环境、时间的不同，该多说时不少说，该少说时不多说，否则既会影响我们的说话效果，又会影响我们的社交形象。

二十几岁的年轻人在社会闯荡时，会遇见不同的人，和不同的人交往需要不同的谈话技巧。一般来说，社交作为一门交往艺术，光有礼貌的言谈举止是不够的，八面玲珑的说话技巧才能帮助我们处理好日常的人际关系。

1. 把握说话的时机

每次面对不同身份的人，我们都要清楚自己目前的处境，把握好时机，知道自己此刻该说什么话，这是社交口才中的一个重要方面。如果见面不问候对方，离开时不向对方告别，该说话时不说话，很容易让人觉得你是个没有社交礼仪的人。我们不但该说话时要说话，还要说对话，这才切合社交的时机。如果我们在喜宴上一直不停地诉说自己的苦难，在丧礼上毫不顾忌地开玩笑，那只会让我们苦心经营的形象毁于一旦。请设想一下，假如你在社交中遇见了上面这种人，你会对他产生什么样的印象呢？因此，我们要反思，在社交场合说话要看好时机，说对话。

2. 灵活利用“啰唆”

捷克斯洛伐克讽刺小说家哈谢克的名著《好兵帅克》中有一个克劳斯上校，有一次他对军官发表演讲：“诸位，我刚才提到那里有一个窗户。你们知道窗户是个什么东西，对吗？一条夹在两道沟之间的路叫公路。对了，

诸位，那么你们知道什么叫沟吗？沟就是一批工人所挖的一种凹而长的坑，对，那就叫沟。沟就是用铁锹挖成的。你们知道铁锹是什么吗？铁做的工具，诸位，不错吧，你们都知道吗？”这位克劳斯上校讲的都是一堆废话。他的演讲效果，是可想而知的了。

在我们的日常社交中，言语啰唆，词不达意的人是很不受欢迎的，他们不能准确地表达自己的意见，也不能很好地和别人进行沟通，甚至会让别人产生困扰，不明白他到底想表达什么意思。因此，思路清楚，口齿伶俐的说话方式也是社交口才中一个重要的组成部分。克劳斯上校之所以成为一个被人嘲讽的对象，是因为他不断地讲些无用的事情，对倾听者没有任何的益处，因此让人感觉很啰唆。然而并不是所有的“啰唆”都让人感觉很不满，关键看你在什么环境下，如何去应用。

场景一：课间休息时间，有一个学生走进教室办公室，对他的数学老师说，“老师，这道题我不懂，您给我讲讲，打扰您休息了，真不好意思啊，不好意思啊。”

场景二：某公司的会议室里，某经理向董事会表达了自己的一个事业计划，然而实现这个计划却需要冒很大的风险，保守的董事长给予了坚定的拒绝：“我不同意你这么做！我绝对不同意。无论你说什么我都不会同意的。”

场景三：一对情人正在争吵，女方索性生气地不去理男方，男方为了证明这只是个误会，不停地对女人说，“你怎么能不相信我呢？这确实不是我做的，你要相信我啊，你不能不相信我啊。”

上面的几段话，初听起来似乎有些“啰唆”，但都是为了增强社交效果而不得不“啰唆”。在第一个场景中，重点要表达的是学生对打扰老师休息的道歉，重复几句显示了学生态度的诚恳；第二段话中的“啰唆”是为了表示说话人态度的坚决和不容置疑，明白地拒绝别人，告诉对方没有一点的回旋余地；第三段则是说话人急于表白自己心情而采取的必要的重复，用来证明自己的无辜。这几种语言现象在社交场合经常出现。

由此看来，我们在社交场合中说话，“啰唆”也是必要的一个技巧，但是我们一定要根据对象、环境、时间的不同，该多说时不少说，该少说时不多说。否则既会影响我们的说话效果，又会影响我们的社交形象。

聪明人不逞口舌之快

在待人、处事中，场面话谁都会说。但并不是谁都能说好，一句不经心的话就可能触到对方的隐私与伤痛。

年轻人与人交往，争强好胜是件好事，有这种心气能推动自己快速成长，赶超别人。但这种心气应该表现在行动上，而不是嘴巴上。

以前有个电视剧叫《快嘴李翠莲的故事》，讲的就是一个叫作李翠莲的小姑娘，口齿伶俐，心直口快，虽然能言善辩，但也常常因此而得罪人。虽然她只是电视剧中的一个人物，在现实生活中却也不少见，很多年轻人都是如此，行事作风大方爽朗，就是这嘴上把持不住，一个不小心就可能把朋友得罪光了。

俗话说“打人不打脸，揭人不揭短”，每个人都有自己的短处和隐私，任何人都不能仗着自己和他是好朋友，就肆无忌惮地大加评论，更不能在众人面前揭人伤疤。如果遇上像朱元璋这般的人，你的口无遮拦和只求自己痛快的说话方式可能会把你送上断头台。

明太祖朱元璋出身贫寒，做了皇帝后自然少不了有昔日的穷哥们儿到京城找他。这些人满以为朱元璋会念在昔日共同受罪的情分上，给他们封个一官半职，谁知朱元璋最忌讳别人揭他的老底，认为那样会有损自己的威信，因此对来访者大都拒而不见。

有位朱元璋儿时一块光屁股长大的好友，千里迢迢从老家凤阳赶到南京，几经周折总算进了皇宫。一见面，这位老兄便当着文武百官大叫大嚷起来：“哎呀，朱老四，你当了皇帝可真威风呀！还认得我吗？当年咱俩可是一块儿光着屁股玩耍，你干了坏事总是让我替你挨打。记得有一次咱俩一块偷豆子吃，背着大人用破瓦罐煮，豆还没煮熟你就先抢起来，结果把瓦罐都打烂了，豆子撒了一地。你吃得太急，豆子卡在嗓子眼儿，还是

我帮你弄出来的。怎么，不记得啦！”

这位老兄还在那喋喋不休唠叨个没完，宝座上的朱元璋再也坐不住了，心想此人太不知趣，居然当着文武百官的面揭我的短处，让我这个当皇帝的脸往哪儿搁。盛怒之下，朱元璋下令把这个穷哥们儿杀了。

现代社会中，虽然不会因为一两句不好听的话引来杀身之祸，但是如果像上面那位老兄一样专拣别人不爱听的说，早晚会使自己陷入困境的。这样的人，说话不经思考，想到什么说什么，也不管对方是朋友还是恋人，是长辈还是亲友，总之自己先痛快了再说，这就是典型的把自己的快乐建立在别人的痛苦之上的人。

在待人、处事中，场面话谁都会说，但并不是谁都能说好，一句不经心的话就可能触到对方的隐私与伤痛。年轻人在朋友聚会或是与人交往时，一定要注意说话的场合，把握好说话的分寸，首先对别人有起码的尊重，不要去评论和传播别人的是非。无事生非、逞口舌之快不仅有损自己的形象，也会阻碍自己的仕途和人际关系发展。所以，二十几岁的你一定要管好自己的嘴巴，以免祸从口出。

一些年轻人经常喜欢说这样的话：“笨蛋，一点儿小事都做不好！”“还愣着干吗？没长眼睛吗？”或是“你这身行头从哪儿捡来的啊”等，这样的语言明显带有责备和嘲讽的口气，对方听了会感到非常不舒服。或许你会说自己只是无心之举，习惯这样说话，所以顺嘴就说出来了，但这样的习惯害人害己，还是赶快改正吧！

暗示语的小小玄机

暗示语是我们生活中不可缺少的语言技巧，年轻人学会它，会使生活更加有趣，会使自己更有内涵，会使家庭更加美满，会使友情更加亲密。

在我们生活的社会中，总会有一些不平之事，而我们却无法直言不讳；

总会遇到一些贪婪无耻之人，而我们又不可大胆批评；总会有一些我们左右为难的时候，让你的话说也不是，不说也不是，这时，我们该怎么办呢？暗示语，是一种巧妙的表达方式，在不会给自己带来麻烦，也不会伤害别人的前提下，采用隐晦、含蓄的语言给别人提个醒，表达出自己的不满和意见，是非常好用而又富有智慧的说话方式。

暗示语既不伤害朋友间的情谊，又能充分表达自己的想法，想要灵活运用，还要多加学习。

从前有个富翁，虽然很富有，但是却吝啬到了极点。有一天正在吃饭的时候，正好有客人来访。于是他把客人留在客厅里，自己却偷偷地溜到里面去吃饭。客人实在无法忍受他这副待客的态度，便故意大声地说："呀，可惜了的，好好一座厅堂，许多梁柱却被蛀虫蛀坏了！"

主人在里面听到后慌忙跑出来，问道："蛀虫在哪儿呢？我怎么看不见？"

客人两眼朝他身上打量一番，说道："它在里面吃，外面怎么会知道？"

这位客人的暗示语用得真是恰到好处，表面上说蛀虫，却暗指主人吝啬，主人心知肚明，但却不好发作。这话里有话的说法，往往是说话者故意在言语中暗藏玄机，所强调的并不是表面上说的意思，而是另有所指。若在生活中能将暗示语加以充分利用，一定会使生活变得更加和谐、美满，说不定还能在工作上帮助你。

伯特是美国的一个推销员，有一次他需要推销出去的是一套足可以供一座 40 层办公大楼使用的空调设备，但是他跟建筑公司谈判了几个月都没有谈判成功，而最终能决定是否购买的权力，掌握在公司的董事会手中。

有一天，董事会通知伯特，要求他再一次给各位董事介绍这套空调系统。伯特勉强打起精神，把讲了不知多少遍的话又说了一遍。董事们的反应非常冷淡，还连珠炮似的问了一堆问题，以外行话问内行人，好像在故意刁难他一样。

伯特真是心急如焚啊，眼看着自己这几个月的心血马上要化为乌有了，他急出了一身的汗。就在这个时候，他灵机一动想到了用"热"这个妙招。他不再从正面回答董事们所提的问题，而是自然而然地转移了话题。他神情自若地说："唉！今天天气真的是很热啊，我可以脱下外衣吗？"说完，

他还把手帕拿出来，煞有介事地擦拭着额头上渗出的汗珠。

他所说的话和擦汗的动作立即引起了各位董事的连锁反应，也许这是一种心理上的暗示作用吧，董事们仿佛也一下子感到天气很闷热，于是一个个地脱下了外衣，又一个个地掏出手帕擦汗。

正是在这个时候，一位董事开始抱怨了："这房间里没有空调，真是闷死人了。"这样一来，董事们也不需要伯特推销介绍了，竟主动考虑起关于空调的购买问题来。简直令人不可思议，拖了几个月之久的生意，居然在短短十分钟之内取得了突破性的进展。

在伯特的言语中，虽然没有一语双关，也没有暗含的意思，但却起到了暗示的作用，从而为自己赢得了生意的成功。究其原因，关键就在于伯特抓住了他所推销的"空调"和"天气热"之间的连带关系，恰到好处地利用了自己身处的环境，把自己对热的感受传达给在座的董事，并用语言加剧大家对热的感觉，无形之中增强了他说话的可信度。这种暗示的巧妙性如果运用得当，比话中有话更加成功和有效。

一般 30 岁以下的人的孩子都很小，有的挑食厌食，有的淘气捣蛋，这时你就可以运用暗示的方法来激励孩子："宝贝，你知道爸爸为什么长得那么高吗？那是因为爸爸非常喜欢吃胡萝卜！"或者："你看隔壁的小明多乖，你们是好朋友，应该向他学习对不对？"这样的暗示要比打骂孩子来得实用得多。

不仅如此，有时候暗示语还可以帮助你渡过难关和尴尬。

有一次，蒲松龄到王大官人家去做客，他被众人推到了上座，可是王大官人的独眼管家却从下席开始斟酒，显然是有意冷落蒲松龄。王大官人也想捉弄他，于是端起酒杯示意蒲松龄道："蒲先生，喝呀！"

蒲松龄端坐不动，他笑着说："诸位先别急着喝酒，我先说个笑话给大家助助兴。在我出门儿来这之前，碰到内人正在用针缝衣服，于是我就以针为题即兴作了一首诗，现在诵给大家听听：'一头尖尖一头扁，扁端只有一只眼。独眼只把衣裳认，听凭主人来使唤。'

大家一听，都齐刷刷地朝独眼管家看去，众人极力强忍笑意，而后大声叫好。王大官人及其管家被这样的情形搞得狼狈不堪。

蒲松龄借用针的形象，对想为难自己的王大官人及其仆人进行了尖锐犀利的讽刺，维护了自己尊严的同时，还让捉弄自己的人“搬起石头砸了自己的脚”。

面对如此有心机又不诚恳的人，我们也没必要客气，用暗示语狠狠地鞭笞他一顿，他也只能暗自吃亏，不敢与你争执。聪明的蒲松龄非常值得我们学习，人与人之间的沟通不可能全无障碍，说话做事一定要注意分寸，偶尔用用暗示语，既能显示你的智慧，也不会引起正面冲突。在不违背自己原则的情况下，使自己从容脱困，真是妙得很。

暗示语是我们生活中不可缺少的语言技巧，年轻人学会它，会使生活更加有趣，会使自己更有内涵，会使家庭更加美满，会使友情更加亲密，就像有些植物不喜欢太阳光直射，就要用遮光的东西挡一挡，对于不适合直言的场合，暗示一下，结果会更妙！

女人要会包装自己的语言

身为女人，漂亮的嘴中应该是口吐莲花，才能配得上优雅的气质。

二十几岁的女人，爱美是天性，漂亮的脸蛋，婀娜的身姿，高贵的衣服，时尚的妆容，还有出众的气质，无一不是爱美的女人一生所追求的。然而，美女们总是疏忽了一点，就是平时使用频率最多的嘴巴。或许有人说说“我有画口红和唇彩，嘴巴水嫩嫩的很是漂亮呢”，但是不要忘了，女人的语言也要美。如果全身上下都打扮一新，只有口中的话不加以修饰，那么很有可能外在的一切功夫都白费了。

语言是人类不可缺少的交流工具，人类的语言从最初的结绳记事发展到现在可以任意抒发自己的情感，记录一切想记录的事情，是多么伟大的成就啊。然而，有些话说起来很简单，为什么人们却偏偏喜欢搞得很复杂呢？比如，形容一个人“漂亮”，你只要说“你很漂亮”就已经能够把意思清

楚地表达出来了，而很多人却喜欢把她说成“你比天上的月亮还要美”，“你真美，简直是天仙下凡啊”，其实每个人都看得出，这样的表达更动人，更精彩。所以说给我们的语言也修饰一番，还是很有必要的。

同样是形容一样东西，有些人会说“这个不丑”，有些人就会说“这个很漂亮嘛”。如果是你，你会喜欢哪种说法？显而易见是第二种，这就是说在给语言进行修饰之前，选择恰当的表述方式也是很重要的，如果选择不慎，可能会越形容结果越糟糕。

曾经有一位国王，梦到自己的牙齿都掉光了。他找来智者为其解梦。这个耿直的智者愁眉苦脸地对国王说：“陛下，每掉一颗牙齿，就意味着您将会失去一个亲人。”国王听后勃然大怒：“你竟敢信口开河胡说八道，给我滚出去！”

国王不甘心，下令找来另一位智者。这位智者一脸喜气地对国王说：“高贵的陛下，您真有福气呀！这梦意味着您会比所有的亲人都长寿。”国王听后大喜，奖赏第二位智者 100 个金币。

年轻的礼宾官很不理解地问：“您对梦的解释其实同第一位智者的解释在本质上是一样的，为什么他受到的是重罚，而您得到的却是重奖呢？”

智者先讲了一个简短的寓言故事：“有一位年轻貌美的姑娘，一丝不挂、满身污垢地去见国王。国王看后将她赶了出去。后来，这位姑娘把自己洗得干干净净，如出水芙蓉一般，穿上了漂亮的衣服之后又去见国王。国王高兴地接见了她，并将其留在身边。这位姑娘的名字就叫‘真理’。”智者又说：“任何时候，都要坚持讲真话，但人们听了赤裸裸的真理往往会觉得刺耳，所以，在说出真相的时候也要选择适当的方式。要学会给你的语言穿上华美的外衣。”

这两个智者对同一件事作解释，本质上的意思是一样的，只是因为表述方式的不同，就得到了大相径庭的结果。谁都喜欢听好话，喜欢别人把自己往好处说，如果你偏偏用晦气的语言讲出来，那也就只能自认倒霉了。

我们说修饰语言，并不是不切实际的修饰，更不是无限的夸张和瞎编，而是在实事求是的基础上，注意使用美好的词汇，把不好的意义用另外一种别人比较能够接受的句子表达出来。尤其是身为女人，漂亮的嘴中应该

是口吐莲花，才能配得上优雅的气质。

语言的巧妙让很多人受益匪浅，在困境中选择合适的言辞，能够使你转危为安，并凸显出自己的才华。

宋徽宗写得一手好字，他常问大臣："我的字怎样？"大臣们也纷纷奉承道："您的字好，天下第一。"

一天，宋徽宗问米芾："米爱卿，依你看，咱俩的字相比，如何？"米芾是书法大家，书法当然胜过宋徽宗，倘若说皇帝第一，则必然要委屈自己；倘若夸耀自己第一，则必然得罪皇帝，这还真是个难题。但聪明的米芾灵机一动，说："臣以为在皇帝中，您的字天下第一；在大臣中，臣的字天下第一。"宋徽宗听后心领神会，打心底佩服米芾的机智。

米芾在宋徽宗的为难下却毫无惧色，只是给"天下第一"前面加上个限制，就轻松地把问题化解了。语言的美并不是说在遣词造句上一定要用华丽的辞藻，简单平实的语言加上不卑不亢的内涵也能够变得美好，关键还是要看你如何巧妙地运用它。

年轻的女子如果想要提高自己说话的水平，可以多向这些故事中的人物学习，虽然是故事，带给我们的启发却非常大。在人际交往中，女人的身份是多重化的：有时是女儿，有时是母亲，有时是妻子，有时是姐姐或妹妹，有时是领导，有时是职员……在各种不同角色中，都应该把握好自己的语言美，这样才能将自己的角色塑造得更完美。赤裸裸的语言就像是赤裸裸的人，怎样都是不雅，再丑的女人穿上漂亮衣服打扮一下也是美的；语言也是一样，再难听的语言稍加修饰，也可以给人如沐春风般舒服的感觉。

都说"没有丑女人，只有懒女人"，女人在修饰自己时不能犯懒，在修饰语言上同样不能犯懒。女人的美从内而外，这样看来，对于语言的修饰还应该先于对外表的修饰呢，所以，爱美的女性们，美是全方位的，加紧修炼你的语言美吧！

多说不如巧说

慎言固然有好处，但要与人交流，就必然要说话。对于年轻人来说，能说会道能够调节氛围，但在很多场合，话要会说，更要巧说。

虽然中国古代早有“祸从口出，言多必失”的俗语，但也无法阻止年轻人的说话欲望，只是有时，说到唾沫横飞，天花乱坠，自鸣得意之时，反倒惹人反感。更有甚者，“言者无心，听者有意”，给酷爱表达的年轻人带来无尽的麻烦。其实，想要倾吐感情，想要在对话中占据主动，想要说服对方，往往不需要长篇大论，俗话说“话多不如话巧”，讲的就是这个道理。

乌鸦呱呱叫了一天，不如黄莺唱一首歌更惹人宠爱；从早到晚讲个不停，不如精挑细选少说一些更引人注目；而有时候，少讲话又不如一语惊人，只要话说得巧妙，具有哲理，使人醍醐灌顶，同样能占据对话的主动。

话多不如话巧，懂得说话艺术的人，无论在什么场合都比别人多一分竞争力。因此，如何提升自我表达的能力与优势，如何说巧话，直抵对方的心灵，就显得非常重要了。

我们在说话方面一定要注意谨慎少言。一个冷静倾听的人，不但到处受人欢迎，且会逐渐知道许多事情；而一个喋喋不休的人，像一只漏水的船，每个乘客都会纷纷逃离。

而且，话说得太多，就很容易被人看到虚实，容易探知你究竟拥有多少实力，洞悉你的全部本事。然而，在现代社会，一旦被对方了如指掌，就会轻易被打败和征服，所以第一步，我们要养成慎言的习惯。

慎言固然有好处，但要与人交流，就必然要说话。这就回到了我们刚刚所说的，“说得多不如说得巧”，若要说话，就应当掌握说话的技巧，研究说话的艺术。

与你对话的那个人很重要，当渴望与对话人交流，拉近关系和距离时，

要设置好自己的开场白，在谈话的过程中，始终要追寻着对方说话的蛛丝马迹，从而顺着对方的脾气和禀性，说中对方的心事，比自己洋洋洒洒说一大篇来得有效得多。当与对话人关系剑拔弩张时，要懂得春风化雨，不要绵里藏针。当处于对话窘迫之时，不如圆滑一些，暗自补圆，必要时，懂得暗示的作用。

不管在任何场合，说话要言之有物，否则便应少说。要说可以说自己体验过的感慨之话，说心灵深处衷心之话，说自己有把握的话，说能够启迪人生的话，说能警戒人的话，说能教育人的语，说能温暖人心的话，说能为人排解忧愁的话。自己无把握的话不要说，言不由衷的话不要说，无中生有的话不要说，恶言恶语不要说，伤感情的话不要说，造谣中伤的话不要说，粗言秽语千万不要说。

美国总统艾森豪威尔在哥伦比亚大学任校长时，经常参加宴会并发表演说。一次宴会上，他的演说被排到最后一个，前面的人都长篇大论，轮到他发言时，时间已所剩不多了。他于是站起来首先提醒听众，每个演讲不管用什么形式都应有标点符号。然后他正式开讲："今天晚上，我就是标点符号中的句号。"随即便坐了下去。

艾森豪威尔的做法就显得非常明智，既替听众打算，又一鸣惊人，使听众产生了下次再想与之交流的欲望，若我们遇到类似情况，不妨多学学。

在不同场合这样能说会道

一个性格内向、沉闷寡言的人，应该积极改善自己的性格，尤其是二十几岁的年轻人，不要让自己的大好青春在沉默中走向灭亡……

生活中，性格外向的人往往能说会道，很容易和别人打成一片，而那些沉默寡言的人，大都是自卑、抑郁的代表。每个人都向往幸福，追求快乐，而健谈的人往往能够通过言语的赞美，使人享受到关心和温暖。在一个家

庭中，如果每个家庭成员都能说会道，也愿意和家人交流，这个家庭一定是非常快乐而和睦的；相反，如果家里面每个人都把话憋在心里，什么都不对别人讲，家庭里面就会充满了沉闷和猜忌，说不定就会酿出什么悲剧来。所以说，一个性格内向、沉闷寡言的人，应该积极改善自己的性格，尤其是二十几岁的年轻人，不要让自己的大好青春在沉默中走向灭亡。

很多场合都有一个共同的现象，会说话的人更加讨人喜欢。例如，在恋爱的时候，嘴巴甜一些，对方也欢喜，尤其是见对方父母的时候，能说会道的人更容易让家长接受。作为年轻人，只是多说几句好听的话，自己也不会损失什么，又能得到别人的喜欢，何乐而不为呢？

利用“十一”长假，李莹跟着男友小峰回家乡探望父母，一来让他的父母见见准儿媳，二来与他们商量一下买房的事。

小峰的父母很喜欢李莹，尤其是小峰的母亲，忙前忙后地给他们做饭。但小峰的母亲特别唠叨，李莹洗衣服的时候，她告诉李莹：“水龙头一定要拧紧，要不既浪费水又浪费钱。”李莹帮忙炒菜时，小峰的妈妈说：“一定要少放盐，我听电视里说了，吃多了盐会引发很多疾病。”说到买房子的事，小峰的妈妈说：“买房子可不是小事哦，你们俩要挑选好，我听人家说不仅要选地域，还得选房型什么的……”其实，李莹也知道小峰妈妈的唠叨并无特殊含义，但就是挺不愿意听的。

于是，在回去的路上，李莹就开始数落小峰妈妈的烦人唠叨。开始，小峰还耐心解释：“我妈就是那样，人越老就越珍惜儿女，叮嘱的就越多，她没有别的意思。”李莹还是抱怨小峰妈妈的唠叨：“你妈真是烦死人了，买房的事也要插手，她又不过来选，管那么多干吗！”这下把小峰给惹怒了，小峰生气地说：“你又不是跟我妈谈恋爱，看你左挑一个右挑一个的。再怎么，那也是我妈，就冲你现在这样，还指望你伺候我妈，看来我是瞎眼找错人了……”

李莹在小峰家里又是洗衣服又是做饭的，的确是个很好的女孩子，只是因为说男友母亲的不是，所以引起了小峰的不满。的确，将心比心，谁都有父母，母亲的叮嘱是对你的爱，怎么能嫌弃呢？李莹是个好女孩，就是因为说了不合时宜的话，弄得两个人感情出现裂痕，得不偿失呀！如果李莹在回家的路上不是嫌小峰的妈妈唠叨，而是婉转地说：“妈妈对我们可真好呀，你真是遇到了一个好妈妈，不过妈妈年纪大了，以后我们的事我们自己来处理，不要让妈妈再操那么多心了，让她也过过舒心的日子吧！”这样的话，男友一定觉得她很贴心，又能够为自己的母亲着想，也会从心里感激她的。

不仅仅是在恋爱这件事上，在工作中能说会道的女人也是很有优势的。

王晴是一位工作经验丰富并且能力也很强的女秘书。招聘她的女经理这样问她：“小姐，你长得这么漂亮，学历也高，举止大方优雅，你原来的上司难道不喜欢你吗？”王晴微笑着回答：“或许正是由于这个缘故，我才想离开原来的单位。我情愿老板事多累下人，也不想让他们‘情多累美人’。如果我能在您的手下工作，肯定能省掉很多不必要的麻烦。”王晴并没有讲前任上司到底好还是不好，只一句“情多累美人”便使人既同情又爱怜，结果她非常顺利地走上了新的工作岗位。

一个身处职场中的女人，应该始终保持对自己上级的尊敬，不能对别人妄加评论，即使这位上司已成过去时，你当着现在的上级说以前上级的坏话，现在的上级肯定会想，如果你离开这里了势必也会说他的坏话，这就不仅仅是说几句坏话而已，而是透露出一个人的品行了。像王晴这样一句“情多累美人”不仅表明了自己的思想和立场，也不会给以前的上司带来不好的影响，简单的回答也让现在的上司刮目相看。

能说会道并不一定是要多说，而是要说对。说话谁都会，但是能够说得有技巧，说出来不让人反感，才是真正的会说。会说话的人，能够准确地表达自己心中所想，并用恰当的词汇来修饰；会说话的人，能够把道理有条理地讲出来，不会让别人感到混乱；会说话的人，说起话来轻松自然，任何时候都能够很快理解他的意思；会说话的人，是通过说话来表现自己，通过说话来增加别人对自己的好感。

能说会道是人际交往中的润滑剂，只要得体地运用，任何难题都会迎刃而解，任何不快都会烟消云散！

第6章

巧妙拒绝，这样表达不会使人难堪

拒绝是人们在人际交往中要学会的一项重要本领，把拒绝别人的话说得让人乐于接受就是一种语言的技巧，是二十几岁的年轻人修炼好口才的重要内容。如果年轻人在社交场合中生硬地拒绝别人的请求，那么只会让对方生气、记仇，让彼此更为尴尬，对我们建立广泛的人脉关系没有一点好处；而恰到好处的拒绝言辞，不仅给对方留有尊严和退一步的余地，而且能顺利地帮助我们解决眼前棘手的问题。

因为年轻，拒绝的话就是说不出口

拒绝虽然看似是一件简单的小事，却令很多年轻人不敢开口。而他们不敢拒绝的原因更多的是在乎他人对自己的看法。

“拒绝别人是一件很难的事情吗？拒绝别人还需要勇气吗？”面对这两个问题，很多过来人会告诉你肯定的答案，因为让他们拒绝别人是非常难的一件事，他们没有这个勇气。

拒绝虽然是一件简单的小事，却令很多人不敢开口，而他们不敢拒绝的原因更多的是在乎他人对自己的看法。很多二十几岁的年轻人都会有这样的苦恼，他们不敢轻易张口对别人说“不”。

有个爽朗的男孩，也许是因为他的性格很热心，很喜欢帮助别人，因此很多朋友总是找他帮忙。有时他实在不方便，但也不好意思拒绝他们，因此耽误了自己不少时间和精力。还有一位可爱的女孩，她经常收到男同学的纸条，说想和她交朋友，她不知道怎么办。不知道拒绝之后会不会伤害男孩，也害怕拒绝之后会对自己有影响，可是一直不拒绝也让她不知所措。

看来，拒绝是二十几岁的年轻人在人际交往中必须要学习的一课，而以下几点是导致我们不敢主动拒绝的根本原因。

1. 你想给别人留下一个好印象

每一个人都希望在与人交往中，自己能给对方留下一个热心、善良的好印象，然而如果为了这一印象而失去自己的原则和立场，就有些不可取了。有些人害怕因为自己拒绝了别人的要求而让对方反感，因此不仅勉强地答应对方自己不愿做的事，还为此牺牲了自己的利益，这都是得不偿失的。这种做法不仅让你尊严尽失，还让对方认为你是个没有立场的人，他们会任意践踏你的自尊，久而久之还会把你的帮助视作理所当然。

2. 年轻人太过在意他人对自己的评价

有些年轻人总是希望得到别人的赞许，他们答应帮助别人做事，不管自己是否能够做到，只是希望能够得到别人对他热心帮忙的夸奖。然而每个人都有自己能力的限制，有些答应的事可能你并不能做到，反而会耽误别人。而真正受到夸奖的人，往往是那种做事讲求原则，努力做好力所能及事情的人，他们的认真、努力更值得别人的赞赏。

3. 受顺从、迁就的性格影响

有些年轻人的性格很软弱，他们不敢承担责任，因此总是一味地顺从别人、迁就别人的要求。中国自古以来的谦卑教育，让他们认为顺从是一种美德。这种人在做事时，不敢表明自己的意见，害怕自己的拒绝会让他人不满意。

通过上面的分析，你可以审视一下自己是否同样因为某些原因，在别人要求自己做某些事情之时，不敢拒绝别人，而弄得自己特别辛苦。大胆地说出你的感受和想法，有时候果断地拒绝别人，不仅让自己更轻松，也会让对方有更多的机会选择解决事情的办法。

年轻人要学会拒绝

聪慧的人会善待自己，他们懂得如何拒绝，拒绝一切浪费自己有限的时间和精力的人或事。如果不懂得拒绝，我们就会变成一个只会帮别人做事的人偶。

生活给年轻人的锤炼是多种多样的，每个人都会有或多或少的苦恼与烦闷。有时候，对于痛苦的事情，我们会选择逃避、忍耐、掩饰，但却偏偏想不到去拒绝。心肠软的年轻人害怕伤害别人，因此不敢拒绝，也不会拒绝，只能无奈地伤害自己。我们若想摆脱这个恶性循环，就要善于接受，也要敢于拒绝，告诉别人自己的真实想法，去做自己真正想做的事，这样才是一个真实的自己，才能活得无怨无悔。

有这样一个故事：有个女人不远万里，去找一位十分有名的禅师求得解脱生活痛苦的方法，禅师让她自己悟出。第一天，禅师问女人悟到了什么？她说不知道，禅师便举起戒尺打了她一下；第二天，禅师又问女人悟到了什么？她仍说不知道。禅师举起戒尺又打了她一下；第三天，女人仍然没有收获，当禅师举手要打时，女人大喊“不要”，并伸出手挡住了戒尺。于是禅师笑道：“你终于悟出了这个道理——拒绝。”生活中，女人虽然无力去阻挡即将要发生的事情，但却可以选择拒绝承受生活中的痛苦。

聪慧的人会善待自己，他们懂得如何拒绝，拒绝一切浪费自己有限的时间和精力的人或事。有些活动并不十分重要，只是浪费时间；有些事情只是鸡毛蒜皮的小事，没必要帮别人去做；有些请求要牺牲我们自己的工作时间才能做到。面对这些，我们要学会拒绝。“对不起，我的工作还没做完，帮不了你。”“这个晚会我不是很感兴趣，而且我想休息，谢谢你的邀请。”“这种小事情你自己就能够搞定，完全不需要我帮忙。”我们不要害怕拒绝别人后不好交代，如果不懂得拒绝，我们会把自己弄得不属于自己，变成一个只会帮别人做事的人偶。

齐齐是个很热心的女孩，平时总是喜欢帮助别人，可是最近她变得很苦恼。“我不知道别人有没有被他人借车的经历。我可有，很无奈！不借吧就得罪了他人，不管是家人还是朋友。借吧，可毕竟不是一个小物件，真不知道如何说起！唉！只能无奈！拒绝别人之后我心里也有些矛盾，会不会因为这件事伤害我们之间的感情呢？我不知道自己做得对不对，别人给我的答案我也知道，本来钱和财都是身外之物，我们不应该看得太重，帮个小忙之类的我也都乐于去做，但车毕竟不是一个小物件，谁都会有自私的想法的。”

齐齐的苦恼是由于她总是一味地接受别人的请求，却不懂得该如何去拒绝。其实乐于接受别人请求的人是善良、大方的，他们愿意尽自己所有的能力去帮助无助的人，这是一件好事，但是“接受”未必都是好的，“接受”也要分情况。有时候接受意味着迁就、退让、妥协，意味着我们的软弱、麻木，违心地接受别人的请求，做自己本不想做的事，这样的人是不开心的，甚至是很无奈的。如果齐齐不想借车给别人，她可以真诚地告诉对方自己

的理由，“对不起，我的车有自己的用途，借给你了我会很不方便，不好意思。”大大方方地拒绝对方，对方多半会谅解你。

拒绝，是一种自尊与自信的表现，如果我们能够把真诚放在心中，诚恳地告诉对方拒绝的理由，那么对方也不会为难你。如果没有时间，你可以拒绝和一位优雅男士共进晚餐；如果没有兴趣，你可以拒绝出席一个艺术画展；如果不喜欢，你可以拒绝读一本别人推荐的流行书。在生活中，每个人都有自己的生活节奏，并不是有很多时间去帮助那些求你帮忙的人。在拒绝时，我们要大方得体地告诉那些总是占用你时间的人，每个人的时间都很宝贵，自己的事情自己去做才有意义。

大大方方说“不”

我们在拒绝别人时没有必要害怕，完全可以大大方方地说“不”，在拒绝的同时考虑到对方可能的想法，可以简单明了地告诉对方你拒绝的理由。

社会是一个巨大的关系网，很多情况下，二十几岁的年轻人必须要与他人一起共享社会中的资源，在群体中生活，“接受”和“拒绝”是每个人都要学会的。接受对方的邀约，一起去努力做事可以让你成功，但有些时候，拒绝别人也是我们必须要作的选择。

“拒绝”是每个人与生俱来的权利，有的人在拒绝对方时，因为感到不好意思，而不敢实话实说，对方不了解你的真实意思，因此就会产生误会。其实在我们的日常生活中，拒绝别人是经常会发生的事情，因为拒绝而破坏感情的事并不多。反倒是你模棱两可的话让对方搞不懂你真正的意思，最后影响了工作，导致关系破裂。其实，我们在拒绝别人时没有必要害怕，完全可以大大方方地说“不”，在拒绝的同时考虑到对方可能的想法，简单明了地告诉对方你拒绝的理由。

有一个工作干练、聪明年轻的女职员，在一次代表公司出席的谈判大

会上给对方的经理留下了很好的印象。后来，这位经理经常给这位女职员打电话，热心地帮她介绍青年才俊。女职员本身并不想这么早就谈婚论嫁，因此她大大方方地拒绝了对方经理的好意，同时拒绝得非常有技巧。

“经理，非常感谢您的厚爱，您每次给我介绍认识的先生都非常年轻有为，但是关于相亲这件事，我恐怕会让您失望了，实在是很抱歉。虽然我也认为对一个女人来说，最重要的是家庭，但在参加工作以前，我就暗暗地下定了决心：无论如何，在我还没有能力获得一份稳定的生活之前，我绝对不考虑结婚。现在的我事业刚刚有所起步，还没有结婚的条件。我想，我再努力奋斗一阵子，有了一定的经济基础，那时再结婚才比较妥当。这是我自己的真实想法，希望您能够谅解，我的这番话绝对是发自内心的，不是搪塞您的借口。”

女职员大方得体的说辞，一来明确拒绝了对方经理的好意，二来也表明了自己的立场，同时感谢了经理的好意和爱护。可以说，这番拒绝不会让经理产生任何的不满，反而会令其更加欣赏女职员的落落大方。

小文是个很热心的女孩，平时总是很乐于去帮助别人，别人求她做什么事情，她从来没有推辞过，即便自己很忙的时候，她也会放下手中的事情，去帮助别人。比如，当她正在写作业或看书的时候，如果有同学说：“小文，我们一起出去玩吧。”小文会说自己正看书呢。如果同学再说：“没事，玩一会儿就回来了。”小文就不好意思拒绝了，就会放下手中的作业，跟别人一块去玩了。

小文的爸爸认为孩子在这方面的热心并不是一件好事。在很多事情上，她应该大大方方地说“不”，学会拒绝别人。然而在“谦虚礼让”的传统教育下，不仅是孩子，越来越多的年轻人也都害怕拒绝别人，“不”成了一个极不容易出口的字。那么我们应该如何大大方方地把“不”说出口呢？我们一起来看看小文爸爸的说法。

爸爸对小文说：“你应该学会说‘不’，懂得去拒绝，不能别人提出什么样的请求，你都尽量去满足别人，在面对同学的一些无谓的请求时，你是不是也应该学会大方地拒绝呢？比如，当同学让你去做一件无关紧要的事情时，而此时你正在忙于写作业或是正在做比这更重要的事情时，你

是不是应该跟同学说明一下自己的情况，拒绝同学的请求呢？’比如，当你学习的时候，如果有同学让你出去玩，你是不是该对他说‘不’呢？因为你正在做一件比玩更重要的事情对不对？相信你跟他说明情况后，他也不会硬逼着你去玩。其实，在人际交往中，说‘不’是一种艺术，随着你一步步走向社会，你以后可能会经常面对一些没有意义的请求，这时，你就该学会大大方方地说‘不’，学会去拒绝，不能什么都答应别人，懂吗？”

小文无奈地跟爸爸说，其实自己也不想这样，但有时总是不好意思跟别人说“不”，不好意思去拒绝别人，常常“不”字到了嘴边又咽了下去。当然，有时候也是怕得罪同学，怕拒绝别人多了，以后别人就不跟自己做朋友了。

听了小文的理由，爸爸说：“只要你的理由是正当的，就不要怕说‘不’。当然，你说‘不’的时候可以用上一点技巧，可以婉转一点，因为有时候太直接可能伤害感情，但如果你婉转一点的话，别人也能理解你。而且你可以采用商量的口气，以商量的口吻去拒绝对方，对方就会容易接受，你也不用担心破坏与朋友的感情了。即便你理直气壮地去说‘不’也没什么，因为那些能够跟你成为朋友的人，肯定会体谅你、理解你，不会因为你拒绝了他们一次就不理你。而那些不能跟你成为朋友的人，就算你答应他再多的事，他们也不会成为你的朋友。当然，学会说‘不’并不是让你什么时候什么情况下都说‘不’，当同学遇到困难的时候，你就要及时地伸出援手，而不是说‘不’。”

听了爸爸的话，小文心里的包袱终于放下了，她不再像以前那样什么事都答应别人了，她开始大大方方地说“不”。这样一来，小文节省下来很多时间，而且也并没有因为拒绝别人而失去朋友。

小文爸爸的说法给了我们很多启示，二十几岁的年轻人要学会拒绝，毕竟我们不能什么事都依赖别人，我们也有自己的人生，如果不能大大方方地说“不”，那么我们将来必定难成大事。

和气拒绝，别伤面子

要建立这样一种意识："你有权利说'不'，你不必因为对人拒绝了一件事而感到不好意思。"

人与人交往，免不了被人请求，因为相互交往的目的之一，就是求人办事。如果对于别人的请求，我们实在无能为力，或必须坚持一定的原则，不能答应无理的要求，我们就要拒绝对方。不能硬充好汉，一手揽下。但是拒绝也是要讲究技巧的，只有掌握了这些技巧，才会既不得罪人，又能让别人欣然接受。即使对方不能够接受，委婉和气的拒绝，也能够挽留对方的颜面，不致让他记恨你。

怎样有理有据而又委婉地拒绝他人呢？

如果你不能够答应对方的要求，就要果断地说"不"，而不能犹犹豫豫、欲言又止地拒绝对方，那会让他觉得你是在虚与委蛇，不肯诚实地对待他。与其说一堆原因理由，不如先痛痛快快地说出拒绝的结果。因为人们对于负面的事情往往希望先知道结果，即使自己不能得到好的答案，起码是痛快的，他才有心情听你的理由。如果不能知道结果，他就会烦躁，拒绝听你的原因，说不定最后还有逼宫式的问话："一句话，到底行还是不行？"如果让对方有机会说出这样的语言，那无疑，你们的感情会受到很大的伤害，即使最终你违心地答应了他。

很多时候，一个人拒绝了对方，会产生一种"不好意思"的心理。这种心理阻碍了人们把拒绝的话说出口。由于这种矛盾的心情，态度上就不那么热心，说话吞吞吐吐、欲言又止、欲藏又露。在这种心理的制约下，最终往往是依照对方的意图行事。即使拒绝了对方，其态度也容易使对方产生误解，认为你成心拿架子，不够朋友。因此，要想使自己在工作和社会交往中，不致惹出许多麻烦，首先要克服这种"不好意思"的心理障碍。

国外心理学家强调，要建立这样一种意识：“你有权利说‘不’，你不必因为对人拒绝了一件事而感到不好意思。”这样，你在拒绝时就会心情坦然、举止大方、态度明朗，避免被误解和猜疑。即使对方开始会对你的拒绝产生一点失望和遗憾，但由于你的态度表情向对方表明你是坦诚的，使对方受到感染，容易弱化对方心中的不快。如果你自己都觉得拒绝不应该，心里发虚，那么你的态度表情就会迟疑不决，对方也会觉得你拒绝的理由是不可信的。

比如，在服装店，你在挑选一件衬衣，样式和做工都令人满意，但在价钱上你却觉得不够理想，但看到售货员的热情服务，使你不好意思不买它。售货员就是利用你的这种心理，越是看到你在犹豫，就服务得越热情、越周到，帮你量好尺寸、试大小，甚至动手包装好，放进你的购物袋里，造成既成事实。不知有多少人因为不好意思说出那个“不”字，买了不称心的衣服，答应了自己办不到的事情，违背自己的原则作出了违心的决定。那要怎样拒绝，才会让对方看到自己的决心，又不让对方失了面子呢？这就要讲究一定的技巧。

拒绝是难免的，遭到拒绝又是不愉快的。诚恳的态度，得体的用语可以把这种不快降到最低，并得到对方的谅解和认可。

1. 诱导法

一位军官的朋友向他打探一项军事机密，军官既不能泄露秘密，也不想得罪朋友，于是神神秘秘地问道：“你能保密吗？”朋友说：“能。”军官接着说：“我也能。”在应酬中，向你打探商业机密，或者个人隐私的人，你也不妨这样拒绝他，画个圈让他自己跳进去，或答非所问地敷衍，也是有效的拒绝方式。比如，应对“贵公司打算采取何种措施赢得这次的竞标呢”，你不妨回答他“贵公司呢”，他会立即明白自己问错了问题。如果你说这是商业机密，需要保密的话，就等于说对方是个间谍，等于当面给了别人一个耳光。诱导法既给对方留了余地，也给自己留下了空间。

2. 推托法

在自己的确不能违反规则，答应对方之时，不妨把责任推托到别人身上，当然前提是你的确不能自己做主。“前几天经理刚刚宣布过，不准任

何人自作主张，擅自答应客户的要求”“这件事我做不了主，我把你的要求向领导反映一下，好吗？”这样的语言既可以保全对方的颜面，又可以让他知道事情的轻重。

3. 委婉法

“这个设想不错，只是目前条件不成熟。”“这倒是个好办法，但我的上司恐怕接受不了。”“主意不错，可惜我那天正好出差在外。”这样委婉的拒绝，相信聪明人都能够听出来，不会为难你。

4. 隐晦法

“小伙子，我真难以想象公司少了你会怎么样，不过我从下星期一开始想试试看。”“贵公司地理环境不太好，我看 ×× 公司可能更适合举办这次活动。”这样隐晦的拒绝法，相信对方不会再无礼纠缠。

5. 虚实法

对于应酬中喜欢探人隐私的人，不妨用这一招。遇到探人隐私者，不能有一说一，实话实说。对待探人隐私者，最好的法子就是答非所问。或虚虚实实，让对方知难而退。如果他问你“谁是你晋级的后台”，你就说“全托你的福”；如果他问你“奖金多少”，你就说“不比别人多”。如果他问：“×× 认为贵公司不可能按时交货。”答：“他们有充分的言论自由，他想怎么说，就怎么说吧。”总之，对于对方的提问，不是不答，但答非所问。这样的话，既不会得罪对方，又不会让对方的目的得逞。

总之，面对不合理的请求或试探，我们既要表明断然拒绝的态度，又要措辞委婉，不伤对方的面子，才可以既坚持原则，又保持友谊，实现两全其美。这才是面对不能答应的请求的正确态度。

生活中拒绝别人的几个妙招

拒绝是一门学问，有些时候，你可能是想拒绝，但碍于一时的情面，拒绝的话说不出口，因此给自己留下长久的不快。

生活中，我们常遇见这样的事：比如，一个不太熟的朋友向你借钱，你会担心钱借出去后就不好开口要回来；一个热情得让人不忍拒绝的朋友向你推销一种商品，如果你按他的价格买下来可能会吃亏。像这类事情，你一定会毫不犹豫地拒绝，可是拒绝对方之后也就会彻底断了和对方的交情，甚至可能会造成矛盾。为了避免这样的情形发生，我们就要运用拒绝别人的几个妙招，巧妙地加以拒绝。

1. 简单得体的拒绝

如果你要拒绝对方，可以使用一些坚决而直接的话语，不卑不亢地表达自己的意愿，如“谢谢你的邀请，但是我现在不方便出去”或“抱歉，这个忙我不能帮”。你要记住，你没有义务一定要帮助对方，因此不需要过分道歉。

2. 以友好、热情的方式拒绝

有时面对别人的邀请，你可能实在分身乏术，这时你要以友好、热情的态度告诉对方你拒绝他的原因，这样就不会让对方对你有不满的看法。

比如，别人邀请你去参加舞会，而你正在忙自己的工作，实在没空，抽不开身去，就可以先恭维对方一番，如“对你的邀请我感到万分荣幸”，然后讲出不能前往的理由，别人就不会有太多的不快了。而你若不加以解释就回绝，别人就会产生“架子大”的印象，对你们今后的交往不利。

3. 不要针对个人拒绝

有时在公事上，我们拒绝对方的利益要求，会让对方感到心生不快，而这是工作的需要，并不牵涉你的个人利益。因此我们在拒绝时要把拒绝的原因告诉对方，并表明自己并不是针对他个人才拒绝的。

比如，你是某工厂的采购，面对其他推销员上门推销原料，如果你一口回绝，可能对之后的合作产生不利。你可以这样说："谢谢你的介绍，不过我们工厂已经和某厂签订了合同，短期内不再需要原料了，如果有需要我会再跟你联系的。"当你站在工厂的角度拒绝对方，而没有针对他个人来拒绝时，对方也就不会对你产生不满了。

4. 站在对方的角度拒绝

有时，面对你的拒绝，对方会十分气愤，因为他们会认为你的态度十分无所谓，好像不是你自己被人拒绝，因此才会那么轻松。因此，在拒绝时我们要站在对方的角度，告诉他们我们十分理解他们的处境，但确实无能为力。

某民航售票员面对大批的订票常常要回绝不少人的请求。她总是带着非常同情的心情对旅客说："我知道你们非常需要乘坐飞机，从感情上说我也十分愿意为你们效劳，使你们如愿以偿，但票已经订完了，我实在无能为力。欢迎你们下次能乘坐我们的飞机。"这一番话说完，旅客们再也提不出意见了。

5. 迂回拒绝

当你不好正面开口拒绝对方时，最好采取迂回的战术，转移话题也好，另找理由也行，主要是利用自己温和而坚持的态度表明拒绝的立场。比如，先向对方表示同情，或给予赞美，然后再提出理由，加以拒绝。由于先前对方在心理上已因为你的同情使两人的距离拉近，所以他对于你的拒绝也较能以"可以体会"的态度接受。

6. 利用肢体语言拒绝

有时你会有这种感觉，开口拒绝对方是件不容易的事，即使自己在心中告诉自己很多遍，可一旦面对对方，拒绝的话就无从说起。此时，肢体语言就派上了用场。摇头代表否定，对方看你一直摇头，就会明白你的意思。类似的肢体语言还包括，采取身体倾斜的姿势，目光游移不定、频频看表，心不在焉等，但我们在使用肢体语言时还要注意适度，以免伤害了对方的自尊心。

7. 拖延拒绝

有时面对对方的请求，我们不好直接拒绝，就会选择拖延拒绝的办法，

这个办法就是暂时不给对方答复。也就是说，当对方对你提出了要求，你没有一口回绝，但是也没有答应，只是表示自己需要考虑考虑，那么聪明的对方就会明白你的本意是不想答应的了。

拒绝是一门学问，有些时候，你可能本想拒绝，但碍于一时的情面，拒绝的话说不出口，因此给自己留下长久的不快。通过以上几点技巧，我们要灵活运用，这样才能让自己生活得更好，摆脱不懂拒绝的困境。

职场中的拒绝办法

职场和平时的生活环境不同，更多的是工作上的事，因此我们一定要秉承公事公办的思想，灵活利用职场拒绝办法，正确处理上下级和同事间的关系。

当人们在职场上，无论是身为老板还是员工，都会面对来自各方的要求，有时碍于公司制度或是自己的能力，我们必须拒绝一些要求。但有些人不善于拒绝别人，因此只好勉强自己去做自己本不想做的事，在职场就好像戴着个“假面具”工作，不但工作得很累，也难以摆脱自己内心苦恼的感觉。

职场和平时的生活环境不同，职场中的大多数事情都不牵涉到自身，更多的是工作上的事，因此我们一定要秉承公事公办的思想，灵活利用职场拒绝办法，正确处理好上下级和同事间的关系。

1. 作为上级，我们要拒绝下级的依赖

在传统的观念中，似乎上级一定要比下级能干，如果上级不能指导下级，就是无能、不称职的表现。因此很多人坐上管理者的位子后，对下级的工作要求尽量满足，殊不知，这样的做法只是纵容了下级的依赖思想，对他们的独立工作没有任何好处，无形中还增加了自己的工作量。

王小姐是一家公司的技术主管，每天工作都很忙，有一天她正匆匆地赶往会议室开会，在走廊碰到了自己部门的下属小郑。小郑忙停下脚步，“王

主管，我找您半天了，有一个问题我们组一直想向您请示一下接下来该怎么办。”接着小郑就详细地把工作中的问题汇报了一下，尽管王小姐有事在身，但也不好打断小郑的汇报。几分钟后，王小姐看了下手表，时间确实快来不及了，她对小郑说，“对不起，我现在有要事要去做，你的问题我听明白了，这样吧，我考虑一下，两天后再给你回复。”

两天后，王小姐接到小郑的电话后才想起来这件事，她赶忙道歉，“小郑啊，抱歉啊，这两天太忙了，还没有去处理你提出的问题，过几天我再给你答复吧，好吗？”

一周后，小郑又给王小姐打电话，没等他开口，王小姐就感到十分内疚，她一再表示歉意，要求下级再给她几天时间。焦头烂额的工作已经让王小姐快超负荷运转了，此时她还不懂得拒绝下级的要求，一味地给自己增加工作量，同时让自己处在内疚、焦急的心态中，这是不对的。

正确的拒绝处理方法是，作为上级，我们要会分配自己的精力，同时要下放一些权力给下属，让他们自己作决定，训练他们独立思考问题的能力和勇于承担责任的行事风格。每个人的精力是有限的，很多事不能亲力亲为，因此，作为上级，我们要指导下级，而不是帮下级做事。像王小姐的问题，如果换个处理方式，就完全能够解决。

在听完小郑汇报的工作问题后，王小姐表示这个问题很有挑战性，她想先听下小郑的意见。小郑说，“我就是不知道怎么办才好，才来请教主管。”王小姐看了看手表，开会的时间快要到了，她对小郑说，“我觉得你一定会找出很好的解决方法的，这样吧，这个问题我现在也没办法答复你，我要赶着去开会，明天下午 3 点，你带着你的解决方案到我办公室来，我们一起讨论一下。”

通过这次转变，王小姐不动声色地拒绝了小郑的请求，并把它变成一个展露才华的机会给予了小郑。一方面没有耽误王小姐自己的工作，另一方面也有效地处理了上下级之间的关系，使王小姐的下级没有感到被拒绝，反而很感激她给他的这次机会。

2. 作为平级，我们要拒绝工作中的界限不明

在职场工作时，最让人烦心的就是界限不明的工作。本来各人有各人

的工作分工，有的同事因为这样或那样的原因，总会麻烦你帮他做些工作，碍于情面你可能不好拒绝，就帮他把事情做了，久而久之，那位同事就理所当然地把自己的工作分派给你，好像那本来就是你的工作一样，这时你想回绝就更难了。因此，在一开始时，我们就要坚持自己的立场，自己的工作自己做，拒绝那些界限不明的工作。

当同事请求你的帮助时，你要学会用工作当自己的挡箭牌，告诉对方你也有你自己的工作，自己的工作没做完是不能帮助他的。“对不起，我的工作还没有做完，不能帮你做事。”这种理由是十分理直气壮的，你不要担心会让对方不满，坚持几次，就不会再有人来请求你帮不必要的忙了，这个问题也就迎刃而解了。

3. 作为下级，我们要拒绝上级的额外要求

职场中有个怪现象，就是下级不敢对上级说“不”，对上级的任何要求都唯命是从，不管自己是否能做到，仿佛这样才是一个好员工、好下级，但事实却并非如此。

一般来说，在职场中，上级不会对每一个下级的能力都了如指掌，他更多的是起到一个分配、指导的作用。也许有时他指派的工作对你来说超过了负荷，这时你拒绝上级只是为了让上级了解你的真实情况，并不是工作无能的表现。如果你没有把自己的真实情况有效地传达给上级，那么就会出现以下情况。

(1) 你没有按时完成工作，受到上级的指责。

(2) 你完成了工作，但耽误了其他工作，被指责工作不力。

(3) 你出色地完成了工作，上级马上又分配新的工作下来，但你已经没有精力了。

无论哪种情况发生，对我们的工作都会产生不好的影响，因此，年轻人在面对自己无法胜任的工作时，要及时拒绝上级的任命，让上级了解自己的能力，重新分配工作。

当你正在工作时，上级突然增加了工作，这时你难免会慌了手脚，不知如何是好。其实面对这种情况，有一种最好的拒绝方法，就是将来自上级的工作按轻重缓急排序，主动去询问上级自己该先做哪项，手头的工作

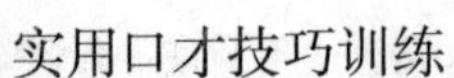

是否先放下。“王总，你今天给了我一个新工程，但我原来那个工程还有最后一部分没有做完，我是先做新工作吗？”

这样做有几个好处，首先是让上级了解了你目前的工作进程，知晓了你的工作量；其次是让上级作决定，体现了你对上级的尊重；最重要的是，你的这种做法，在无形中拒绝了超额的工作，也不会让上级觉得你是在推卸责任，因此，这是一种极为有效的拒绝办法。

不伤感情的拒绝

无论拒绝的理由有多少，因为拒绝而使对方产生的消极情绪都是很难避免的，二十几岁的年轻人要懂得拒绝的艺术，在拒绝他人时运用以下技巧，努力做到不伤感情地拒绝。

无论是在工作还是在生活中，有求必应是每个人都在追求的理想目标。但是，由于主客观条件的限制，我们很难做到有求必应，这时就会无可避免地产生拒绝。

从道理上讲，每个人都知道，拒绝在自己的生活中是无法避免的，但是谁也不会身心愉快地接受“不”这个字，有时无礼的拒绝会让人感到自己尊严扫地，内心会产生强烈的不满。据心理学家分析，人的攻击行为的产生，常常是以自己的需求没有被满足为前提。在一个需要拒绝的情况下，如果有人不加思考就说“不”，那不仅表现出他的浅薄，还有可能破坏他与对方的关系，伤害到对方的感情。

拒绝，可能是因为我们的能力有限，也可能是我们要维护自己的权益，或者是对方的要求不合理等诸多理由，然而无论拒绝的理由有多少，因为拒绝而使对方产生消极情绪都是很难避免的。我们要懂得拒绝的艺术，在拒绝他人时运用以下技巧，努力做到不伤感情地拒绝。

在日常的社交活动中，人们经常会遇到诸如社会组织或个人有求于你

的时候，而有时这些请求你又不能全部满足。比如，你正在加班加点地赶工作进度，朋友却打来电话邀请你参加他们的聚会；亲戚托你出差回来时带点当地特产，但你的工作太忙实在没有时间去买；有合作关系的某公司请你同意签署一份文件，而这份文件中的部分内容却违反了国家的相关规定。遇到这种情况时，你该怎么办？答应下来？即使答应你也不可能做到，反倒落得个言而无信的名声。不答应？你又担心会伤了对方的自尊心，影响以后的合作关系。

正是这样或那样的原因，使得人们不敢果断地拒绝别人，甚至会违心地承诺自己根本做不到的事。其实要想在拒绝别人时不伤害对方的感情，我们应该自觉地建立起一种说“不”的勇气和自信，同时能够委婉地表达自己的缘由，诚恳地向对方解释，使双方都获得理解，这才是最佳的解决办法。

当我们要拒绝别人时，首先要表示对他人的尊重，言辞得体，谦恭有礼。一般来说，人们在亲近的人面前都会表现得很随和，有话直说，有什么要求都可以很随便地说出来。而面对不太熟悉的人时，则会表现得十分有礼貌，说话也注意分寸，无形中跟对方拉开了距离。当你对他人很礼貌的时候，对方也能感到这种距离感，他会觉得你是“可敬不可亲”的，因此也就不好再提什么要求。这种方法适用于拒绝不太熟知的人，一来不会伤了对方的面子，二来也让你得了个“有礼貌”的好名声。

利用逻辑来拒绝也是一个好方法，在与人交谈时，我们可以巧妙地设置几个逻辑前提，引导对方自己去得出逻辑产生的结论。这种方法的好处是，否定的结论是由对方自己提出的，那么他就更能深刻地体会到被拒绝的合理性，那么也就不会再为难你，同时他也能给自己一个台阶，为自己之前的无理要求保留一点情面。

李女士是一家公司的部门经理，有一天，总经理想提拔一个科室的员工，就这件事来询问李女士的意见。李女士明知提拔这个人不妥当，但直言效果肯定不好，还会让总经理以为她打压新人，因此李女士换了个方式表达了自己的看法。她说，“这个人在车间当工人的时候，曾经因操作机器失误，让我们的大量成品受到损失。后来他到办公室任文职后也因马虎，

准备的合同出了问题，使我们与某公司的交易失败。如果总经理重用他，让他到管理层工作，不知他会不会让我们公司承受更大的损失。”总经理听了以后摇了摇头，便放弃了重用这个员工的想法。

李女士这种逻辑拒绝法的效果是显而易见的，有时我们拒绝对方是有一些不得已的苦衷，面对这些苦衷，求助于你的人们并不了解，因此才会产生误解。我们不妨告诉对方自己的难处，只要双方都能够坦诚相待，那么对方也一定能够理解你的难处。

要想做到坦诚相待，我们不仅要寻求对方的理解，还要尽力去理解对方。凡事都有两个方面，当你在拒绝对方时，也要替对方思考一下有没有什么其他的办法，这样不仅缓解了对方因你拒绝而产生的不快情绪，也表明了你的坦诚，使对方能真正理解你的良苦用心。这样的拒绝不仅不会伤害双方的感情，反而会让对方认为你是个细心、热情的人。

怎样用幽默的话语拒绝他人

我们在拒绝他人时都要注意，在遇到不能答应的要求时，首先要向对方诚恳地表示尊重和理解：对于合情合理但自己能力不及的要求，我们可以用幽默的话语来拒绝他人。

生活中，人们都会面临拒绝他人的局面，一个懂得用幽默的话巧妙拒绝他人的年轻人，能让对方感觉到他的善意和真诚，使他们愉快地接受我们拒绝的理由。这种方法既能避免让对方难堪，同时又轻松地转移了对方被拒绝的不快。

在社会上打拼，无论你从事何种工作，与人交往都是不可避免的，幽默不仅能帮助你有效地与他人进行交流，还能与他人建立和谐的关系，赢得对方的信任。

小玉是一个长得很漂亮的姑娘，有一天她突然接到一封情书，打开一

看，是单位里表现很一般的小刚写给她的。小玉很生气，一怒之下把情书贴到了单位的食堂门口。结果小刚被羞得无地自容，原来想追求小玉的人也都被吓跑了。三年后，小刚终于找到了称心的伴侣，而小玉还是孤零零一个人。

小玉的拒绝太过直接，无情得让人无法接受，因此不仅失去了小刚这个追求者，甚至连其他追求者也一并失去了。面对同样的情景，小鑫利用幽默的方法，巧妙地解决了尴尬，同时也没有伤害对方的自尊。

小鑫是某医院的护士，长得漂亮又聪明，因此身边从来不乏追求者。这天下班，李医生邀请小鑫一起吃晚饭，同时想告诉她一件重要的事。聪明的小鑫马上就明白了“重要”代表什么，她笑着说，“好啊，正好我也有事要拜托您帮忙呢。”李医生听了十分高兴，问道，“什么忙，只要我能做到，我一定尽全力帮你。”小鑫依然笑呵呵的，说：“瞧您说的，只不过是我男朋友最近长了好多青春痘，我想问问您有什么偏方能治好吗。”

像小鑫这样运用这种话语拒绝，通常情况下都很有效的，既不会让人难堪，同时也能达到自己所要表述的意思，是一个两全其美的好办法。

有时，人们在用幽默的方式拒绝别人时，可以先提出一个不切实际的想法，然后突然点破，让对方在哈哈大笑中明白你的拒绝，这一点，意大利音乐家罗西尼可以作个表率。

意大利音乐家罗西尼生于1792年2月29日。因为每四年才有一个闰年，所以等他过第十八个生日时，他已经72岁了。在他过生日的前一天，一些朋友告诉他，他们集了两万法郎，准备在他生日那天为他立一座纪念碑。罗西尼听完后说：“真是浪费钱财！给我这笔钱，我自己站在那里好了！”

罗西尼本不同意朋友们的做法，但又不好直接拒绝，于是便提出了一个不切实际的想法，在拒绝朋友们要求的同时，又没有伤害朋友的好意，朋友们在哈哈大笑之后，也明白了他的苦心，这种不动声色的幽默拒绝，是值得我们学习的。另外，工作中的幽默拒绝往往能达到出奇制胜的效果。

一次，王姐的公司和另一家原料工厂就原料的价格进行了长时间的谈判。谈判的过程一直不顺利，因为对方把原料的价格开得很高，王姐的公司负担不起。公司和工厂的代表谈判了一轮又一轮，代表换了一个又一个，

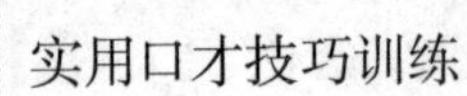

原料的价格始终就是谈不下来。

为了解决这个难题，公司派王姐为代表去谈判。面对原料工厂报出的高价，王姐还了一个极低的价格，谈判像以往一样陷入了僵局。工厂代表并不在乎僵局会持续多久，反正这家公司要用原料就得买他们的，而王姐是拖不起的。情急之余，王姐的幽默发挥了作用。

她说："好吧，我同意你们的价格，如果我的老板不同意，我只好用我的工资来支付差额了，但是你们要接受分期付款才行。"工厂的代表在大笑过之后，终于同意了降低部分价格，王姐用她的幽默胜利地完成了任务。

拒绝分很多技巧，不过无论是哪种方法，人们在拒绝他人时都要注意，在遇到挑战你的底线或不能答应的要求时，首先要向对方诚恳地表示尊重和理解；对于合情合理但你能力不及的要求，我们可以在拒绝的同时，尽量想办法来满足他另一些要求，以此作为补偿。

拒绝赢得尊重

在生活中，年轻人不能人云亦云，要学会拒绝，拒绝不是对别人的敌意，拒绝可能会让你失去利益、失去虚名，但绝不会让你失去别人对你的尊重。

拒绝是一种处世的态度，不懂得拒绝会让人受到很大的伤害，有时伤害的是你自己，有时则是你周围的亲朋好友。在人际交往的过程中，人们更重视情感上的交流，那些懂得尊重自己、理解他人，敢于开口拒绝的人更会得到他人的尊重。

重庆女孩马咏梅代表中国到德国参加第33届环球洲际小姐大赛，在比赛期间，她的自尊、自爱，敢于拒绝的个性为她赢得了尊重。

在德国比赛期间，所有参赛小姐都被安排去洗桑拿。按当地风俗，洗桑拿就是男男女女脱光衣服在一起"裸蒸"。某些国家的小姐觉得很难为情，但还是入乡随俗接受了。但马咏梅坚决拒绝，她用流利的英语告诉主办单

位："一个真正的淑女，无论在任何地方，是绝不会和男人赤身裸体在一起洗澡的，即使我会因此失去比赛资格，我也坚决拒绝。"小姐们立即向她投来了敬佩的目光，赞叹她是"中国的公主"。马咏梅坚持原则、敢于拒绝的性格还为她赢得了评委和当地媒体的尊重，最终她获得了洲际小姐的季军。

马咏梅敢于向德国"裸蒸"的习俗说"不"，是因为她的立场很坚定，无关比赛结局。对她来说，比赛的结果是次要的，自己做人的尊严是第一位的，更何况她在国外参加比赛，更代表着中国的尊严。同样拒绝利益诱惑，获得人尊重的还有一个女人的自尊。

2007 年 11 月 20 日是英国女王伊丽莎白二世与她的丈夫菲利浦亲王结婚 60 周年纪念日，为了表示祝贺，英国王室计划举行一次庆典。但是，因为这一天女王正在乌干达参加会议，庆典只得取消。

为了补救遗憾，女王的亲友们又筹划在 2008 年 3 月 30 日举办一场钻石婚庆祝聚会。按照计划，这场庆祝会在伦敦最豪华的利兹酒店举行，并以钻石为主题，女王在她的孩子和 60 名好友的陪伴下，在盖着镶嵌有闪亮珠宝的餐桌上就餐。因此，这次活动在整个英国引起了轰动，这场庆祝会被传称为"钻石之夜"。

但是，就在庆祝会举办的一周以前，女王突然宣布拒绝参加这次聚会。很多英国人对女王都非常爱戴，当他们听说此事后，都非常失望，一些人甚至给女王写信，请她不要错过这个重要的日子。

但女王的态度却很坚决。她说："我们国家目前的经济非常不景气，在我的臣民正面临物价上涨和房价暴跌的危急时刻，我怎能去参加一个奢侈的聚会？"

女王的拒绝，让世人明白了，为什么半个多世纪以来，她一直受到英国人的尊敬和爱戴。

二十几岁的年轻人一定要有自己的想法和观点，坚持自己的原则不屈服，这样才是一个有立场的人。在生活中，我们不能人云亦云，要学会拒绝。拒绝不是对别人的敌意，拒绝可能会让你失去利益、失去虚名，但绝不会让你失去别人对你的尊重。

米沙是一家布料厂的推销员，有一次她在和客户联系时，对方让她提供一份布料价格。第二天，客户问她为什么她提交的价格要比另一家高。米沙耐心地给客户解释说：“产品价格不能简单地作对比，因为还会有原料、工艺、质量等客观元素，因此产品的成本会不同，价格也就有差异。为了保证产品的质量，我们提供的布料都是用最先进的机器，最优质的原料织造的，所以报价都很合理，并不是很高的价格。”

听过米沙的解释，客户表示他们的预算没有那么多，他们给了米沙一个价格，让米沙按照这个价格去准备布料，只要做出成品就行。客户给的价格很低，即使按照价格最低的原料也是做不了的。米沙毫不犹豫地拒绝了客户的要求，她说：“非常抱歉，您这样的价格我们工厂确实做不了，因为我们要确保产品的质量，我不能为了这一单生意去做劣质产品，毁了我们工厂的名誉。”

客户没想到米沙会拒绝到手的生意，惊讶之余不禁对她肃然起敬。后来经过不断的沟通，客户赞同了米沙的做法，同意购买质量好的产品，米沙说，这一单交易成功并不是让她最开心的，她高兴的原因是获得了客户的尊重和信赖。

学会拒绝别人，敢于说“不”，是一条重要的人际交往策略。人与人之间都是平等的关系，如果一味地顺从别人而委屈自己，人们就会失去自我，失去别人对自己的尊重，从而也就失去了人际交往的意义。当有人请求你做你不愿意做的事情的时候，我们一定要坚定地拒绝，但是你话一旦说出口，就像泼出去的水一样，不能再收回了。因此我们一定要坚持自己的信念，如果你总是立场不坚定，答应别人又反悔，那么你的信誉在别人眼里就一钱不值了。

拒绝是一种放弃，也是一种选择，还是一种“有所为，必有所不为”的主动。每个人都有说“不”的权利，不善于使用这个权利，你的人生可能将一事无成。

第7章

含蓄表达，言在此而意深远

委婉含蓄的语言有一种别样的美，它不像其他交际语言表达那么直白，而是采用委婉的方式告诉对方，让对方去揣摩你的意思，领会语言中隐含的深意。这种说话方式深厚、内敛，意境深远，二十几岁的年轻人虽然喜欢直来直去，痛痛快快做事，但有些时候若能发挥含蓄表达的语言魅力，则更能使你的人格魅力得到提升，把事情处理得更加妥当。

含蓄表达的巧妙作用

也许你性格羞怯，不擅与人交谈；或许你为了照顾双方的自尊有话不便直说；或许在危急时刻，你要给自己留条后路，总之，含蓄些说话，能助你达成目的，轻松面对种种话题。

古人云“言有尽而意无穷，余意尽在不言中”，说的就是一种含蓄的语言表达方式。当我们想表达自己内心的意图，但又不好直说时，很多人就会把话说得委婉些，让对方在自己的话中去理解自己的真正意思，这便是含蓄的语言魅力。古往今来，很多只可意会，不可言传的事情，都通过含蓄的说话方式得到了传承，它不但用丰富的想象力把我们的用意告诉对方，而且还给平淡无奇的话语添加了无尽的乐趣，使得我们的口才更加充满魅力。

1. 掩饰羞怯心理

在我们身边，并不是所有人都能够勇敢大方地向对方表达自己的心意，总有一些内向性格的人，在与人交流时，由于自身性格的影响，不好意思向别人提出要求或表达自己的想法。而含蓄的语言表达不会太过张扬地表述他们的心意，能够间接地帮他们传达信息，帮助他们掩饰羞怯的心理。

2. 维护双方自尊心

年轻人自尊心都很强，维护自己和对方的自尊心是人际关系的基本要求，然而当我们在与人交流时，总有些事伤害到对方的自尊心。如拒绝对方的请求，批评教育对方，发表与对方完全不同的意见等，这些事情如果处理不好，很容易影响双方的感情。因此，我们可以用含蓄的语言来表达自己的意见，从而不伤害对方的自尊，这是一个两全其美的好方法。

3. 有话可以不直说

从前，有个酒店老板，脾气非常暴躁。一天，有个客人来喝酒，才喝

了一口，嘴里便叫："好酸！好酸！"老板听后大怒，不由分说，把客人绑起来，吊在屋梁上。这时来了另一位顾客，问老板为什么吊人，老板回答："我店的酒明明香醇甜美，这家伙硬说是酸的，你说该不该吊人？"来客说："可不可以让我尝尝？"老板殷勤地给他端了一杯酒，客人呷了一口，酸得皱眉眯眼，对老板说："你放下这个人，把我吊起来吧！"

我们都知道，不是所有的人都能接受反对自己的意见，有时，太过直白的话我们可以不直说，通过含蓄的语言让对方自己来理解，这也是一种口才的魅力。

4. 灵活应对话题

众所周知，《水浒传》里的鲁智深是一个典型的鲁莽人物，他不但性格直爽，说话也是快言快语，然而即使这样的一个人物，在面对一些不好直接回答的话题时，也会选择委婉、含蓄的回应方式。当鲁智深打死恶霸镇关西逃亡到寺庙准备削发出家时，曾与法师有过这样一番对话：

法师：尽形寿，不近色，汝今能持否？智深：能。法师：尽形寿，不沾酒，汝今能持否？智深：能。法师：尽形寿，不杀生，汝今能持否？智深：(犹豫了)。

法师：(高声催问)尽形寿，不杀生，汝今能持否？智深：知道了。

不近女色、不饮酒，这些鲁智深都能做到，而要他不杀天下恶人这是不可能的，但如果此时鲁智深照实回答说"不能"，那么法师肯定不会收他为僧。因此他用"知道了"这个回答来敷衍法师，既不违背自己本意，又能剃发出家，不得不说鲁智深深谙含蓄说话的精髓。

含蓄的语言表达方式能帮助我们应对各种交际，也许你性格羞怯，不擅长与人交谈；或许你为了照顾双方的自尊，有话不便直说；或许在危急时刻，你要给自己留条后路，含蓄些说话，能助你达成目的，轻松面对种种话题。

言在此而意在彼

现实生活中，很多人都会不自觉地运用这种说话方式。尤其是不少年轻女性，更喜欢以这种方式炫耀或提醒他人。

女性跟人谈话时，很容易谈到自己的孩子、家庭，而这些话大多以发牢骚的方式说出来。例如："我儿子好玩，真叫人担心。"如果你不小心附和说："是啊！那孩子的确如此。"对方必定大为光火，其理甚明。

女性的牢骚，细加推敲，不难发现带有这样的期待："我儿子只是好玩，如果这一点改过来，无论成绩，无论什么，都会有长足的进步。"甚至可能是在炫耀："我儿子聪明、乖巧，只是好玩而已。"

至于对有关丈夫的牢骚，可以说完全是在炫耀。"每星期打高尔夫球，连星期天也不在家，他实在应该稍微为孩子想一想。"换言之，她想炫耀："我先生忙着应酬，陪客人打高尔夫球，这是事业成功的现象。"只是不好意思直接炫耀，所以才采用牢骚的方式说出来。不要附和这种牢骚，应该加以否定说"没有的事"而使她心里高兴才是机灵。

还有的人会说："你家孩子真努力，练琴练到夜里12点，都不累，哪像我家的孩子，天天玩，还嚷累。"这时，如果你是他的邻居，就要警惕对方是不是在说你孩子的噪音影响到了他的孩子。如果，你不明其言的回答"是啊，但他练得还是不够好，要更加努力"这类的谦虚话，可能会让对方大为光火。

所以，我们说话之前还要察言观色，努力理解其中的意思，有必要时，我们也要采取"言在此而意在彼"的说话方式，才不会让双方尴尬。

比如，遇到异性的纠缠时，我们不妨使用这种方式化解掉他的想法。当今社会，年轻女性在生活与工作中与男人接触越来越多，自然令一些男人心动神移，生非分之想。怎样使男人们打消念头，又不至于影响到彼此

的关系，这是摆在年轻女性面前的一道难题。有一位女性，相貌出众，在一家公司负责产品销售策划。一次跟某公司经理谈判之后，经理悄悄主动邀请她："小姐，晚上陪我吃夜宵好吗？"她不得不按时赴约。见面后，经理喜出望外，情意绵绵。女子竭力向经理劝酒，滔滔不绝地向他介绍公司的发展计划，并不时赞扬这位经理，称他是一位有修养、有气质、讲信用、受人尊敬的现代企业家。最后两人共舞一曲而告终。临别时经理握住女子的手，郑重地说："你是个自尊自爱的女子！我心里会永远记得你这个完美的女孩形象的。"这样的语言，既恭维了别人，又让他认识到，你是尊敬他的，不希望他破坏自己的形象。又给对方留足了面子，相信稍有头脑的人就会明白你的拒绝之意而不会强你所难。

有时，当别人兴冲冲地提出自己的规划，但你不太赞同时，你也不可以直接反对，相反要用这种说话方式提醒对方。

比如，应酬中，对方提出想要扩大市场，多省市经营，你不赞同对方的意见，认为他首先要提高产品的质量，但又不想直接拒绝，便可以说："太好了，我很支持这种想法。到时候无论走到哪里，都能用到贵公司的东西。不过，到时候恐怕仿冒贵公司的产品更多，也不知道还能不能找到真正的贵公司生产的好产品。"这里虽然提到支持扩大市场，但同时提到仿冒品，聪明而有自知之明的人一听就知道对方在给自己留面子，所谓的仿冒产品，就是指自己的产品质量还不过关，没有必要扩大市场。如果，他能够审慎地思索自己目前的问题，也许就会明白你的用意。

这样的方法虽好，却并不好掌握，但也不是无规律可循，只要我们知道遇到什么情况要用这种方式表达，要怎样用好"醉翁之意不在酒"的表达方式，就可以应付很多这样的状况。

1. 运用双关语，是很好的办法

比如，在餐桌上，你不小心说了让大家都很难堪的话，有人打圆场说"他醉了"。你猛然醒悟，不妨说："是啊，我只闻了闻酒香，就醉大了，我还要喝三杯，惩罚这罪酒。"大家都能够听出来，你是在给他们赔罪。而你也不失面子，表面上说"酒醉人"，实际上说自己得罪了众人，给他们赔罪。这样的语言既不让自己难堪，也不让众人觉得你可以轻易向人道歉，

软弱可欺，不失为一个好办法。

2. 明褒暗贬的方式，既不会让对方的面子下不来，也不会让自己陷入绝境

刘经理是公司原材料采购主管，一次他应邀去吃饭，对方带了好几位女宾，又点了不少美酒佳肴。刘经理觉得不方便在这种情况下喝太多酒或者谈事情。于是，上来就说："今天还没有吃饭，就已经饱了；还没有喝酒，就已经醉了。"对方奇怪地问："怎么了？"刘经理笑道："秀色可餐嘛，我看到这么多漂亮的女士，自然饱了；酒不醉人人自醉，这么多漂亮小姐在我们身边，我当然醉了。今晚谈事恐怕要让您失望。"对方一听，忙说："这几位是公司的秘书，她们在这里小聚，我正巧赶上跟她们聊几句。"然后叫上自己的助理，去了另外的包间。一个精美的糖衣炮弹，就让刘经理三言两语破解了。如果他严词拒绝和几位女士一起吃饭，不仅让对方难堪，如果对方解释，更有让自己陷入"以小人之心，度君子之腹"的危险。相反，短短的看似称赞的话语，反而让自己拥有了主动权。

3. 通过小故事，小寓言以幽默的方式惊醒他人

比如，应酬时，遇到了生意场上的对手。他因为上次你和他竞争的事，还十分恼怒，但你现在必须要和他合作或者让他旁观，否则，就会两败俱伤。你就不妨讲讲，两虎相斗，最终都被捕捉的故事。他就会明白双方的处境，选择暂时旁观，或者和你合作。聪明的人，只需要一点拨，就会明白你的用心，所以直白的话，就不如小故事更有趣，更含蓄。

二十几岁的年轻人在与人交往中的言辞需要委婉曲折，这是因为彼此之间都比较陌生，起码不是知心朋友。所以我们讲话也要保持一定距离，尽可能避免直白陈述。无论是批评还是恭维，都要含蓄有度。言在此而意在彼的说话方式，能让自己尽可能地避免被动，如果对方提出反对或拒绝，我们起码可以反驳他误会了我们的意思。既给自己留有余地，又给对方留有面子，不失为一种保守而有趣的说话方式。

几种常用的含蓄的表达方法

在社交中，当你很想表达一种内心的愿望，但又难以启齿时，不妨使用含蓄的表达方法，它有时要比口若悬河更能达到正确表达的目的，从而收到满意的效果。

一直以来，说话直爽、开门见山的人总是受人欢迎的，然而并不是所有的情形都允许我们这样直来直去地说话，在一些不能“有话直说”的场合下，如果我们依然我行我素地表达自己的意见，那很可能会影响到我们的人际关系，更严重的会给我们之后的人生旅程制造不可知的障碍。因此，为了避免这种情况发生，年轻人就要运用含蓄的语言表达方式，说一些和自己本意相关的内容，间接地向对方表达自己的想法。

在这种情况下，我们在说话时，通常都会使用一些故意游移其词的含蓄手法，给人以风趣之感。有的人谈及某人相貌丑陋时，不会直接说“长得丑”，而用“长得困难点”“长得有些对不起观众”这样的话来代替；谈到某人对一个人、一件事有不满情绪时，说他对此人此事有点“感冒”等。这都是在委婉含蓄地表达事情的本意，关于含蓄的表达方法，大致有下面几种：

(1) 利用相似的话题来表达自己的想法，巧妙地联系起不同的事件，传达出自己的用意，但却不直言。

(2) 说话幽默风趣，多用修辞方式，把直白的话语变得内涵丰富，通过借代、暗示来达到表达自己用意的目的。

(3) 有些事情无须直接点明，只须指出一个较大的范围或方向，让对方根据提示去深入思考，寻求答案。

(4) 通过侧面回答一些对方的问题，达到含蓄的效果。

丘吉尔曾说过一句让人难以忘怀的话，他说：“英国在许多战役中都是注定要被打败的，除了最后一仗。”这既表明了英国的力量，也表明了委婉含蓄的语言力量。有时，含蓄的表达方式能帮助我们避免尴尬，虽然

看似不经意的几句话，但实际上却说出了问题的关键所在。

相比于那些直白、强硬的话题，含蓄的语言更容易让人接受，更能表现年轻人对他人的尊敬。然而含蓄并不是晦涩难懂，我们要让对方听懂才能传达我们的用意。若是不分场合、不分情况地使用它，难保不会出现不良后果，所以我们要慎用。

含蓄地表达恋爱中的不满

人们可以从一个人的表情、举止等身体语言中看出一个人的内心世界。这也是含蓄表达不满的一种方法。

恋爱是一件很甜蜜的事，每个人都很珍惜这种感情，但是两个人在一起难免产生矛盾，这时，含蓄的魅力就展现出来。

在爱情中，当对方的所作所为引起我们的不满时，我们要用诙谐的言谈含蓄地表达自己的想法，让对方笑着接受你的“不满”，这样不仅不会伤害感情，还能加深双方的了解，增进感情。

小雅的男友非常喜欢跳舞，偏偏小雅是个好静的人，正参加本专业的自学考试，却常被男友拉去“看”舞。小雅的男友有个很不好的习惯，不跳到舞厅关门不尽兴，久而久之小雅就受不了了。有一次他们从舞厅出来已是夜里十二点多了，小雅说：“你的慢四跳得很棒，我还没看够。你一路跳回宿舍怎么样？”小雅男友笑着说：“你想累死我啊！”小雅一副认真的样子：“不要紧，我用快三陪你跳。”男友扑哧一乐：“亏你想得出，那我什么时候才能跳回宿舍啊。”小雅这时言归正传：“那你在舞厅丢下我一个人，也不怕我打瞌睡被人掏了包儿。”男友这时才知道小雅压根儿没有兴趣跳舞，以后就有所收敛了。

如果你想把恋人的某种缺点抑制在“萌芽”状态，就需要用合情合理的话语来说服对方，作一次倾心的交谈。尽管对方会认为你是小题大做，

但过后仔细一想，会认识到自己的不对，从而更加珍惜你对他的一片真情。

李佳和男友刘帅谈恋爱时，李佳的父亲生病住院，花费不少。正月里，她和男友去男方家拜年。爱面子的刘帅见李佳想带两瓶一般的酒，很是生气，自作主张地要把李佳的姐姐孝顺她父亲的一瓶高级人参酒带去拜年。李佳心里很不乐意，但她知道男友爱面子的特点，便借故把刘帅叫到房间，推心置腹地对他说："这酒可是我姐姐对父亲的一片心意。我父亲当然没有什么意见，因为他只有我这个女儿还没成家，给你家亲戚拜年大方一点也是应该的。可你想一想，要是这事让我姐姐、姐夫知道了，心里会是什么滋味。假如你嫂嫂把我们送给她的东西拿去孝顺别人，你心里又是什么滋味……"李佳一番至情至理的话说得刘帅后悔地低下了头，主动向李佳认了错。

我们都知道，人们可以从一个人的表情、举止等身体语言中看出一个人的内心世界，因此这也是年轻人含蓄表达不满的一种方法。比如说，你的恋人在观看节目时总喜欢滔滔不绝地发表自己的言论，这时我们可以用恰当的身体语言来含蓄表示自己内心的"不满"。你可以神情专注地观看节目，表示无法分心听他的高论，或者找一本杂志来看，以转移视线表示兴趣不一，慢慢地，对方就会因为自己的"高见"没有听众而就此打住。

二十几岁的年轻人都有这样的体会，相恋时，双方的感情总是美好的，然而在发现对方的不足时，则不免感到失落甚至气愤。此时，我们可以用含蓄的表达方式，在不伤害对方感情的前提下，让对方接受你的"不满"，并且让他知道，你是在爱他，而不是在"恨"他。

含蓄地拒绝求爱者

生活中那些因爱生恨的例子，往往就是因为人们没有将自己的感情以及自己内心的想法用含蓄的语言表达出来所造成的后果。

二十几岁是被爱情包围的年纪，在感情的世界里，最高的境界就是两

个人两情相悦，但是，这样的境界并不是所有现实中的男女都会拥有的。在感情的世界里往往是落花有意，流水无情，真正对等的爱情不可能出现在每个人的世界里。当你喜欢的人不喜欢你的时候，是很痛苦的。同样的道理，喜欢你的人，你自己不喜欢，想要拒绝对方，又不想伤害对方，也不是件容易的事情。

无论男孩还是女孩，在拒绝别人的时候，都应该注意自己的遣词，要尽量用委婉含蓄的语言将自己的意思表达出来。这样不仅可以实现自己拒绝的目的，还会在这样的过程中不至于伤害对方的自尊心。

这一天，男孩对女孩说："我真的很爱你！"

女孩一愣，但很快就反应过来："真的？那我问你，假如我们一起穿越沙漠，身边的水所剩无几，离目的地却还有很远，这些水顶多只够维持一个人到达。这时你会怎么办？"

男孩不假思索地说："我当然会把水留给你。"

"那你怎么办？"

"我……只要你心里记得我就好了。"

她轻轻一笑，说："就凭这个答案，你被淘汰出局了。"

"为什么？"男孩不解也不甘，"难道你愿意我说水留给我喝，让你渴死，或是两个人都渴死？"

"不愿意。只是你不必以自己的生命为代价，你的做法我不赞同。如果你只是觉得这样回答我会高兴，那我更不敢相信你了。"

男孩很沮丧，不再有非分之想。

女孩的一个朋友问她："对这样的答案你都不满意，你究竟想要什么？"

女孩这样说："对答案不满意只是一个借口，我的目的只是以最婉转的方法拒绝他。所以，无论他如何回答，我都会以各种理由否定它。这是一个没有答案的问题。"

生活中那些因爱生恨的例子，往往就是因为没有将自己的感情以及自己内心的想法用含蓄的语言表达出来所造成的后果，这样不但会影响到自己与他人的友谊，还会为自己以后的行为以及处事带来一定的不利影响。

小芳是个活泼开朗又漂亮的女孩，在她的身边有很多追求她的人。

但是，她都不喜欢，却只是对一个不喜欢她的男孩情有独钟。那个男孩对她也不是一点感觉也没有，只是没有小芳的感觉来得强烈，所以一直没有进一步的表示。小芳知道，自己的幸福要靠自己去把握，于是在朋友们的鼓励之下，决定主动出击，争取自己的幸福。小芳向那个男孩发起了猛烈的攻势，而那个男孩的反应也总是很冷淡。于是小芳就退却了，但是通过对以前的事情的回想，小芳发现自己不能错过这个男孩，于是又对男孩说起了自己心里的想法。男孩只是说自己不值得小芳喜欢，自己一无所有。小芳当然知道，这只是男孩拒绝自己的一种委婉含蓄的表达方式。但是，从来都是众人追逐对象的小芳从来没有遇到这样的挫折，于是选择了放弃。而那个男孩也并没有因为小芳的放弃而感到后悔，相反的，小芳也因为自己的放弃而找到了更适合自己的幸福，也并没有因为男孩的委婉拒绝而失去什么，反而觉得要感谢男孩的含蓄的拒绝。虽然两人最终没有走到一起，但是两人却成了很好的朋友，也没有因为男孩的拒绝而影响两人最初的友谊。

但是，生活中不是每个人都懂得运用委婉的方法拒绝别人向自己表达的爱意的。那些不懂得将自己的想法以委婉的方法表达出来的人，不会将自己的事情以最完美的方式解决，反而还会给自己的生活带来一定的困扰，这样的做法也是生活中应该尽量避免的。

被拒绝无疑是件痛苦的事，但其实拒绝人亦不好过，所以很多女士在面对自己不喜欢的追求者时，都会显得束手无策，如果你也有同感，不妨试试以下办法。

1. 只愿意和他做朋友

当一个人对异性发生感情时，在他的心中肯定不想只是做朋友那么简单，所以我们在这个关系定位上，要非常清晰。当跟这个暗恋自己的人见面时，明确地以“朋友”的态度对待他，绝不可以令他有任何遐想。甚至经常在有意无意之间强调，你们之间只是朋友关系。

2. 减少单独见面的机会

除了保持朋友关系之外，如果可以的话，尽量不要和他单独约会，因为很多异性之所以表错情，往往是因为那个意中人肯单独跟他约会。所以

如果想婉拒这位追求者的话，还是不要给他单独见你的机会。

3. 不妨先发制人

在和你的倾慕者纠缠一番后，没有取得明显的效果，那么婉拒的程度就要稍为升级。首先，你要下定决心，不要对他产生任何同情之心，直接地拒绝他的约会，每次都以不同的借口打断他的来电，态度强硬地说不爱他的话，这样大多数人都会知难而退。不过这种先发制人的方法，很有可能令你跟他连朋友也做不成，所以应该在迫不得已的情况下，才用上这种方法。

情感是很难说清的，也许你坚定地拒绝他，他会认为你是在考验他。因此，在决定拒绝别人时，要有打持久战的心理准备，这样才能配合自己含蓄的方式与之周旋，在不得罪人的情况下，达到保持友谊的最终效果。

含蓄地表达工作的不同意见

明知道领导可能不支持你的观点，就不要“拿鸡蛋碰石头”，而应该转移一下话题，寻找领导的兴趣所在，然后将他的思绪慢慢地引到你的观点上来。

当今世界，日新月异，作为二十几岁的年轻人要想崭露头角，就必须学会如何委婉含蓄的表达自己在工作中的不同意见。所谓含蓄，是一门说话的艺术，即把重要的、该说的部分故意巧妙地隐藏起来，或说得不显露，却又能让人家明白你的意思。这就是所谓的“只可意会，不必言传”。

工作中，很多时候，年轻人如果直截了当地表明自己与领导不同的观点，很可能会让领导产生反感，也可能会伤及到领导的面子。这时候，年轻人就应该学会含蓄地表达，这样既能保护自己，又能切中要害地让领导明白你的观点，可谓一举多得，这就是含蓄的好处。这就要看年轻人如何委婉地说话，如何让领导从心理上接受你，然后接受你的观点。

第一，要让领导对你产生好感，对于一个年轻人来说，有胆量和领导顺畅地沟通是让领导产生好感的前提，否则一切无从谈起。

舟舟在公司做广告策划，他知道自己很能干，也有很多好的创意。但他常常当着公司高层的面变得笨嘴拙舌，根本表达不清自己的意思。在一次公司的策划会议上，他本来在底下和同事们讨论得相当热烈，好创意不断涌现，精彩极了。但是，一看见公司领导，他就说不出话来，仿佛所有的东西都卡在了嗓子眼里，而且当他看到老总越来越紧皱的眉头，就更是说得七零八落的，频频在大家面前失分。

舟舟的才华本来可以展现，可是出于胆怯，他只能望洋兴叹，让自己的创意被埋没。

第二，年轻人需要寻找和领导之间的共鸣，这一点很重要，明知道领导可能不支持你的观点，就不要“拿鸡蛋碰石头”，而应该转移一下话题，寻找领导的兴趣所在，然后将他的思绪慢慢地引到你的观点上来。比如，你可以围绕他感兴趣的话题举出一些适当的问题，使听者愿闻其详，接着再带领他一起去热切地追寻答案。在追寻途中，将你所见到的十分清楚的事实列举于他的面前，他便会被你引导，进而接受你的结论。

传说中，汉武帝晚年的时候，突然希望自己能够长生不老，并时常陷入这种幻想中。有一次，他和大臣东方朔独处的时候，他问：“你看过这样的相书吗？人的寿命和鼻子下面的人中有一定的关系，人中长一寸，能活百岁，真不知道这是真是假。”说完，汉武帝看见东方朔似有讥讽之意，自然龙颜不悦，很生气地说：“你怎么敢笑话我？”东方朔不紧不慢地说：“我怎么敢笑话您呢？我笑的是彭祖，他的脸太难看了。”汉武帝很奇怪，问：“那你为什么笑彭祖呢？”东方朔回答说：“据说彭祖活了八百岁，如果真像皇上刚才所说的，那他人中就会有八寸长，那他的脸该有多么难看啊？”皇帝听东方朔如此一说，不禁也哈哈大笑起来。

东方朔是聪明的，他用笑彭祖的办法来讥讽汉武帝的荒唐，虽然有含沙射影的味道，但这种含蓄的批评，却让高高在上的汉武帝愉快地接受了。

第三，谈话的最终目的是使领导接受你的观点，你的目的是“曲径通幽”，面对不同的领导，需要采取不同的说话方式。有些领导喜欢“以自

己的意志为转移”，你就应该围绕他感兴趣的话题引人自己的观点；可是，假如有些领导喜欢直来直去，这时，你也不能直接道出你的意见，因为你一不小心就会触及他的避讳，面对这种领导，你就需要用旁敲侧击的方法，这就是“曲说”。曲说是指面对某件事情不便直接陈述自己的观点，而是拐弯抹角地绕过主题，用委婉、含蓄的方式表达出来，这样，既不触及领导避讳的话题，又能清楚地表达自己的意思。这样，他会思而得其意，而且越揣摩似乎含义越深、越多，因而你的话也就越有吸引力、说服力和感染力，这样你的目的也就达到了。

第四，年轻人要学会顺着领导的意思，逐一展开分析你的观点，带领领导“顺藤摸瓜”，这是让领导接受你的意见的收尾工作，但这个工作必不可少，不然，就意味着你前期的努力即将付诸东流。领导不希望自己的思维被人左右，更不希望自己的决策失误，所以，年轻人一定要让领导自己得出结论。

工作中，是否能将自己成功地推销给领导是年轻人成功的一个关键步骤，年轻人要学会表现自己，在遇到和领导意见不一的时候，就要运用委婉含蓄的说话技巧，达到异曲同工的目的，自然就能出色地展示自己的才华！

委婉地对朋友表达不满

步入社会之后，在与朋友相处时，需要更多的智慧。特别是当你们因为某句话而产生摩擦和分歧时，如何表达你的意见，将直接决定友谊的存亡。

任何一个年轻人都有几个朋友，人生的路就因为有朋友才更好走，可是即使再好的朋友，也会有意见不合甚至是对对方的行为感到不满的时候，这时候，年轻人要学会用委婉含蓄的语言表达自己的不满，这样，既不会

影响到你们之间的友谊，还能让对方接受你的意见。

第一，要使用真诚的语言，不论对说话者还是对听话者来说，真诚都至关重要。说话的魅力，不在于说得多么流畅，多么滔滔不绝，而在于是否善于真诚地表达你的意见。因此，年轻人在向朋友表达自己的不满时，不要让不满冲昏了自己的头脑，忘记了对方是你的朋友，忘记真诚这一信条。

向朋友含蓄地表达你的不满情绪时，首先要向朋友表明你能理解他的做法，他的做法也是情有可原的，这样，他就会感受到你的诚意，这样，就从心理上接受了你，这有助于你深入地表达自己的观点，这样，也有助于对方发现并承认自己的错误。

第二，应该肯定和朋友之间的友谊，让对方觉得，无论在什么情况，你们之间的友谊都不会被影响，这是一种"稳定军心"的方法，这样，即使你说得有些过分，也不会让对方觉得这伤及你们的友谊。

小于和她的朋友芳芳在同一家公司上班，小于知道芳芳喜欢占人家小便宜，可是她没有想到芳芳会想要偷自己的方案出去卖。那天下班后，她发现芳芳鬼鬼祟祟的，就跟在她后面，结果就发现芳芳在她的保险柜那里调试密码。小于抓住芳芳，说："你是我最好的朋友，这一点我从来没否认过，我们从小到大从来没分开过，我也知道你缺钱，我可以借给你，但是你不能去做这种事情啊。放回去，只有我知道！我们还是好朋友。"芳芳哭了，她后悔地对小于说："我一时糊涂……"

小于在劝解她的朋友芳芳的时候，就先肯定了她们之间的感情，这样，芳芳感觉到了小于的真诚，就会有一种愧疚感，她的心理防线就坍塌了，慢慢地接受了小于的劝导。

第三，年轻人还可以尝试运用幽默的语言间接地表达对朋友的不满，对方听完以后，不仅会开怀大笑，还能接受你的意见，每个人都喜欢听幽默的语言，就像喜欢听动人的音乐、欣赏美妙的文章一样，风趣幽默的语言往往能产生"四两拨千斤"的效果，达到举重若轻、一言九鼎的交际效果。

有个年轻的诗人，他很有才华，可是家境贫穷，但他却有一些出身豪门的朋友，这些人很多次帮助他度过拮据的生活，他很感激，可是这些人却总是有意无意地提及他很穷的事实，似乎还把这个当成他们生活中的乐子。为此，他很不满。

一次，他的一个朋友带了一位将军朋友来到他家，朋友说要出去玩，他作为主人，不好推辞，可是身上又没钱，只好拒绝，朋友说了一句："既然没钱，你就给大家作首诗吧。"诗人感到很尴尬，说了一句："还是请将军先做一门大炮吧！"

当时，在场的所有人都开怀大笑，而他的那个朋友也感觉到自己的话说得不对，真诚地对他道歉。

委婉地向朋友表达自己不满的方式有很多，年轻人要学会说话的技巧，这样就能在保全你们友谊的前提下让对方感觉到自己行为的不当。

第8章

耐心倾听，给人无声的赞美

倾听是一种无声的语言，它是语言技巧中最高品位的赞美，不懂得倾听的人不会走进别人的内心世界，也不懂得怎样表达自己的内心想法。在日常生活中，二十几岁的年轻人不能只顾着“说”，也要停下来“听一听”对方的心声，发现对方的真实想法，理解他的心态、情感，这样才能把话真正说到对方的心里。

年轻人要耐心倾听

倾听，是你给予对方最大的尊重、呵护和赞美。每个人都有向他人倾诉的欲望。在这种情况下，友善的倾听者自然会成为最受欢迎的人。

每个人的内心深处都有一种渴望向他人倾诉内心想法的愿望，这点已经被心理学家证实。

倾听是一种交谈的技巧，是一种修养，甚至是一门艺术。二十几岁的年轻人要学会倾听，因为它不仅能让人感觉到你的修养，还能帮助你了解他人内心深处的真实想法，使其成为你的良师益友。

很多年轻人都曾经历过这样的情况：朋友因自己受到了不公平待遇而愤愤不平地找你评理，这时候，你要做什么才能安慰他呢？其实，你什么都不用做，只须认真地听他倾诉，让他的情绪得到充分的宣泄，问题就迎刃而解了。倾听就具有如此神奇的力量。

每个人在生活中都需要向他人倾诉，如果在交谈中，我们只顾着自己滔滔不绝地表达，不给对方说话的机会，那我们便会不知不觉流失掉很多朋友，甚至会被别人排挤。

著名记者麦开逊说："不肯留神去听别人说话，是不受人欢迎的第一表现。"倾诉作为人的一种欲望，就应该被重视，如几个人聚在一起讲故事，你一个一个地讲了好几个了，你的朋友们也想来讲一讲。可是你只管自己，滔滔不绝地一个一个地讲下去，朋友们心里自然会不高兴，因为他们失去了自己说话的机会，也会因此提前结束对话，甚至影响日后同你的关系。

事实上，学会做个倾听者，比成为一个讲述者更伟大。专心听他人讲话，是我们给予对方最大的尊重、呵护和赞美。相反，不懂得倾听的人总是会错过很多机会。

一次，王蒙接待了一位想买汽车的顾客，他向对方推荐了自己店里最好的一款新型车，一切进行顺利，眼看就要签单成交了，但不知什么原因对方突然决定不买了。王蒙百思不得其解，夜深了还忍不住给那位顾客打电话探明原因，谁知顾客回答说："今天下午你为什么不用心听我说话？就在签字之前，我提到我的儿子即将进入北京大学就读，我还跟你说他的运动成绩和将来的抱负，我以他为荣，可你根本没有听我说这些话，你只是不断地催我签字，根本不在乎我说什么，我不愿意从一个不尊重我的人手里买东西。"

看，这是谈话中多么细小的地方，却给王蒙带来了如此大的损失，相信通过这件事，王蒙应该能感受到学会倾听的妙处。

倾听是一种情感活动，它不仅仅是耳朵能听到相应的声音，还需要通过我们的面部表情、肢体语言来回应对方，告诉他你正在听他说话，正在用心感受着他。这里就需要你学会一些倾听的技巧：

1. 认真倾听并给予回应

年轻人在与人交谈时，要听清楚对方在说什么，他说的是什么样的事情，要表达的意思和其中蕴含着的深意。整个对话过程中，你都要用认真而关注的表情注视对方，眼角微微含笑地关心对方的一举一动，并在需要时点头示意，或用简单的语言表达自己的观念。

2. 把握时机，适时表达意见

倾听，虽然重点在听，但并不意味着我们要一言不发。倾听的过程中，我们也要学会把握时机，适时表述自己的观念，让对方了解到我们对事件的看法，感受到我们的诚意和真心的关爱。

3. 充分肯定谈话的价值

交谈中，即便是小小的价值，我们也要给予充分肯定，这样才能愉悦对方的情绪，扩大其喜悦感或减少其失落感，这同样是获得对方好感的一大绝招。

例如，朋友说："我们现在确实比较忙。"你可以回答："你坐在领导位子上，肯定很辛苦，更何况你还做出了这样的成绩。"这绝不是让我们去拍马屁，而是要发自内心地肯定对方。

4. 用恰当的肢体语言和表情表达倾听的过程中，我们的表情和肢体语言会直接透露出我们对对方的关心程度，所以，我们要学会用恰当的表情，如嘴、手、眼、心灵等各个器官去说话，但切记要以真诚为宗旨。

倾听是二十几岁的年轻人必须掌握的说话技巧，学会倾听，让别人感受到你的举止和态度，你们的交谈定会更加深入，你在他的心中也会留下更多好的印象。

不要随意打断别人的话

若我们在说话前不去了解别人的感受，而是随意打断他人说话或接别人的话，就会扰乱他人的思路，引起他的不快，因此永远也不要随意打断别人的话，这也是有修养之人的基本素质之一。

并不是每个人都会有很好的修养去倾听他人讲话，总有人会按捺不住，有意或无意地打断对方的谈话，事实上，这是很无礼的表现。

培根曾经说过：“打断别人、乱插嘴的人，甚至比发言者更令人讨厌。”每个人都会有想表达自己想法的愿望，但如果我们在说话前不去了解别人的感受，不分场合与时机地去打断别人说话或抢接别人的话头，那就是极其不礼貌的，甚至会产生误会，影响到自身的形象。

当然，无意识地打断对方的谈话，是可以理解的，但我们应该尽量避免这种情况发生；而有意识地打断别人的谈话，则要绝对避免。否则，你与他人的对话注定会无法进行下去。

在这个世界上，人人都应该得到尊重，说话是每个人的权利，不随意打断别人的话正是对别人的尊重，同时，也是对我们自己的尊重。有的人认为打断别人的话是一件小事情，无伤大雅，但殊不知有些看起来的“小事”却会误了大事。

曾经有这样一个真实的故事：一天，有一对老夫妇到哈佛大学校长的

办公室，他们对校长说："我们的儿子曾在哈佛大学上过学，现在他意外去世了，我们想在校园为他留点纪念物……""对不起，我无法满足你们的要求，如果每个上过哈佛大学的人死去都要在校园留下纪念，那校园不就成了墓地了吗？"校长不耐烦地打断了他们的话，他想把这对平民模样的人尽快打发走，老夫妇忙解释说："不，我们的意思是捐建一座大楼，我们准备……"校长傲慢地打断了他们，并冷冷地看着他们说："你们知道捐建一座大楼要多少钱吗？至少750万美元呢！"老夫妻听后不言语了，过了一会儿，这对老夫妻说，"这笔耗费不是可以另建一所大学吗？我们何不建一所自己的大学呢？"不久，以他们名字命名的大学——斯坦福大学诞生了，如今，斯坦福的影响力丝毫不逊于哈佛大学。

可能我们每一个人都知道，随便打断别人说话是非常无礼的表现，但却总是忍不住，就像这样的人一样：他们很热衷交谈，当别人阐述自己观点时，他们喜欢打断别人，谈论自己的看法。或许这样的人并无恶念，但却因为这张嘴断送了自己良好的社会关系。

经常打断别人的话，其实是出于一种爱表现的心理，这是一种消极的情感，如果任其发展下去，就会造成严重的后果：

1. 让你的嫉妒心理越来越严重

看到别人侃侃而谈，你在一旁冷眼旁观，是否有种不舒服的感觉呢？很多年轻人不能容忍他人超过自己，看到别人好就生气，就想阻止他的"猖狂"表现，不由自主地与之为敌，进而让自己的情绪失去控制。

2. 破坏团结的氛围

经常打断别人的话，就会听不到别人的意见，渐渐养成自高自大、自以为是的性格。而过高地估计自己的能力，就会逐渐形成"唯我独尊"的个性心理，出现严重的自私自利行为，脱离集体的管理，影响整体的团结。

3. 变得善恶难辨

随意打断他人的对话，并且认识不到自己的错误，就会在错误中继续犯错误，甚至失去理智，不能自拔，善恶难辨，发生更为极端的行为。

4. 影响身心健康

打断别人的话是一种爱表现的心理，在这种心理的刺激下，内心就会始终处于高度的应激状态，大脑总是得不到休息，对身心健康大大不利。

这些危害都在告诉我们，与人相处要客观看待对方，正确看待自己，要明白“人外有人，天外有天”的道理。不要随意打断他人的话，变得更谦逊、更优雅，更招人喜欢，人际之花才会因此更加灿烂多彩！

交易中倾听顾客的心声

在工作中，倾听顾客的心声也是我们一项重要的本领，认真倾听顾客的意见，是我们同顾客建立信任关系的最好方法之一，因此我们要多花点时间听听顾客的心在说什么。

在工作中，倾听顾客的心声是非常重要的，而且我们要学会耐心地倾听，并根据情况不断地询问顾客，启发他讲话，然后再认真倾听他的回答，体会顾客真正需要的是什么样的商品和服务，绝不可凭自己的丰富的商品知识打断顾客的话，试图支配顾客的心。

迈特是美国一家汽车公司的推销员，他对各种型号汽车的性能和特点都非常熟悉。本来，这些都是很有利于他的推销的，遗憾的是他十分喜欢争论。

每当遇到特别挑剔的顾客时，他总会跟他们争论不休，并且经常把顾客说得无言以对，然后他就很得意：“我让这些家伙们大败而归了。”但是，经理却时常会批评他：“逞一时口舌之快，你越是占上风你就越失职，因为这样你只会得罪客人，到最后还不是什么也卖不出去。”

后来，迈特慢慢懂得了这个道理，就变得非常谦虚，懂得倾听顾客的心声。一天，他向一名顾客推销怀特牌汽车，这位顾客十分傲慢：“什么，怀特？我喜欢胡雪牌的汽车。这种牌子的车你白送给我都不要！”

迈特听后，只微微一笑：“你说得很对，胡雪牌汽车确实不错，该厂设备很棒，技术也很精湛。看来你是个内行，那咱们改天再讨论怀特牌汽

车好吗？还请先生多多指教。”

就这样，两个人开始了海阔天空式的聊天。迈特趁着这个机会大力夸赞了怀特牌汽车一番，最终成功达成了交易，并渐渐成长为模范推销员。

何以迈特由之前的争强好胜总是被经理批评，后来变成了模范推销员了呢？这是因为他在经理的教诲下，揣摩出了吸引顾客的重要原则——倾听顾客的心声，从顾客的需要出发。

在工作中，二十几岁的年轻人要如何“倾听”呢，这其中就大有学问了。

1. 让顾客说话

顾客喜欢什么样的商品或服务，应该让顾客自己告诉你，这就要我们花时间去听顾客的需要。缺乏工作经验的人总认为，要完成交易，就要自己滔滔不绝地去讲、去推销，事实上，这种观念是片面的。

注意倾听顾客的心声，我们才能从中了解到顾客真正的兴趣点所在，并能及时在大脑中完成信息检索，为顾客提供合适的指引，令顾客满意。

2. 要用表情去听

我们要想做一个好的倾听者，仅仅注意力集中还不够，还要对顾客表现出关注：眼睛要看着顾客，微笑，时不时地点头示意，根据情况适当提一两个问题，这些才能说明你在认真倾听，且非常有兴趣。

3. 不要打断顾客的话

在听顾客谈话时，我们要有耐性，要听完其发言后，再发表意见。有的人在听顾客讲话时半张着嘴，或是还没有等顾客把话说完就匆忙下结论，这都是不好的表现。

在交流中，不管顾客说什么，我们都不要打断他们的话，应该让其畅所欲言，充分表达自己的想法。

4. 给予他人思考的时间

顾客经常会在谈话中忽然停顿下来，但这并不是他把自己的想法说完了，而是在思考接下来要说什么。这时，我们也不宜插话，要给时间让让顾客充分思考，以利于在宽松的环境中考虑清楚。

为了让顾客知道你是在认真地听他说话，也为了鼓励他继续说下去，我们可以用眼神或其他动作给予表示，“我明白您的意思”，“您是说……”，

"您提到的……"，"这种看法是正确的"，"我明白了"等，以便向顾客表明你的立场和态度。

在达成交易的过程中，难免会出现各种状况，虽然有时候确实是因为顾客过于挑剔，但若这时我们也过于较真，交易就很难进行到下一个环节。聪明的人要善于让步，学会倾听，甘于给顾客留余地，使对方的心理恢复平静，如此一来，不仅能化解双方的矛盾冲突，还能完成交易，赢得顾客，建立日后长期合作的意向。

李军非常善于做皮鞋生意，别人若卖一双，他通常就可以卖出去好几双。在一次交谈中，有人问李军做皮鞋生意到底有什么小窍门，他笑笑说道："倾听顾客的心声。"接着李军还举例说明：有些客人来你这儿买鞋子，总是横挑鼻子竖挑眼，将你的皮鞋贬得一文不值。然后又会继续唠叨哪种鞋子是最好的，似乎他们自己是这方面的行家。

这时候，你要做什么呢？要知道，一味争辩是没有丝毫用处的，他们的目的就是想用相对较低的价钱买到皮鞋。这时，你只需要站在那里，认真倾听顾客的心声，例如，你可以恭维他的眼光确实很特别，的确是会挑选鞋子，自己卖的皮鞋则确有不足的地方，像样式不新颖了，不过鞋跟很稳固，鞋底不是牛筋底，走路的时候不会发出笃笃的响声，但柔软也自有它独到的好处呢……你在承认这鞋子有不足，同时从另外的角度把它的优点夸赞了一番，而这正是顾客中意的地方，这样就可以令他们心动。

切记，顾客看上一样东西自然有他的理由，只有倾听才能让你发现这达成交易的关键点。

交易中，真诚的倾听是对顾客的一种体贴、一种安慰，它不但可以让交易继续进行，还可以让对方得到一种心理上的满足，最终促成整个交易，实现双赢。

倾听别人说话应注意的礼仪

“听”在日常交往中非常重要，善于倾听是人际交往中一项非常重要的技能。而掌握倾听的礼仪则能为你的这门技能插上腾飞的翅膀，起到意想不到的成效。

心理学家发现，越是善于倾听他人意见的人，他的社会关系就越融洽，朋友也会越来越多。因为倾听本身就是一种无声的赞美，它是褒奖对方谈话的一种方式。我们如果能耐心地倾听对方的谈话，就等于肯定了对方讲述的内容，告诉了对方“你是一个值得我认真倾听的人”。

学会倾听，倾听他人的心声是我们必须具备的一种美德和一种技能。我们要想与人融洽相处，就必须要先学会怎样去倾听，并十分注重倾听的礼仪。在别人谈话的时候插嘴，这是一种最大的冒犯。那在倾听的过程中，我们要掌握一些怎样的礼仪，才能展示我们的涵养呢？

(1) 保持冷静的心态，不要受到其他事物的影响。

(2) 眼神要专注，学会用眼神表达内心的想法。

(3) 倾听他人的环境最好比较安静，这样可以减少外界的干扰。

(4) 面带微笑，让对方轻松自如，而不是拘谨、难堪。

(5) 不要挑对方的毛病，或是当场提出自己的批判性意见，更不要与对方争论，尽量避免使用否定别人的回答或评论式的回答，如“不可能”“我不同意”“我可不这样想”“我认为不该这样”等。

(6) 少讲多听，不随意打断他人的讲话，尊重对方表达的意愿。

(7) 倾听的过程当中，要运用表情等非语言传播手段来表示自己在认真倾听。尽可能以柔和的目光注视着对方，并通过点头、微笑等方式及时对对方的谈话作出反应。

(8) 如果对对方谈到的内容比较感兴趣，可以先点点头，然后简单地表明自己的态度，最后再说“请接着说下去”“这件事你觉得怎么样”“还有其他事情吗”等，这样会使对方谈兴更浓，而你也能从中学到更多的东西。

(9) 专注倾听对方说的内容，最好能够在对方讲完后简单地复述一遍，这样可以让对方感到被认真倾听，同时也确保自己理解了对方所讲的内容，能更直观地增强谈话效果。

生活中，往往有许多人非常善于表达自己，但是却不懂得倾听他人，甚至不愿意倾听他人的建议和忠告。有些人在倾听他人讲话时往往表现得心不在焉，或左顾右盼，或处理杂事，或摆弄东西，或不时走动，殊不知这种方式最容易伤害对方的自尊，使说话的人觉得自己不被尊重，因此不愿再讲，更不愿讲心里话，以至于影响到双方的关系。

要知道，谈话是相互的过程，任何人都不可能总是处于说的位置。要使谈话能顺利进行，我们就必须善于倾听他人的谈话。因此，在人际交往中，年轻人不仅要理解他人的情绪，而且要学会切身去感受和体验他人的情绪。在别人愉快时，便同他一起分享快乐；在别人痛苦、失落时，便同他一起分担忧愁和压力，这种用心与人交往的表现必然会赢得他人的好感。

善于倾听的好处是能够帮助年轻人及时把握对方的信息，弥补自己处事经验的不足，不断完善自己，而且能够让对方产生被尊重的感觉，加深彼此的感情，有利于我们的人际交往。若是我们再拥有良好的倾听礼仪，则更能为我们的形象锦上添花，使我们受益终生！

随便插话只会自毁形象

学会倾听别人的讲话，不随意地打断别人讲话，是一种有教养、有风度的表现。

如果留心观察周围的人就会发现，很多年轻人都喜欢在别人谈话时插话，这是个非常不好的习惯，也不是礼貌的表现。

不懂礼貌的人才会在别人谈着某件事的时候，冷不防地插一句，让别

人猝不及防。这样的人常常不管对方说什么，而是直接将话题转移到他自己感兴趣的地方，甚至凭一己之见说出结论。相信，这样的人无论走到哪里都不会受欢迎的。

一次，小王正和几个客户谈生意，谈得差不多的时候，小王的一位朋友来了。这位朋友插嘴说："哇，我刚才在大街上看了一个大热闹……"接着就开始自说自话。

小王示意他不要再说，但他却说得津津有味。客户见谈生意的话题被打乱，就对小王说："你先跟你的朋友谈吧，我们改天再来。"客户说完就走了。

就因为这个朋友的乱插话，搅黄了小王的一笔大生意，此后，小王也和他减少了来往。

小王的这位朋友就是随便插话，断送了一段友情。平时，在我们看到朋友和另外不认识的人聊得起劲时，都或多或少会产生融入其中的想法，但因为我们不知道他们的话题是什么，所以若是贸然插话便有可能导致话题提前结束。

对任何人而言，随便插话都是不礼貌的行为，它会在不经意之间破坏我们的人际关系。所以，要获得好人缘，要想让别人喜欢你，接纳你，我们就必须根除随便打断别人说话的陋习，在别人说话时千万不要插嘴，此外，还要学会以下几点：

(1) 不要用不相关的话题打断别人说话。

(2) 不要用无意义的评论打乱别人说话。

(3) 不要抢着替别人说话。

(4) 不要急于帮助别人讲完事情，强加上自己的观点。

(5) 不要为争论鸡毛蒜皮的事情而打断别人的话题，令整个谈话不欢而散。

追根究底，插话其实是一种自我表现的形式，是为了吸引对方的注意力，要根除这个陋习，我们一定要耐心地倾听对方的讲话，听明白别人说的是什么，等别人说完后再提问题。

此外，还要注意自己的眼神，在听别人讲话时，应该注视着说话人的眼睛，不能东看西瞧。在听别人说话时，要领会他人的意思，并记住有哪

些不明白的地方，等说话人说完后再提出来，以显示自己倾听的诚意和专注程度。

莉莉是一个心直口快的人，在班会上或与别人谈话时，总是抢先发言。当别人说话时，她也常常喜欢从中间打断，迫不及待地说出自己的想法。但她对自己常常打断别人，随便插话并没有丝毫的不自然，反而觉得自己的话能给别人很大的启示，觉得自己是班上不可或缺的才女。

刚开始，同学们碍于情面，对她的这种做法并没有过多介意，可时间一长，同学们对她就有看法了，有的甚至不愿意与她过多来往。莉莉很纳闷，为什么大家会这样对待自己呢，怎么和大家的关系渐渐疏远了呢？

莉莉勇于表达自己的观点，这是积极的表现，但问题就出在她总是随意插话，打断别人的讲话，不愿意做个耐心的听众，这就是对他人的不尊重行为，久而久之，自然会引起别人的反感，导致朋友越来越少。

只顾自己滔滔不绝地说，无视他人的存在，的确是一种不礼貌的行为。其他人讲话时，我们要学会先安静地听，等听清楚了别人的讲话内容后，再准确完整地说清自己的想法。这一方面是我们尊重他人的表现；另一方面也可以帮助我们学习到更多的知识。

林肯说过：首先，要学会做一个好的倾听者，然后你才会成为生活中的主角。的确是这样，学会倾听别人的讲话，不随意地打断别人讲话，才能让我们的交际圈越来越大，朋友越来越信任自己，渐渐地，我们便会在人群中产生威信，逐渐成为朋友圈中的一员。

倾听的四个层次

想成为高效的倾听者，就必须认识自己的倾听行为，掌握高层次的倾听技巧，这样才能使得自己的倾听能力不断提高。

有这样一个真实的故事，一个在飞机上遭遇惊险却大难不死的男人回

家后反而自杀了，原因何在？

那是一个春节，王明为了和家人团聚，兴冲冲地乘飞机往家赶。一路上幻想着团聚的喜悦情景。然而此时突然老天变脸，这架飞机在空中遭遇猛烈的暴风雨，飞机脱离了航线，上下左右颠簸，随时随地有坠毁的可能，空姐也脸色煞白，惊恐万状地吩咐乘客写好遗嘱放进一个特制的口袋。这时，飞机上所有人都在祈祷，也就是这万分危急的时刻，飞机在驾驶员的冷静驾驶下终于平安着陆，于是大家都松了口气。

王明回到家后异常兴奋，不停地向妻子描述在飞机上遇到的险情，并且满屋子转着、叫着、喊着……然而，他的妻子正和孩子兴致勃勃分享着节日的愉悦，对他经历的惊险没有丝毫兴趣，王明叫喊了一阵，却发现没有人听他倾诉，他死里逃生的巨大喜悦与被冷落的心情形成了强烈的反差。

于是，就在王明妻子去准备晚饭的时候，王明却爬到顶楼上，用上吊这种方式结束了从险情中捡回的宝贵生命。

本来王明大难不死，是多么值得庆幸的事情，却演变成了这样一出悲剧。人与人之间需要沟通，更需要倾听，当王明在倾诉时，却发现无人倾听，这种痛苦，无疑是很大的打击。

懂得倾听，不仅是关爱、理解，更是调节双方关系的润滑剂，每个人在烦恼和喜悦后都会有一种向人倾诉的渴望，都希望倾听者能给予自己一份理解和赞同。

现如今，越来越多的人把倾听别人讲话的技巧看成是交际成功的必要条件，那如何才算是合格的倾听者呢？让我们先了解一下倾听的四个层次。倾听由第一到第四层次的演变过程，也正是年轻人倾听能力不断提高的过程。

1. 人在，心神不在

在谈话时，有的人表面上在听，实际上心不在焉，几乎没有注意说话人所说的话，心里考虑着其他毫无关联的事情，或内心只是一味地想着辩驳。这种就是人在，心神不在。

这种层次的倾听，往往会导致人际关系的破裂，是不可取的。

2. 有意无意地听

有意无意地听，往往是因为对对方的话题没有太大的兴趣，因此常常

会错过了讲话者通过表情、眼神等体态语言所表达的意思。

这种层次上的倾听，是导致我们误解他人意思的原因，会使我们失去真正与对方交流的机会。另外，处于这种倾听层次的人经常通过点头示意来表示自己正在倾听，但事实上或许根本就没听明白讲话者的真正意图。

3. 有意识地去听

当我们的倾听能力达到第三层时，我们就已经能够有意识地听对方所说的话，能够专心地注意对方，能够聆听对方的话语内容。

这种层次的倾听，常常能够激发对方的注意，但是缺点就是很难引起对方的共鸣，不能达到深层沟通的作用。

4. 用心去体会感受

当我们能做到用心去积极主动地倾听对方时，这就已经不是一般的“听”了，而是用心去“听”。当我们达到了倾听的第四个层次时，我们就能在讲话者的信息中寻找自己感兴趣的部分，感同身受对方的情感，设身处地看待事物，总结已经传递的信息，质疑或是权衡所听到的话。这种带着理解心和尊重心的倾听能帮助我们形成良好的人际关系。

林克莱特是美国著名的主持人，一次，他在一期节目上访问了一位小朋友，问他：“你长大了想当什么呀？”小朋友天真地回答：“我要当飞机驾驶员！”林克莱特接着说：“如果有一天你的飞机飞到太平洋上空时，飞机所有的引擎都熄火了，你会怎么办？”小朋友想了想：“我先告诉飞机上所有的人绑好安全带，然后我系上降落伞，先跳下去。”

当现场的观众笑得东倒西歪时，林克莱特继续注视着孩子，接着问他：“你为什么要这么做？”那个小孩子的回答透露出一个孩子才有的真挚想法，他说：“我要去拿燃料，我还要回来！还要回来！”

看，这就是主持人林克莱特的出众之处——他能够做到第四层的倾听，让孩子把话说完，并且在“现场的观众笑得东倒西歪时”仍保持着倾听者应具备的一份亲切、一份平和、一份耐心、一份同理心。

在生活中，大概60%的人只能做到第一层次的倾听，30%的人能够做到第二层次的倾听，15%的人能够做到第三层次的倾听，达到第四层次水平上的倾听仅仅只有5%的人。因此我们每一个人都应该重视倾听，努力

去提高自身的倾听技巧，学会做一个高层次的倾听者。

倾听不是要我们被动地接受，而是一种主动行为，当然，掌握倾听的艺术并不难，只要我们能从细节做起，认真揣摩倾听的第四个层次的深意，并融会贯通于生活中，就一定能成为一个人见人爱的倾听者。

如何在倾听中接他人话茬

倾听虽然注重听，但并不是一味地光听不说，必要的时候，我们也要发表自己的意见，但如何插话却是有技巧可言的。

倾听是二十几岁的年轻人必须要掌握的一个交际技能，懂得倾听的人在人际交往中往往会散发出别样的魅力。然而倾听并不是一味地光听不说，在必要的时候，我们也要发表自己的意见，表明自己的立场。

那应该如何恰当地插话呢？我们都知道，胡乱插话只会是适得其反。这就需要我们用“火眼金睛”看清场合和对象，此外，还要把握好时机，懂得什么时候该说，什么时候不该说，什么时候可插话，什么时候不可插话。

时机的选择对我们来说非常重要。那我们如何来把握“决定性的瞬间”呢？其实这并没有一定的规则，完全要凭借交流经验或者敏锐的感觉来确定。明敏就是这样一个善于把握时机的人。

明敏家的冰箱因为老化了，制冷效果非常差。明敏多次提出买一个新的，均因丈夫不同意而告终。

一天中午，丈夫对明敏说：“今天真热，你给我拿一支棒冰来。”明敏打开冰箱抱怨道：“棒冰都化了。”“什么破冰箱！”丈夫说道。“那不如买一个新的吧。”明敏说。“那就买一个吧。”丈夫欣然同意了。

聪明的明敏正是因为捕捉到了说话的时机，才轻松达到了更换冰箱的目的。

高明的人善于在倾听的过程中接住他人的话茬，借题发挥，上承下转，

巧妙应对，很好地触动他人的心弦，使一些悬而未决的问题终于得到解决。那么在交谈过程中，我们应该如何插话，才能达到最佳的交际效果呢？一般有以下几种方法：

1. 感同身受，抚慰式插话

当对方在同我们谈论某事，有时会因为担心你可能对此不感兴趣，显露出为难、犹豫的神情时，这时我们可以伺机说一两句抚慰的话；表示自己感同身受。

"你能谈谈那件事吗？我十分想了解。"

"请你继续说。"

"我对此也是十分感兴趣的。"

此时你说的话是为了表明一个意思：我非常愿意听你的诉说，不管你说得怎样，说的是什么，我都喜欢听。用这些话语来消除对方的顾虑，坚定他说话的信心，这样才能让谈话顺利进行下去。

2. 平复心绪，开导式插话

当对方由于心烦、愤怒等原因，在叙述中不能控制自己的感情时，我们可以用一两句话来开导对方的心情，以平定其心绪。

"你一定感到很气愤不平。"

"你心里一定很难受吧？"

当我们说完这些话后，对方可能会发泄一番，感情好坏都不足为奇。因为，这些话的目的就是把对方心中郁结的一股消极情感开导出来，从而在谈话后能换一种心情。

3. 情景再现，猜测式插话

当对方在叙述时迫切地想让我们理解他的谈话内容时，我们可以在自己脑海中勾勒一下当时的情景，用一两句来猜测对方话中的含义。

"你的想法是……"

"你想说的是这个意思吧……"

这两种交谈中的插话技巧都有一个共同点，那就是不对对方的谈话内容发表客观判断、评论，不对对方的情感作出是与否的表示，作为倾听者的我们始终都处于一种中性的态度。

保持中立是一条重要界限，如果我们试图超越这个界限，就有陷入沟通误区的危险，从而使一场谈话失去了方向和意义。只有保持中立，并能掌握适时插话的艺术，才能既及时地验证你对对方谈话内容的理解程度，加深你在其心中的印象，又能让对方感受到你的诚意，并能帮助你随时纠正理解中的偏差。

用良好的心态倾听他人

在他人说话时，我们若有不同之见，应耐心待别人说完，切不可插话进去或阻止对方。

我们每个人的人生都是一条曲折的路，要想在复杂的生活中活得轻松惬意，没有虚心、真诚的态度是不行的。

对于二十几岁的年轻人来说，有谦逊的态度，才会有自知之明，知道自己的不足，才有了努力的方向。不少人为了让别人赞同自己的意见，在谈话中喜欢唠唠叨叨地说个不停，让别人根本没有说话的机会，这是非常不可取的。

他人在说话的时候，我们若有不同的意见，也要耐心听完他人讲话后再发表，切不可插话进去或阻止对方。然而耐心倾听绝不是“借给对方一只耳朵”那么简单的事，要做到耐心的倾听，除了要有技巧，还要有良好的心态。

1. 诚心

诚心是世界上最宝贵的东西，如果在倾听时，我们没有足够的时间，那就要提前告诉对方，以显示出我们最大的诚意，切不可先满口答应，到时又心不在焉。

2. 接受

不管对方谈论的是开心的消息，还是在宣泄负面的情绪，我们都要完

全尊重对方的所思、所言，哪怕自己不赞同或不喜欢，也要耐心地听完，并尝试在接受对方想法的基础上发表自己的看法。

3. 同理心

同理心就是我们能将心比心地去体会对方的内心感受，达到对对方境况的心领神会，这就要求我们在倾听的过程中，不仅要有耐心，还要用真心去感受。

当然，在谈话中，我们自身的心态虽然非常重要，但很多外部因素也会影响倾听时的心态和状态。

1. 外在环境影响

环境中的声音、气味、光线以及色彩、布局，都会影响我们的注意力与感知力，尤其是布局杂乱、声音嘈杂的环境会让人心神不安，感到烦躁，所以我们应该把谈话选在较为清静的地方。

2. 倾听者主观理解偏差

心存偏见的情况在谈话中或多或少地存在着。一次国际会议上，以色列代表团的成员们在阐述其观点时，用了非常激烈的方式，他们抱怨泰国代表对会议不表示任何兴趣或热情，因为他们“只是坐在那里”，而泰国代表则认为以色列教授非常愤怒，因为他们“用了那么大的嗓门”。

人们习惯于关注自我，总认为自己才是对的。在倾听过程中，过于注意自己的观点，喜欢听与自己观点一致的意见，对不同的意见往往置若罔闻，这样就会错过耐心聆听他人观点的机会。

了解了影响倾听的各种因素后，我们就应该结合自身存在的问题，调整好自己在谈话中的心态，争取以最佳状态完成整个谈话，并能充满耐心地倾听他人的心声，尽可能地实现与对方心灵上的共鸣，完成一次精彩的心灵对话。

如此做一个用心的倾听者

我们每个人的人生都从倾听开始，让倾听成为自己的习惯吧，用心去倾听，才能更全面地了解世界。

萧伯纳有句名言："我有一个苹果，你有一个苹果，交换一下每人还是一个苹果；我有一种思想，你有一种思想，交换一下每人至少有两种以上的思想。"我们在与人交往时，要学会倾听，做一个用心的倾听者，这样才能跟上时代前进的步伐，广纳群言，保持自己清醒的头脑，增长自己的知识与才干。

人生从倾听开始，年轻人要学会倾听。但有些人并不善于倾听，往往会有意无意地拒绝倾听或遗漏对方的叙说，或不全地倾听，或虚假地倾听，或错误地倾听，这些不良的倾听方式严重地影响了我们与他人的情感交流。我们若是想成为一个用心倾听的人，就必须先把倾听变成自己的习惯。

人们在学习、生活中的欲望和需求不仅通过他们的行为表现出来，有时还会通过他们的声音表达出来。它可能是一段叙说、一个句子或者一个简单的感叹词、一声叹息、无声抽泣……但这些都是人们对上进的要求、对尊重的希望、对友谊和理解的渴望、对心理压力释放的需求等。在倾听中，理解这些声音所表达的含义，对我们来说至关重要。

一天，上晚自修的时候，平时活泼开朗、成绩优良的郡雅突然伏在桌子上大哭，全然不顾场合。值班老师走过去问她，她也不理，老师就把纸巾递给她并告诉她，若想聊聊的话，就到办公室来找她。

过了一会，郡雅来到了老师的办公室。在一个多小时的倾听中，老师了解了郡雅的家庭背景，知道她的担心和忧虑，以及今天是情绪压抑得太久了，无法控制的结果。

谈话最后，郡雅站起身来，微笑着对老师道："都跟您讲了，心里就感到轻松多了。老师，谢谢您，谢谢您的倾听。”

当代人普遍承受着来自学校、家庭以及自身等方面的压力，因此他们需要发泄，需要找到能理解自己的人，很庆幸，郡雅找到了能倾听自己心声的老师，相信，对于郡雅来说，这一定是个难忘的夜晚。

人生这部厚厚的长卷，需要心灵的关注，更需要有人用心地倾听你的心声。在倾听他人讲话时，要注意以下几点：

1. 把真诚和平等融化于心

用真诚和平等之心去倾听是我们对他人的一种尊重，在这样的倾听中，对方能感受到我们的诚意，亦会知道自己的心声正在被我们感知着，自己的生命正被我们尊重着。

2. 用专注贯穿始终

我们在倾听对方说话时要专注，仔细认真地倾听，要让对方感觉到我们的重视。同时我们也要留心对方谈话中的言外之意、弦外之音，以洞察出对方的细微变化，尤其是他们的情感、心理等方面的变化，这样才能更深刻地理解他们想表达的内涵。

3. 冷静地用心倾听

在倾听时，我们要用冷静的头脑去倾听对方的心声，走进对方的心灵深处，及时了解他们的需求，帮助他们排忧解难，试图成为他们的心灵鸡汤。

要想成为一个用心倾听的人，我们还应在整个倾听过程中，掌握一些行为技巧：

1. 凝神

凝神表示我们接受了对方，即使对方的话语听起来有些老生常谈。就算你做不到听得津津有味，也要凝神地注视对方。

2. 保持亲近

倾听的过程中，我们要和对方保持亲近，若是在倾听的过程中与对方距离过大，或者昂头俯视，都会让对方有疏远或压迫感，而难以敞开心扉。

3. 让对方畅所欲言

在听他人说话时，我们不要试图去打断对方的表达或人为地转移话题，而是要让对方畅所欲言，就算我们想表达自己的某些看法，也应借用对方

的话作一些引申，如“就像你刚才所谈到的……”“正如你所说的那样……”。这样一来，一方面能表明我们重视并记住了对方的话；另一方面，也让对方感到我们在就他的话题作一些补充，正在设身处地地为他着想。

4. 把问题提得恰到好处

倾听不是单方面的，我们在听的同时还要学会提问，其中特别要掌握提问的时机。当对方吞吞吐吐、欲言又止时，我们就要凭借敏锐的感觉，适时追问，以便问出个中原委、是非曲直，并对他人的言说作出恰当的评判和引导。

5. 总结言简意赅

俗话说：“偏听则暗，兼听则明。”在谈话快要结束之时，我们亦要综合整理，言简意赅地做出总结，让对方知道我们了解了多少。

虽然看上去影响谈话的因素多种多样，但只要我们能用心去倾听，就一定能克服重重障碍，站在离他人心房最近的地方感知他人的内心。而这种感知，亦能帮助我们产生新的认识，久而久之，我们的世界也会因这一系列认识的累积而改变。

第9章

善用批评，如何给双方留有余地

在说话技巧中，最难掌握的就是“批评”，二十几岁的年轻人在社会中扮演着诸多的角色，很多时候，批评同样是一种能力，也是说话的技巧。批评的副作用很多，批评可能让人自卑、消极、逆反等，因此，年轻人要学会批评的技巧，如批评别人前，略微地给对方一点赞扬；批评要对事不对人；批评要以友好的方式表达等。正所谓“情通才能理达，情不通则理难达”，我们要用道理去感化对方，使对方从内心感受到你的真心实意。

年轻人也要会用批评的力量

虽然批评让人很难接受，但是年轻人要清楚，长久的来自外界的激励和赞扬只能助长人们不可靠的优越感，而中肯的批评才能让人自警自省。

曾经有三个学绘画的人，分别出售自己的绘画作品，不约而同地，他们的第一位顾客都说了这样一句话："您的画怕是值不了那么多吧？"其中一个人听了后，对自己的画仔细掂量，最终以高价售出，而他经过后来的刻苦努力，成为著名的画家。他就是丁托列托。

第二个人听后只是轻轻地将画撕毁，从此改行，学习雕塑而成为一代宗师。他就是唐代著名雕塑家杨惠之。

第三个人，则垂头丧气，认为自己的画或许真的不值那个价，便降低了要求，以低价售出。此后，更是断绝了继续努力的念头，导致一事无成。

这样三种结局，正好向我们揭示了批评的不同效果。诚然，批评不是一件令人高兴的事，它是对人精神和能力的一种否定和压力。但不可否认，批评有时是动力，能激发人向上的欲望，指引人走向成功的巅峰，像丁托列托和杨惠之一样。

利用好批评的力量，往往能让人找到继续前进的方向，继而取得成功。第28届雅典奥运会上，就发生了这样一个真实的故事。

在气步枪射击训练中，中国运动员朱启南显得特别急躁，稍微打不好就唉声叹气，自己跟自己生气。

可这不是第一次了，自从到了雅典以后，朱启南的心里就像长了草一样，总也静不下来，情绪摇摆不定，到处询问其他人的比赛成绩，而这种行为是不允许的，因为这极易影响到运动员的心理。对运动员的表现和心理明察秋毫的教练常静春找到朱启南跟他谈心，让他心情放松一点，别钻牛角尖，别急躁，要沉稳，更别去打听别人的成绩。

但教练苦口婆心的谈话，效果并不怎么理想。在接下来的训练中，朱启南的情绪还是不稳定，见状教练破口大骂朱启南："你找打啊！这是在国外，要是在国内我早一脚踹翻你！"曾经在国内的一次比赛中，常教练也因为同样的原因，大骂过爱将朱启南半天，朱启南哭得不敢抬头。

听了教练的责骂，心里不是滋味的朱启南心情反而轻松了许多，开始进入正常的状态，情绪调整得很好，射击训练沉稳，效果明显。在最后的比赛中，朱启南轻松上阵，居然一口气打破了男子 10 米气步枪世界纪录，拿下世界冠军的头衔。

事后，有人问教练在运动员即将上场参加事关国家和个人荣誉的比赛这么紧要的关头怎么还敢大骂运动员时，教练眼里流了泪："其实说心里话我也不想责骂他啊，练了这么多年，毁在自己的情绪或是心理上就太可惜了。因此必须以批评镇住他，激励他走向成功。"

看，这就是教练的高明之处：轻易得到的温情表扬很可能会阻碍一颗不断进取的心，而恰到好处的呵斥与批评有时候会让人激发潜能，获得成功。当然，这也归功于教练对朱启南的了解。

二十几岁的年轻人要明白，恰到好处的批评，能产生巨大的力量，让人把劣势变成优势，不足转化为长处。虽然批评让人很难接受，但是我们要清楚暂时的、中肯的批评才能让人自警自省。所以，我们要善用批评的力量，适时地依靠它的力量来为自己指点迷津，走出困境，走向人生真正的辉煌，描绘出更壮丽的风景。

如何做到善用批评

我们在批评别人时，要注意方法，学会善用批评来帮助别人改正错误，否则，不仅难以收到积极的效果，更会影响彼此的和谐关系。

在批评前，我们要知道批评只有一个目的与作用——提醒犯了错误的

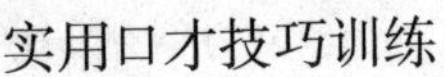

人不要再犯。在人们眼里，批评是不好听的，其实只要拿捏得恰当，被批评的人也会欢天喜地。

我们在批评别人时，要注意方法，讲究艺术，学会善用批评来帮助别人改正错误，当然批评的前提是尊重他人独立的人格和尊严，否则，不仅难以收到积极的效果，而且还会影响自身形象。要学会善用批评，我们就要做到以下几个方面。

1. 确定批评的理由

充足的理由和目的是批评的前提。在批评之前，我们要确定批评的理由和批评对事态的改善是否有积极意义，也要考虑是否还有其他更好的方法，以保证批评的成效。

2. 根据批评的内容作好准备

在批评之前一定要对想批评的内容加以整理，以保证对方能够理解。要知道，不合情理的批评不仅无法被人接受，还会妨碍问题的解决。

3. 表现出批评的客观性

批评必须在理性的基础上进行。拙劣的批评方式会诱发对方情绪性的反抗，失去判断的空间，还有可能演变成冲突。因此，我们一定要进行客观的观察后才能提出批评。

为加强客观性，我们可采取类似的较为具体的比较，例如，“该工作别人一小时就完成了，你比别人多花了二十分钟，所以要训练一下自己的工作效率”“应该是这样做的，但大家似乎都完成得不理想，而你在其他方面更落在他人后面”等，以增强说服的效果。

4. 把握全局，进行批评

我们切不能为了批评而批评，而是要在仔细观察对方，了解其优点、缺点、成功和失败的基础上作全面考虑，然后才能找准批评的切入点，让批评发挥出最大功效。

就算我们要对别人的缺点进行批评，也要能够发现其优点并予以承认，才能让他人心甘情愿地接受我们的批评建议。

5. 把握公平原则

进行批评时，要对事不对人，不可因某位属下比较容易接受批评就常

常批评他，对难以对付的属下就采取敬而远之的态度。

有必要批评时，无论对象是谁，我们都要一视同仁，这种公平的态度才能博得他人的信赖，也会让我们的批评产生更多的积极效应。

6. 用合适的方法将批评进行到底

善用批评，关于在于对时机的把握。虽然我们提倡当事情发生时要立刻批评，但因事态的轻重、偶发事件或是再度犯错误等不同的状态，批评的方式也要有所不同。

若是因一时疏忽而犯错，我们不妨提醒对方："喂，好好干哦！"先发出注意信号，第二次则可以用比较严厉的态度："已经第二次了，到底怎么了？"

如果是发生了较大的错误，就算我们不批评，当事人也会充满自责，因此切不可用"痛打落水狗"的批评方式，相反的，不妨轻描淡写地说："虽然学费有点贵，但如果能把这当作珍贵的教训，不再犯的话也是值得的，好好努力吧！"相信这样的批评方式会产生更积极的成效。

7. 要让对方能继续树立信心

归根到底，批评是使对方进步的手段，是一种指导方式，因此，批评过后，我们也要及时观察对方，以防对方失去继续奋斗的信心。

8. 不要害怕批评资深者

有调查认为，对成绩优秀、能力强的人来说，批评比表扬更具效果。像"不要为这点成绩感到满足，你的能力不止于此，要更上一层楼"或"以你的能力做出这样的成绩一点也不足为奇，要向更高的目标挑战"等，都能激励资深者更上一层楼。

9. 不仅要批评他人，也要学会自我反省

他人犯错误时，我们不要光批评他人，也要学会自我反省。如果发现是自己的错误，要及时向他人致歉，以培养出他人对自己的信赖，加固彼此的友情。

10. 该批评时就批评

批评要讲究时效性，该批评时就批评，不能犹豫不决。

批评能使他人发现错误，反省过失，吸取教训，努力防范，避免重蹈

覆辙。因此，我们要善于批评，将批评的效应最大化。

当然，在批评时我们要做到对事不对人。对人要温和，对工作则必须严格，对工作严格是为了提高彼此的能力，对人温和则是为了营造更和谐的氛围，令大家携手共同成长。

掌握批评的几种方式

当我们看到别人做错事时，一定要批评，但批评一定要注意方式方法，以免产生副作用，影响各自的发展。

批评是生活中最难把握的一种表达方式，直白的批评，就像直接给人一巴掌一样，很难让人接受。因此，我们在批评别人时，要注意方法，否则不仅难以收到积极的效果，而且还会影响彼此的和谐关系。

若是我们看到别人做错事，并有必要批评时，一定要注意方式方法：

1. 用喜剧的语言进行批评

一天，芳芳干完农活后，回到家休息，这时她想舀水洗洗脸，可水缸里已干得底儿朝天了。芳芳没有直接去对正放暑假在家玩耍的孩子发火，而是拿着水舀对孩子说："你到隔壁大妈家借几勺水先用用吧。"

向来只有缺钱断粮向别人家借的，却从未听说向人家"借"水的。孩子知道是母亲在批评他，二话没说，便急急忙忙去挑满了一缸水，然后对芳芳说："妈妈您辛苦了，洗个脸，休息一下吧。"

这种用喜剧式的语言进行批评的方式，不仅能让对方在批评面前免去害怕和拘谨，还能让其在轻松一笑中受到刻骨铭心的启迪，产生事半功倍的奇效。

2. 问话式批评

问话式批评是一种平和的批评方式，一般我们不会直接指出对方错在哪里，而是通过就事论理的问话，让对方主动认错改错，这不仅有助于其

成长，更有助于他们感受到我们的关心。

一天，兰兰和3岁的儿子到朋友阿姨家做客。顽皮的孩子上了阿姨家的床铺就要又蹦又跳，兰兰走过来没有斥责孩子，而是轻轻地问他："你觉得不经客人允许，就可以随便在客人床上乱蹦吗？"儿子听了，知道是兰兰在批评他，马上停止了乱跳。

"宝贝，那现在你觉得该跟阿姨说什么呢？"儿子眨巴眨巴大眼睛，望着兰兰思考了片刻，连忙滑到床下，向阿姨说："对不起！以后我要做个有礼貌的孩子。"

3. 批评有理、有力、有节，要点到为止

年轻人说话，语气不要太冲，若是我们要批评一些自尊心很强、自觉性和悟性较高的人，就不要采用过于激烈的言辞了，只须有理、有力、有节地指出他们存在的问题即可。这些人犯错误只不过是一时的迷惑所致，我们只须点到为止地提醒他们就可以取得预期的成效。

4. 用赞扬的方式完成批评

用赞扬的方式完成批评是一种特殊的批评方式。面对一些心理承受能力较差的人，我们应该通过鼓励、赞扬的方式完成批评，不留情面的批评是不可取的。

如敏是班里的一名班干部，她的工作一直积极主动，学生工作做得很不错，深得老师赞许和学生认可。但有一次，她因为意外的原因，在组织一次班级活动时，搞得很糟，部分同学对此表示不满。

事后，如敏就背上了思想包袱，工作再不像原来那样积极、主动、热情了。班主任找她谈话，鼓励她说："你以前的工作成绩是有目共睹的，但不能因一时的失误就失去信心，只要今后在工作中更认真、细致，你就会取得更好的成绩。"听了班主任的话，小文认识到了自己的不足，但也充满了自信，从此，她又开始积极主动地进行班级工作，成效一直不错。

可见，批评也是有方可寻的，不同情况，我们要具体分析，然后找出最恰到好处的批评方式，让他人在批评中成长、蜕变，也让我们更游刃有余地处理各类人际关系。

尊重是批评他人的前提

人无完人，谁都会有犯错误的时候，但是批评他人有一个前提，我们一定要知道，那就是尊重他人。

现代社会的生活紧张而繁忙，巨大的压力常常会使我们莫名地感到烦躁，当遇到别人犯错误时，我们就更容易控制不住自己情绪了，要不就是大吼大叫地批评对方，要不就是不分场合地任意批评他人，使对方的心理受到伤害。

事实证明，这种批评不会起到任何作用，即使别人因一时惧怕我们的批评，而不做我们反对的事，那也只是暂时的，久而久之，他们就会对我们的批评视若无睹，并且千方百计地为自己辩解，这样我们的批评就起了负面作用，实现不了我们的初衷。

每个人批评他人的本意都想是让对方知道什么是对的，什么是错的，做了错事，只要发现，及时改正就可以了。

人无完人，谁都会有犯错误的时候，但是批评他人有一个前提——尊重他人。我们对他人的尊重应该是发自内心的，是自然的，这一点是对方能够接受我们批评的前提。

只有懂得尊重别人，我们才能平等地对待对方，这样他人才能感受到我们对他的批评其实饱含了自己的关爱与关心。尊重是展开批评的前提，是批评全部的开端，当我们想要批评别人时，首先要自己静一静心，去掉自己的不满与焦躁，用一个审慎的态度来对待即将要批评的人或事。

萍萍是一所小学的老师，有一次班会，她正给同学们讲仪表方面的要求："同学们，我们的衣着一定要整齐，不敞怀，不穿拖鞋，不穿奇异的

服装……”萍萍正讲着，发现一位同学上衣的扣子没有扣，她走上前去，指了指她的衣服，说：“还不把衣服扣好？”

本以为这个学生会十分听话地扣好扣子的萍萍，却听到学生出人意料地说：“老师，我不冷。”她用手指了指自己的衣服接着说：“我里面还有一件厚的衣服。”同学们都笑了，萍萍也笑了。萍萍想了想，这个学生并不是不理解我的意思，只是她有她自己的想法，如果我贸然地批评她一定会伤害到她幼小的心灵，这样不行。

于是，萍萍笑着对这个同学说：“是呀，你不冷了，可老师觉得很冷。”说罢，萍萍装出很冷的样子，同学们的笑声更大了。她接着说：“本来老师穿的衣服是正好的，一看到你的扣子没有扣，好像冷气都钻进我的身体里了。”萍萍做出更冷的样子。“那我还是把它扣起来吧。”那位同学很快把扣子扣好了，端正坐着认真听萍萍讲话。后来有学生的衣服扣子没有扣，便有同学学萍萍当时的样子：缩头，抱胸，“我好冷！”那些没有扣扣子的同学也十分自觉地把扣子扣好。

相信没有人是喜欢听批评的，带刺激性的批评就更不愿意接受，因此我们在批评别人时，一定要站在尊重他人的立场上，不要伤害对方的内心。其实有很多人际矛盾都是因为我们在批评别人时对他人不尊重造成的。

在生活中，我们会发现，有的人很会讲话，批评人都像表扬；但有的人，表扬人都让人感到如芒在身，究其原因，是后者没有掌握批评的艺术，没有把尊重他人作为批评的前提。

所以，我们在批评别人时，态度千万不要趾高气扬，最好能给被批评方一些建设性的意见，启迪对方按正确的方法去改过。同时愿意倾听对方，问问被批评的人，事后有什么感觉。然后仔细听他说，判断他是否真正了解了你的意思是为他好。当对方情绪低落时，我们就不要用批评了，以免让其更沮丧。最好能选个双方都心情平静的时间，让批评在私下进行。

在处理人际关系时，批评是一门艺术，我们要善用批评，把尊重摆在首位，才会让批评产生效果。

有时，善意的批评并不一定能产生好的效果，但如果我们能够多加注意，并掌握正确的方法，那么就很容易让对方接受批评而不结怨了。

犯错误是每个人都难免的，批评也随时随地存在着，但若是想让批评产生预期的效果，就要注意以下的几点方式方法了。

1. 把握清楚批评的目的

在批评别人时，我们首先要明确自己批评的动机和目的。批评他人的目的无非是要帮助对方改变他错误的观点、方法、言论和行动，而不是激怒对方、压倒对方、打击对方，清楚这个目的后，我们就能在理智的指引下选择合适的批评方式了，这样批评就有了针对性。

2. 在赞扬的基础上批评

批评别人时，我们要先从赞扬和友善入手，在批评纠正别人之前，先谈谈别人的优点，可以借此表明自己的真诚，从而打开对方的心扉，继而再提出你的批评意见，这样对方比较容易接受。

比如："萌萌，你各方面表现一直都挺不错的，大家都觉得你很认真负责，今天这件事你看这么办是不是更好……"试试看，你的批评水准一定会上一个台阶。

3. 在合适的时机、场所展开批评

批评他人时，对时机、场所的选择至关重要。我们一定要注意场合，纠正人、批评人，最好是在没有第三者在场的情况下进行，否则，再温和的批评也有可能会刺激对方，让其觉得颜面全失。这样，我们期望对方改变的目的就落空了，甚至还会影响两人的感情。

4. 以家常方式开场

以家常方式开场能够帮助我们建立一种友好、温馨的气氛，这种气氛有助于使对方认识到我们的批评不是在攻击他，不会使他感到受拘束。

试想，一个"正在受批评"的人最自然的反应就是准备保护自己，而以家常方式开场的批评能让其卸下防备，这样批评的效果自然而然就产生了。

5. 提出合理的改善建议

在告诉别人什么地方做错了后，我们也应该告诉他怎样做才是正确的。要知道，批评的重点不在对方犯的错误上，而在于如何改进，避免日后出现类似的错误。

6. 不要反复批评一个问题

如果想通过批评让对方对一个已知的过错引起注意，那么一次批评就足够了，重复是完全没有必要的。

记住，要想使我们批评的目的达成，那就要去帮助对方改正错误，总是反复把对方的错误翻出来并且唠唠叨叨地讲个没完，这种做法完全是愚蠢和无效的，甚至会产生恶劣的影响。

有时候，许多善意但措辞不当的批评往往会出现“好心不得好报”的后果，导致对方怨恨我们，所以，我们在批评、纠正别人时，要先思考一番，不要想到什么说什么，逞一时之快，而是要先暂停一下，想一想如何能更客观、更准确、更婉转地实现自己的目的。

方法得当的批评往往会使人信服，达到事半功倍的效果，而不当的批评则会让人产生反感、抵触的情绪而达不到批评的真正目的。所以，我们一定要重视批评时应注意的事项，将批评艺术地进行下去。

怎样最有效地批评孩子

能根据不同情况，批评、帮助自己的孩子，时刻给予孩子鼓励和提醒，这才是身为父母最好的育子方式。

为人父母，批评自己的孩子是一件很重要的事。当孩子犯了错误时，适当的批评，能使其认识到自己的错误，产生内疚、悔恨，从而促使其从错误中吸取教训，不再重犯。

若我们批评的方式不当，则可能引起孩子的反感和抵触，非但达不到预期的教育目的，还可能产生不好的影响。那么，年轻的父母应该怎样运用批评的教育手段，才能取得良好的效果呢？

1. 清楚批评的目的

我们批评孩子的目的是什么，诚然，平时我们都是非常清楚的，可有时一急之下，就可能忘记初衷，而采取不正当的方法，使孩子感到挨批评

并不是因为自己犯了错误，而是因为家长在对自己发脾气。

为避免出现如此状况，我们在批评孩子时一定要保持头脑清醒，记住批评只是教育的手段而已，是为了帮助孩子认识错误，改正缺点。批评的目的绝不是自己“出气”，而是为了教育孩子，以免他的思想言行违背社会的道德要求。

如果这个目的自始至终十分明确，始终萦绕在我们的脑海中，我们就会理智、冷静地对孩子进行批评，而不会为出气，说出出格的话、做出过火的行为，伤害孩子的自尊心。

2. 批评要公正合理、有根有据

面对孩子的错误，我们批评孩子应秉持公正合理、有根有据的模式进行。

首先，我们要允许孩子陈述辩白，在没把真相搞清之前不能批评孩子。其次，在进行批评的时候，也应讲清楚道理，告诉孩子他什么地方做错了，为什么批评他，他的错误有什么危害，错误的严重程度如何等。再次，批评方式要公正合理、恰如其分，最好能动之以情，晓之以理，这样孩子更容易接受。

有的父母看到孩子犯错误就急了，批评起来也不注意措辞，以为这样的强刺激对孩子会起到较深刻的教育作用。殊不知，越是这样，孩子越反感。所以批评要慎重，更要讲究方法，才能使孩子心服口服。

当然这也不是说打不得、骂不得，批评、惩罚太轻也不行，太轻不足以引起孩子警惕。最好的办法就是调查清楚，合理、公正、适度地批评，并把握好批评的“度”，以公正合理、有根有据为主要原则。

3. 多用鼓励的方式批评孩子

有的父母在批评孩子时，常会因为一个小错误就全盘否定孩子的优点，殊不知，这对教育孩子百害而无一益。

在孩子的成长过程中，出现缺点和错误是正常的，就算我们要批评，也应该以鼓励为前提。冷静下来想想看，其实孩子不是从小到大都只做错事，其中还是有许多可取之处的。如果我们只针对眼前的错事指责他，而忽略了他的优点，就很容易损伤孩子的自尊心。

身为父母，对自己的孩子是最了解的，所以面对孩子的错误时，我们

要先分析错误产生的原因，有时孩子犯错误是好心办了坏事，有的是经验不足，有的是能力不够……面对这些情况，我们在批评时一定要客观分析，一分为二地对待孩子，要用发展的眼光看孩子，给予鼓励，相信孩子会有变化，这样才有利于孩子的进步，也能让其了解父母批评的用心良苦。

4. 批评要及时

在孩子出错时，该批评的就应立即批评，不要说什么“等你爸爸(妈妈)回来时，让他教训你”之类的话。

若是不能及时批评，事后再算账，孩子会认为我们是在找借口训他，这样，他不仅不接受现在的批评，还可能产生逆反心理。

还有一点，就事论事就好，千万不可来回翻旧账，这样会使孩子认为你一直在搜集他的错误，引起反感，日后就更难管教了。

5. 别忽视孩子的自尊心

不要以为孩子小，就没有自尊心，孩子也同样希望得到别人的尊重，害怕在别人面前出丑。

所以，我们不要当着众人的面大声斥责孩子，而是要思考如何让孩子高兴地接受批评。

批评孩子，最好在没有他人在场时进行，而且批评的声音越小，孩子越容易听进去。当孩子有了过错之后，我们的批评应对事不对人，把批评的落脚点放在孩子的不良行为上，因此我们在批评孩子时要谨慎小心，用积极文明的语言比用消极、粗鲁的语言效果好。

其实，孩子犯了错误之后，内心已十分羞愧、内疚了，这时，他们需要的是关心、鼓励和帮助。所以我们的表情可以严肃，语气可以坚决，但千万不要说“你真笨”“别人都会，就你不会”“真没用，你长大只能扫大街”之类的话，这些话只会让孩子更悲观，产生自卑感，不利于他们改正错误，更不利于他们健康成长。

对父母而言，批评孩子的目的，不在于批评本身，只在于批评产生的影响。因此，父母在批评子女时最好是能让孩子自己去思考、去作决定。

年轻的父母应该根据不同情况批评、帮助自己的孩子，时刻给予孩子鼓励和提醒，做到在批评中寓于鼓励和鞭策，在鼓励中饱含信任和期望，使孩子自己认识到自己的错误而不丧失自尊，这种批评才能有较好的效果，这样的教育方式才能促进孩子的成长。

批评员工的几个好方法

下属在工作中出现差错，不可避免地要对其批评教育，但什么时间去批评他，以什么样的语气批评他，是一门很深的学问。若批评的时间、地点、语气不当，不仅会刺伤到员工，而且还会收到不良的效果。

二十几岁时，有很多人还对工作摸不清门道，但也有一部分精英人才，已经走上了管理者的岗位。特别是在大城市中，年轻的自主创业者比比皆是，一个个小老板也由此应运而生。

作为领导，与员工相处是一门较深的学问。对待员工出现的错误，要及时进行否定，加以纠正领导对员工错误的否定，一定要讲究方法，不仅要让下属知道错了，而且还要让员工从你的否定中受到启示和鼓励，从而及时纠正错误，积极地完成本职工作。

批评是一门艺术，但是如果只是粗暴简单地运用批评，不仅不能有效地促进下属工作的改进，反而会严重损伤下属的积极性和自信心。因此，年轻人要格外注意运用好批评的技巧。

1. 以褒扬的方式进行批评

过分严厉的批评不但不会改变事实，反而只会招致愤恨。给予员工亲切的言词和称赞，对建立彼此的友好关系有很大的帮助。一位公司经理说："称赞能使员工兴奋，也能使你发现对方的许多优点，而当你批评他时，他也会欣然接受。"如果你真想批评员工，不妨用这样的话开始：

"小李，你提出的建议很好，我们从中受益许多。不过，有一点……"

"小张，自从你进入公司以来，你的业绩一直非常优异，大家都是有目共睹的，只是有一点要请你改善，相信你也能够做得更好！"

2. 批评要在私下进行

不管你批评人的动机如何单纯，对待对方的心情如何诚恳，假若批评的方式、时机不当，对方不仅不会接受，还会对你抱有成见。所以，在批评别人时，一定要注意方式方法，避免使人误解或招致怒气。尤其要特别注意：批评要在私下进行。

因为，当你当着第三人的面批评别人时，即使你的方法很得当，言辞也够含蓄，对方也不会领你的情。他会认为你是有意让自己在别人面前出洋相，有意让自己难堪。在这种情况下，他不会去考虑你的批评是否正确，更别提接受了。

3. 批评一定要对事不对人

之所以会批评下属，大多数情况下是因为他犯了错误，事情做得很不到位等。在批评员工之前，你要检查一下自己的情绪状态。这位员工处理事情的结果让你感到愤怒，而不是他本身的思想品质低劣，批评的时候，要摆事实，讲证据，对事不对人地进行教导。

年轻人也可以批评老板几句

批评老板时，要讲究语言艺术，把“忠言”用温和、友善之语代替，使批评变得“顺耳”“悦耳”一些，从而达到更好的批评效果。

俗话说，人非圣贤，孰能无过。身处职场，员工会犯错误，管理者同样不可避免地会栽跟头。二十几岁的年轻人发现老板的错误，是低头假装看不见，还是主动进行交流，甚至是批评呢？

有责任心的人显然会本着对事业负责的态度，提出批评，这也是你应该做的事情。但是要达到既让老板改正缺点，又不伤害上下级感情的目的，就要讲究批评的技巧，把握批评的时间、地点和方式，否则将会事与愿违。

1. 体谅多一点，批评精炼些

每个人都只会看到别人的缺点，很难看见自己的错误和过失，结果就

会造成互相埋怨。因此，在批评老板之前，先要从对方的角度想想，为什么他要那样做。有时候，对方可能是有难言的苦衷，没有办法，然而又不愿向别人透露隐情。在此种情况下，对于无伤大雅的事，如迟到等，就应该以关心代替批评，这样会使对方更容易接受。

2. 侧面提醒领导的错误

钱女士是一家知名外企的总经理助理。她的顶头上司王总是学术、技术出身，虽然对企业管理一知半解，王总却直接插手技术部门的事，把管理的层级体系搞得乱七八糟，其他部门表面上敢怒不敢言，私下里怨声载道。

经过思考，钱女士决定侧面提醒，再次向王总建议。

她对王总说，真正意义上的领导权威包含着技术权威和管理权威两个层面，王总的技术权威牢固树立，而管理权威则有些薄弱，亟待加强。王总听后，若有所思。后来，王总果然越来越多地把时间用在管理上，企业的不稳定因素得到控制，钱女士的各项工作也顺风顺水，渐入佳境。

从钱女士的经历，我们可以得到很好的启发：侧面提醒上司，不失为向上司提意见的上等策略。首先，这是站在上司的立场上，出发点是善意良性的；其次，这种策略是一种温和的方式，能够充分照顾上司的自尊，易于被上司接受，效率较高。

3. 当众赞美，私下批评

每个人都喜欢听赞美的话，而且如果这种话是当众听到的，就会更加觉得有面子。反之，有关批评的话要私下说，这样除了能照顾到对方的面子外，对自身的形象也会产生好的影响。

当众赞美，私下批评，这看起来有点搞“两面三刀”之嫌，实际上并非如此，这样做的人，和那种表面一套、背地一套的人，有本质上的不同。

4. 批评的语调要适中

年轻人张嘴纠正领导所犯的错误，声音的大小都有着重要的学问。人们常说，“一样话，两样说”，虽然是相同的一句话，但是用不同的语调说出，让人听起来感觉就会大不一样。如果你提意见时能够站在领导的角度，试着用真心帮助领导的诚意和语言来分析问题，提出解决问题的方法，而不是为了个人的利益，或权利之间的争夺，你的意见往往会更容易被接

受，没有一个人会做对自己不利的事情，在这种朋友式的融洽氛围中，有利于保持双方融洽的感情沟通。

批评的分寸谨记在心

如果对方事先没认识到自己有过错，在批评时就会感到突然而不易接受，同时还会怀疑批评者的诚意，造成不必要的误解。

批评这种语言表达形式，本身就让你和说话的对象建立了对立的关系，这种关系会随着批评的结束而逐渐缓和。但如果你在批评别人时语气、用词、态度等让对方感觉极其不舒服，超过了他承受的底线，便会导致你们的关系更加紧张。

因此，年轻人在批评他人时，要把握好分寸，该严厉时严厉，该随和时随和，让自己掌握更多的主动权。

以下是公关专家为年轻人列出的几点批评时的注意事项。

1. 从现实入手，不捕风捉影

批评的前提是事实清楚，责任分明，有理有据。但是，在现实中常常见到有的领导批评他人时，事先不调查，不了解，只凭一些道听途说，或者只凭某个人打的“小报告”，就信以为真，而去胡乱批评人，结果给人留下“蓄意整人”的坏印象。

在实施批评之前，一定要细致调查、搞清事实，不能捕风捉影，听风就是雨，那样做只能使领导处于被动地位。

2. 不以势压人，才能平等交流

批评他人要在平等的气氛中进行，才容易被接受。在批评中，无论是批评还是被批评者，他们在人格上是平等的。如果批评者摆出一副居高临下、盛气凌人的姿态，无法说服就压服，动不动说“就这么办了”。或采用一些“必须……否则……”等词语，会令对方产生逆反心理，对

方就会想：凭什么要听你的。结果出现了对立，逼而不从，压而不服，激起反抗情绪。

3. 作好批评的铺垫，不突然袭击

在批评他人时，最好事先打个招呼，沟通一下，让对方有一定的心理准备，在受到批评时不至于感到突然。例如：有的人做错了事，而自己又未意识到，此时可在适当的时候，通过与对方关系较好的人去提示一下，让其自己先反思一下。这样在批评时，对方就会有一定的心理准备，而当你直接指出其错误所在时，就比较容易接受了。

反之，如果对方事先没认识到自己有过错，在批评时就会感到突然而不易接受，同时还会怀疑批评者的诚意，造成不必要的误解。

4. 要和风细雨，不恶语伤人

人人都有自尊心，批评犯错误的人时要顾及他人的自尊心，不要因为批评语言的不恰当而伤害了对方。批评者应当心平气和，和风细雨。不要横眉怒目，更不要拍桌子、指鼻子，以为这样才能显示批评者的威风。实际上，这样做最容易伤害对方的自尊心，导致矛盾的激化。因此，批评他人应力戒发怒。当你怒火正盛时，最好先别批评人，待心情平静下来后再去批评。

你的批评是否成功，很大程度上取决于你采用的态度。善用批评的人，总是能够让对方心悦诚服地接受批评，从中使被批评者感到自己的诚意。相反，有的人一味地挖苦、诬蔑，或者以对方的缺陷为笑柄，伤害他人的自尊，往往会适得其反。

第10章

用心说服，怎样用话引导他人赞同你

说服别人是交谈中最策略和主动性的口才技巧，二十多岁的年轻人要想说服别人，“牵着他的鼻子走”，首先要对说服的对象有一个基本的了解，如脾气，性格，爱好等，尽量在言谈中规避对方厌恶或者排斥的东西或事情。在试图说服他人之前，对说服的内容必须要清楚，想好说服的策略。同时，说服人要换位思考，灵活巧妙，把话说到点子上。说服的过程是说服者对被说服者攻心的过程，也是被说服者心理渐变的过程。掌握说服技巧，并且运用得恰当、巧妙，才能取得理想的说服效果。

找对说服的人是关键

我们在开始说服行动之前就应该锁定明确的目标人物，找对说服对象，这样才能事半功倍地实现我们的想法。

敏敏是一位地毯销售员，一次，她向一位顾客推销她的地毯，同这位顾客聊得很投机，顾客对地毯的质量也很满意。

没想到，几天后，这位顾客却买了另一个供应商的地毯。这其中的原因是什么呢？因为敏敏找错了推销对象。

敏敏认为这位顾客是唯一有决定权的人，没有人可以影响他的决定。殊不知，这位顾客的生活是由其妈妈打点一切的，顾客甚至连何时换冬天的内衣裤都会问妈妈。所以，敏敏应该向他的妈妈推销才是上上策！

这个小小的案例告诉年轻人，在开始说服行动之前，我们就应该明确目标，然后还应该明确说服的目标对象，即哪个才是能帮我们实现目标的人。

如果我们要索要退款，那么就直接去找该公司领导，而不找公司财务；如果我们想要得到加薪，那就去找你的老板，而不是找人力资源……总而言之，我们要去找那个能够解决问题的人，并说服他，才能实现目的。像小方就是没找对说服的对象，才导致问题无法得到解决。

小方常向朋友诉苦："我托了许多朋友帮忙才得到主管的电话，后来又费尽周折才约见到他。可他的态度一直模棱两可，我终于说服了他时，他却告诉我，这件事必须要由总经理直接决定……""我一直都在努力和客户交谈，因为她表现出对产品很有兴趣，可是没想到，这客户的丈夫只用一句话就使我所有的努力都化为乌有了……"

看吧，找对人是多么重要，但是怎样才能找到真正有决定权的人呢？实际上，并没有一个固定的方法可以用来确定谁是关键的决策者。因此这

就需要我们在生活中能察言观色，会分辨其中的关键人物所在。

此外，一个较为保险的方法是，应尽可能地接触职位高的人。但是，有的时候，真正执行的人比有决定权的人更重要。比如，我们推销一种商品，这时，我们需要找到总经理，因为只有他才是有决定权的人，他有权进货。但同时，我们还要去努力说服售货员，虽然他们对是否进货没有决定权，但他们是真正的执行者，他们可以帮助你把产品卖出去。

找对说服的对象是需要敏锐的观察力的，这需要我们在生活中不断揣摩和锻炼，慢慢来，相信我们每个人的说服力都能得到大幅度的提升！

选择适合说服的场合

一个合适的场所，能帮助我们制造和谐的气氛，帮助我们去说服对方，达到事半功倍的效果。

我们在与他人进行语言交流时，时常会受到周围人、事、物的影响，所以说，一个合适的场所，能帮助你制造和谐的气氛，帮助你去说服对方，达到事半功倍的效果。而如果你选择的场合不对，那再动听的话也不会起到理想的效果。

小刚准备向交往已久的小安求婚，便约小安周末下午去公园玩。那天正好公园里举办小安喜欢的某流行歌星“以歌会友”的活动，于是他们便兴致勃勃地前去听歌。

台上的歌手热情地唱着，小刚也想起了今天的重要任务，于是轻轻地拉起了小安的手：“小安，我想，你是不是愿意……”

“什么？你说什么？我听不到！哇！听现场唱的效果果然不一样！”兴奋的小安，全部的注意力都在舞台上。

于是，小刚又再次大声说：“小安，我们什么时候结婚？”

“你疯啦？在这种时候开玩笑，快听歌，好好听。”

“我在跟你说正经事,你却这个样子,算了,算了。”小刚赌气地离开了。

就这样，好端端的求婚，结果却闹得不欢而散。所以，选择合适的场合是很重要的，如果选择场合错误，我们不仅说服不了对方，还会搞得彼此不愉快。

选择有利于说服对方的场合，那么可以从以下几点出发考虑：

1. 场地舒适。适合交心

在社会上生存的人们，难免会有两面性存在。比如，上班时一本正经，回到家后，就会非常随和。

所以，我们要说服对方，就要考虑到这一点，将场地选在舒适、适合交心的地方进行，如娱乐场、餐厅、家里等场合。这时，大多数人往往会卸下防备，这样我们的对话就能在和谐的氛围中进行。一般来说，进行说服时，对方容易受到外在条件的支配，一旦受到外界的刺激就会分心。

不仅如此，我们还要考虑外在的条件。这些条件包括眼睛——人来人往，墙上贴有广告画片和挂图之类碍眼东西的地方不适合说服；耳朵——电话声、人声嘈杂的地方不适合说服等。

2. 为说服对象量身打造适合的场合

若对方是对处理任何事都要讲求效率的人，要选择较有格调的场所，如酒店里的附设餐厅、西餐馆等。这些场所能保持适度的紧张气氛，进行说服会有较高的成功概率。

若对方是较坦率、干脆的人，则可以选择不受拘束的场所，如咖啡厅、餐厅等。在这些地方，能够开诚布公、坦率干脆地说话，这样诚心相待，也能增加说服概率。

若对方是相处得并不融洽的人，则可以选择能调动气氛的场所，如酒吧、卡拉OK等地方,边喝边谈,这样双方会更亲近些,说服起来也更方便些。

3. 说服的场所要考虑到双方的性格特征

如果我们在说服的时候，是采用对自己有利场合的话，则可以选择自己常去且较适合自己的地点。相反，若是对方是个很难被说服，且有高度警戒心的人，则可以选择去对方较熟悉的地点。

如果两方实力差距很大，则可以考虑专程去对方府上拜访，这样既能

显示自己的诚意，又能给人以亲切感。

二十几岁的年轻人要懂得根据不同的对象，选择最合适的场所，这样能够有效提高我们的说服力。不同的场地能让人产生不同的心情，而这种微妙的变化常常是我们说服取得成效的突破口。

说服下属的几个高招

二十几岁的年轻人虽然大多刚刚在工作岗位上有所表现，但也有些出类拔萃者已经坐上了大小领导的宝座，管理着几个或者几十个下属，这时，就有必要掌握一些说服下属的技巧。

对于一位成功的领导者来说，运用语言说服、影响别人往往是一件轻而易举、快乐又有趣的事情。他们很清楚地了解沟通、说服的成功关键所在：说服别人不光是靠纯熟的表达技巧，还要加上一套健全的说服“策略”。因此，当你准备进行说服之前，不妨从大处着眼，根据情况，先制订适合的“策略”，再展开行动。

1. 与人交心，用情感打动下属

领导者的说服工作，在很大程度上，可以说是情感的征服。只有善于运用情感技巧，才能打动人心。领导在劝说别人时，应推心置腹，动之以情，讲明利害关系，使对方感到领导的劝告并不抱有任何个人目的，没有丝毫不良企图，而是真心实意地帮助被劝导者，为他的切身利益着想。

2. 求同存异，缩短两人之间的差距

同级之间、上下级之间或多或少都会存在一些“共同意识”，作为领导，为了有效地说服同事或下属，应该敏锐地把握这种共同意识，以便求同存异，缩短与被劝说对象之间的心理差距，进而达到说服的目的。

假如领导与下属在一开始没有掌握全部事实的情况下产生了分歧，作为领导，为了劝服下属，他可以这样给下属铺台阶：“当然，我完全理解

你为什么会这样想，因为你那时不知道这回事。”或者说：“最初，我也是这样想的，但后来当我了解到全部情况后，我就知道自己错了。”为人着想，可以把被说服者从自我矛盾中解放出来，使他体面地收回先前的立场。这样，部下定会顺着你给出的梯子，走下他固执的高楼，并且还会因为你保全了他的脸面而对你心存感激。

3. 先行自责，间接服人

当你作为一个领导，欲将某一困难的工作任务交付同事或下属时，明知可能难以被对方接受，甚至还会引起他的非难，但此事又太重要，实在非他莫属。要说服他十分困难，你不妨在进入主题之前先说一句：“现在我要向你说这么一句话，虽然明知你会感到不愉快！”对方听了以后，便不好意思拒绝或非难你，因为你毕竟是领导。先行自责，就等于在对方的手脚上加了枷锁，使他无法拒绝你，从而接受你的难题，达到间接说服人的目的。

4. 克己忍让，以柔克刚

当下属与自己的意见和看法相左时，作为领导，切忌用权力去压倒下属。高明的方法应该是克己忍让，对对方礼让三分，以柔克刚，用事实来“表白”自己。一旦领导这样做，其高风亮节必然会激起下属的羞愧之心，下属会在心底里由衷地佩服领导的度量，在无形中便接受了规劝与说服。这种容忍的风范和“四两拨千斤”的说服技巧常常能赢得下属真诚的拥护与尊敬。

让别人参与进来，才更易说服对方

一旦人们心里有了强烈的参与意识，那么，无论什么事，就都像是他们自己的事一样，在不知不觉中，他们的工作态度和干劲就逐渐好转起来，我们就很容易说服他们。

美国的心理学家进行过这样一个实验：实验者登门拜访许多家庭主妇，

希望她们支持一项宣传交通安全的活动，只要求她们在一张请愿书上签个名，并告诉她们这个请愿书将交给参议员，使他们为立法鼓励安全行车而努力。被访问的妇女几乎都同意签名。几星期后，另一些实验人员又去要求许多妇女在她们家的庭院草坪上立一块写着“谨慎驾驶”的大牌子。

结果，以前同意签名的妇女中有55%的人同意立大牌子，而起先未被要求在请愿书上签名的大多数妇女(83%)都拒绝了这一要求。

这个实验说明，即使对方对这类事情完全不感兴趣，但如果能在一开始就让对方成为参与这类事情的人，他们就会产生对该行动的态度，即觉得自己对参与的活动负有责任，这就消除了以后从事类似活动的对抗心理。所以，当随后再提出与此类事情相关的要求后，对方就感到不难接受了。

这也告诉我们，在说服中让对方参与的重要性。事实上，这种共同参与的意识能让人与人之间建立起深厚的友谊。道理很简单，两个一起同甘共苦过的人，感情自然就会很深。即使在陌生人之间，只要有过共同参与某件事情的体验，也会马上成为好朋友。

其桦和静静一直是一般的朋友关系。有一次，他们随一帮朋友一起去野外游玩。忽然刮起了大风，两人跟大队人马走散了。为了躲避风雨，两人逃进了不远处的山洞。经过这次接触之后，两个人的关系一天比一天好，半年后竟然结为伉俪。

这就是参与带来的心理变化。注意到人的这层心理后，如果我们想说服某个人，具体做法就是让他参与某事或共同行动。例如，对一些意志消沉的员工，如果能让他参与从未参加过的会议，很快，我们就会发现这些平日里工作懒散的员工，此刻却充满干劲。一旦人们心里有了强烈的参与意识，那么，无论什么事，就都像是他们自己的事一样，在不知不觉中，他们的工作态度和干劲就逐渐好转起来。

身为服装设计师的杜婉，她的工作就是把自己设计的服装草图售卖给服装设计师和成衣厂商。

几年来，杜婉每周都去拜访本市一位著名的服装设计师。“他从没有拒绝见我，但也从没有向我买东西。”杜婉说道，“他每次都仔细看过我带去的草图，然后就说：‘对不起，杜婉，我们今天又做不成生意啦！”’

经过一百多次的失败后，杜婉体会到一定是自己的推销方式有问题。

为此，杜婉采用了新的推销方式：她把几张没有完成的草图夹在腋下，然后去见设计师。“我想请您帮点小忙。”杜婉说道，“这里有几张尚未完成的草图，可否请您帮忙完成，以符合你们的需要？”设计师一言不发地看了一下草图，然后说：“把这些草图留在这里，过几天再来找我。”

过了几天，杜婉去找设计师，听了他的意见，然后把草图带回工作室，依着设计师的意见完成。结果呢？全卖出去了。“我知道为什么多年来我不能把东西卖给他了。”杜婉说道，“我一直希望他买我提供的东西，这是不对的。后来我要他提供意见，他就成了设计人。他的确是的。最后，不是我一定要把东西卖给他，而是他自己买了。”

相信没有人喜欢被支配，或被强迫去做一件事。这是我们行事的一个原则。一个促使人们被说服的秘诀是：让别人觉得那是他们的主意。有些时候，我们无法让对方直接参与到某件事中，这时如果能用一种“间接”的方式让对方参与进来，也会大有益处。

比如说，在学校里，对一些在课堂上吵闹的学生，大多数老师是以训斥的方法使学生暂时安静下来，但这种方法会令教室内的气氛顿时变得紧张，从而影响学生上课的情绪。

一些上了年纪、有经验的老师却不会这么做，他们反而会有意无意地指点那些顽皮学生邻座的同学读一读课文或问一些问题，那些吵闹的同学便立刻安静下来，并且集中了注意力。这也可以说是间接说服的方式，提醒他们参与上课的意识，而且也不会产生紧张的气氛。这种做法也适用于会议中。

在会议中，总有一些人对会议的参与意识十分低落，在会上半句话都不说，而对于会议的结论，又总是采取一种无所谓的消极态度。若是要他们发言，通常也不会有什么好的意见，所以用直接点名发言的方式，不一定起作用。

这时，我们若想说服他们积极地投入到会议中，不如集中指点其左右的人来发言，这样也可以提高他们的参与意识。因为他们觉得左右的人都相继发言了，自己也不好意思再继续保持缄默。这种心理反应对迫使他们

积极发言最具效用，也不会产生直接点名带给他们的难堪和反抗心理，这样，我们的会议就会进展得比以前更顺利了。

年轻人应懂点说服术

说服的过程是说服者对被说服者攻心的过程，也是被说服者心理渐变的过程。运用“攻心”的说服技巧，在实践中往往能取得理想的说服效果。

二十几岁的年轻人由于缺少人生阅历，对社会的现实往往认识不足，认为世界非黑即白，没有别的颜色。不明白现实的残酷，也不明白在这样的社会里怎样更好地与人相处，在说服别人的过程中不知道采取怎样的措施更有效，在不明白如何与别人相处的情况下，就必须对别人的心理进行分析，这样才能为自己赢得与他人相处的良好的条件，不会在与人相处中得罪人。

无论生活中你是想要别人服从自己，还是想要在与别人的矛盾之中使自己处于优势的地位，都应该对对方的心理有一个较为合理与透彻的分析，进而为自己赢得了解别人的机会，从而让自己有更多的说服别人的机会。而且这样的攻心策略运用得越熟练，就越能使自己在与对方的交流中占上风。

在人与人的交往中，说话只是其中的技巧，而最重要的还是攻心，只有将别人的心理分析得比较透彻之后，才会对自己的对手有一个较为准确的理解，也才会为自己赢得与别人的交往中的主动权。

生活中的那些谈判高手或者是说服专家，他们的口才一定是别人不能比拟的，这样的想法其实是错误的。那些人之所以能将自己的对手说服，就是因为他们懂得在与对方的交往之中分析对方的心理活动，借此来掌握对自己有利的事物。只有懂得了与人交往中的攻心策略，才能让自己在与别人的说话中获得成功。

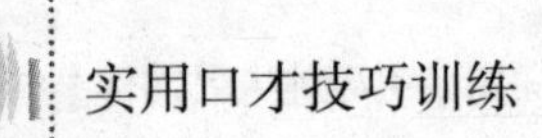

在说服别人的过程中，做到以下几点，就能很好地实现自己的说服别人的目的：

1. 先要会倾听

在与人交往中要注意倾听对方的说法，只有这样才能做到对对方的心理活动有较深入的分析。不注意倾听的人，在交往中只会一味地自说自话，这时自己的思维就会受到影响。这样的情况下，即使你说得再多、再快，也只是像没有目标地胡乱扫射的机关枪一样，最终只会浪费子弹。而那些在与人交谈中懂得倾听的人，就像是狙击手一样，只用一颗子弹就能达到自己的目的。懂得倾听不需要你有多能说，但是，你必须能准确、透彻地分析到对方的心理活动，使自己达到说服对方的目的。

2. 把握对方的弱点

在与对方交流的时候，你说的话就像是箭，而对方的弱点与需要就是箭靶，你的箭要正中靶心才能得到自己想要的结果。而这时就需要你对对方心理状态的准确分析了，如果你没有找到靶心，或者没有瞄准靶心，即使你的语言再美好，口才再流利，也不会得到自己想要的说服别人的结果。

在对对方的心理活动以及心理状态进行分析的时候，必须注意对对方弱点的把握，把握了对方的弱点，才能更好地加以利用，并最终实现自己说服对方的目的。

3. 婉转道来

说理的语言如果想做到具有很强的穿透力，使对方听起来趣味盎然并受到启迪和感化，就必须适当地多运用一些生动形象的比喻，转个弯儿将自己的目的婉转地表达出来。

大夫登徒子对楚王说："宋玉这个人非常好色。望大王不要带他出入后宫！"楚王以登徒子的话去问宋玉。

宋玉回答说："我体貌美丽，这是天生的；至于好色，臣根本没有这么回事。"

楚王问："既然你不好色，那为什么会有这样的传闻呢？"

宋玉说："天下的美女，最美丽的要算我邻居家的女子了。她嫣然一笑，就能倾倒所有的公子哥儿。但是这位女子攀上墙向我张望了三年之久，

至今我还没有回应她对我的爱慕。登徒子则不然，他的妻子躬身驼背，走起路来歪歪斜斜，就是这么一副模样，登徒子还是爱得不得了，跟她一次又一次地生了五个孩子。请大王仔细分析一下，到底谁是好色之徒。”楚王听后连连点头，夸赞宋玉品行端正。

4. 层层释疑

人们对某一事物不理解，想不通，往往是疑虑重重，这就需要说服者善于把道理说透。但消除别人的疑虑并不是一件很容易的事情，需要一点一点地层层递进、穷追不舍，把道理讲明白、讲透彻。

张仪善于说服，他游韩说齐，拉拢燕、赵，由于他善于操纵说服技巧，所以，总能抓住关键，一语中的。

张仪前往韩国，游说韩王说：“韩国地处险恶的山地，国家所储备的粮食不够两年吃的，现有士兵不过二十万人，而秦国却有百万大军。山东各国的军队只有在披戴甲胄的情况下才能参加战斗，而秦国士兵却敢于丢掉甲胄、赤足露身去追杀敌人，若双方打仗，这与把千钧的力量加在鸟蛋之上没有什么不同，山东各国的军队必定没有好下场。大王不服从秦国，秦国必然发兵，那么大王的国家就被分割了。替大王着想，不如亲附秦国而攻打楚国，把战祸转嫁到楚国身上，从而讨得秦国的欢心。”

韩王心悦诚服地听信了张仪的策略。

总之，说服的过程中运用“层递渐进”的说服技巧，从理论上讲，符合心理学的基本规律，在实践中往往能取得理想的说服效果。

5. 引起心理共鸣

在你尝试说服他人，对其有所求的时候，最好先避开对方的忌讳，从对方感兴趣的话题谈起，不要太早暴露自己的意图，而要让对方一步步地赞同你的想法，不自觉地认同你的观点。

攻心说服最基本的要点之一，是巧妙地诱导对方的心理或感情，以使被说服者信服。如果说服的一方特别强调自己的优点，企图使自己占上风，对方反而会加强防范心。所以，应该故意先点破自己的缺点或错误，暂时使对方产生优越感，而且注意不要以一本正经的态度表达，才不会让对方乘虚而入。

说服的几个禁忌

当你的意见与他人出现分歧，想说服对方听从你的安排时，怀着一片诚意，苦口婆心地进行说服，也许到头来不仅得不到对方感激，反遭怨恨，其根本原因可能就是犯了劝导说服的禁忌。

我们经常说做事要灵活，同样，说服别人也要有心眼。如果正面说服别人有一定的难度，不妨暂且远离话题，向对方谈论另一件看起来毫不相干的事，再诱导对方归纳出其中蕴含的道理，然后由此理渐渐切入彼理，进行类推，回到原来所论，使对方依常理而服气。

下面是几个说服别人时需要注意的禁忌，能帮助你顺利实现说服别人的目的。

1. 忌急于求成

人们常说，善弈棋者，每每举一反三。做别人的思想工作也好比下棋，也要珍视这“二步棋”的做法，要耐心细致，再三斟酌。如果条件不具备就急于求成，不前思后想，总想一劳永逸，其结果往往事倍功半，成效甚微，甚至把矛盾激化。

2. 忌激化矛盾

为了使你的道理能让对方接纳，切记不可伤害对方的自尊心，即使你非常有理，也不可居高临下、气势汹汹，用嘲讽甚至侮辱的语言进攻对方，这样你不仅不能说服对方，反而会引起在场其他人的反感，从而导致在争论中失败。

大量的说服事例表明，因说服而使矛盾更加激化的情况，主要有两类：

第一类是强化了对方本来就不该有的消极情绪，从而火上浇油，扩大

事态。

第二类是“惹火烧身”。因说服方法不当，激怒了对方，使对方把全部的不满和怨恨情绪都转移到你身上，你成了他的对立面和“出气筒”。

经验告诉我们：要成为一个有修养的说服者，就要有涵养，有博大的胸怀和宽厚仁义的气质。遇到上述情况，绝不可为了顾全自己的面子而反唇相讥，以牙还牙，使玉帛变干戈。

3. 忌官腔官调

要克服官腔官调，最主要的是应该增强普通人的意识，以普通人的姿态出现在人们面前，彻底改变那种高高在上、唯我独尊、发号施令的作风。还必须注意坚持实事求是的态度，慎用套话，加强语言表达能力的培养。

说服别人要和蔼耐心，热心而充满诚意，俗话说：伸手不打笑脸人，谁都不会憎恶笑容可掬、亲切有礼的人，所以在亲近别人前，先得使自己做到这一点。

运用这些方法，不仅使你的语言具有魅力和感染力，而且在这样的交流环境中，别人就会被你的亲近力折服，从而愿意听从你的安排，俯身为你做事。

第11章

化解矛盾，不失风度地摆脱尴尬境地

在日常交际活动中，二十几岁的年轻人难免会遇到一些令人难堪的窘境和难以解决的矛盾，有些人极易生气和激动，与之“针锋相对”；有的人则恶语相加，讽刺打击；有的人则茫然无措，不知如何应对。而有些人则能利用语言的技巧轻松化解矛盾，他们的话让人的内心产生愉悦的感觉，如用幽默性的语言“化干戈为玉帛”。年轻人要学会聪明地化解矛盾，这样才能让自己在社交活动中更加得心应手。

给对方留尊严

年轻人应该学会做个聪明人，让自己的处世哲学发挥效用。所以，不管什么情况下，我们都要给别人留有尊严，在日常生活中，如果对方不小心冒犯了你，我们不妨大度一点。

二十几岁的年轻人很爱在口头上跟人争个高下，一句不中听的话留在自己的心中，不给予回击，都会觉得自己吃了大亏。有时一句话说得不留神，也许就伤害了别人的自尊心，使人下不了台。被你伤了自尊的人必然不会罢休，那么这场“战争”就会进入无休止的状态，即使你能赢得这场唇枪舌剑，你又能如何？你的形象尽失，而事情并没有解决。

在商场做导购员的小敏就是一个聪明的女孩，她没有拆穿顾客的谎言，而是略施小计，化解了一场矛盾。

一位顾客来到小敏上班的百货公司，要求退回上周她买的外衣。而她已经把衣服带回家并且穿过了，只是女人是善变的“动物”，她突然又不喜欢这件外衣了，就想试一试能不能退回来。她辩解说“绝没穿过”，要求退掉。这样的顾客小敏见得多了，这自然难不倒她。小敏检查了外衣，发现明显有干洗过的痕迹。但是，凭借她的经验，她知道直截了当地向顾客说明这一点，顾客是绝不会轻易承认的，因为她已经说过“绝没穿过”，而且精心伪装了没有穿过的痕迹。这样，双方可能会发生争执。

于是，小敏说：“我很想知道是否你们家的某位成员把这件衣服错送到了干洗店去。我记得不久前我也发生过一件同样的事情，我把一件刚买的衣服和其他衣服一起堆放在沙发上，结果我丈夫没注意，把这件新衣服和一大堆脏衣服一股脑儿塞进了洗衣机。我怀疑你是否也遇到这种事情——因为这件衣服的确看得出已经被洗过的明显痕迹。不信的话，你可以跟其他衣服比一比。”顾客看了看证据知道无可辩驳，而小敏又给了她

一个台阶下，于是顾客顺水推舟，乖乖地收起衣服走了。

小敏的话说到顾客心里去了，使她不好意思再坚持。一场可能的争吵就这样避免了。而在这个过程中，小敏给足了顾客面子，顾客自然就不会纠缠下去了。现实生活中，很多人把面子看得比什么都重要，在遇到矛盾时，如果我们不懂得为他人保留一份尊严，不给他人台阶下，那么这场矛盾就会愈演愈烈。二十几岁的年轻人，思维比较灵活，应该懂得如何不揭穿他人的谎言，并顺着别人的意思将思路引到正确的方向上来，这种方法就叫“铺台阶”，小敏就是这样做的，而在这个过程中，既保全了别人的尊严和面子，也让自己赢得了赞同。

年轻人都有一时冲动，做错事、说错话，得罪人的时候，如果以牙还牙，只会使事态变得更严重。我们不妨给对方一个犯错的理由，帮对方保留他的尊严，这样反而能使对方产生愧疚感，自动改正错误，悄然地解决矛盾。李老师就是这样一个“料事如神”的人。

有一次，李老师遇到这样一件事：下课了，有位女同学向他反映，昨天她爸爸送给她的生日礼物——一支黑色派克钢笔不见了。他巡视了一下全班同学的表情，发现坐在这个女生旁边的学生神情惊慌，面色苍白。

于是，李老师明白了一切，但如果当面指出，不仅没有证据，还会伤害这位同学。于是，他想了想说：“别着急，肯定是哪位同学拿错了，黑色的钢笔实在太多了，互相拿来拿去是经常发生的事。只要等会儿他看清楚了，一定会还给你的。”果然，下课以后，这个女同学就发现自己的钢笔又回来了，不禁感叹老师真是料事如神。

想想，如果李老师就这样在很多同学面前揪出小偷，这不仅伤害了一个孩子幼小的心灵，可能会让这个孩子的心灵产生阴影，甚至可能对这个孩子的一生都有影响。

在日常生活中，谁都可能出现一些小差错，如记错电话，叫错名字，这些很正常，这时候我们不能抓着别人的失误不放，不要小题大做，否则会让对方颜面尽失，而你从中得到的不过是虚假的满足感而已，你在社交中无疑是少了一个朋友，多了一个“敌人”，因为你是在拿别人的失误取乐，伤了别人的自尊心。

而相反的是，如果我们在碰到这种状况时，顺势给别人一个台阶，这时候对方发现自己失误了，而你却给足了他面子，自然会对你产生一种尊敬感，而你又为自己的社交经验添了一笔财富。

假如你遇到的是故意“挑衅”，你也不妨大方一点，不要去和对方激烈“战斗”，你的大度会让你无形中赢得这场“战争”，因为俗话说得好，“出手不打笑脸人”，你在众人面前给足了他面子，他还会继续“挑衅”吗？但如果你想充分表现你的口才，非要让对方向你承认错误，那么这场战争只会愈演愈烈，甚至造成严重的后果。

年轻人应该学会做个聪明人，让自己的处世哲学发挥效用。所以，不管什么情况下，我们都要给别人留有尊严，在平时生活中，如果对方不小心冒犯了你，我们不妨大度一点，不要什么事都斤斤计较，能宽容的尽量宽容，不要反应过激；如果我们真的不能忍让，可以指出对方的错误，但只求使其知错，不要令人难堪，甚至伤其尊严。我们可以用一种巧妙的方式转换这种“冒犯”，这样你和对方都能一笑了之。

用“我们”代替“我”

生活中就有这样的人，怕担当责任，就经常用“我”来解决，似乎这样的人很好，可是这样的人不会赢得真正的友谊，不会有真正的朋友。

语言是种巧妙的东西，能掌控人与人之间微妙的关系，它像电视遥控器一样，可以在各个频道之间切换，顺应观看者的需求。语言运用到日常生活中就是说话的技巧，而说话是一种技巧，也是一种艺术，恰当的语言能拉近两个人之间的距离，也能化解人与人之间的矛盾，不恰当的语言就是一道鸿沟，让本来简单的误会更深一层，让人与人之间的距离越来越远。

有时候，悬殊很小的两个词语，却产生不一样的语言效果，就拿“我”和“我们”来说，就是个典型的“差之毫厘，谬以千里”的例子。“我”

强调的是主观和自我，把对方排除在外，这自然产生一种“影射”作用。别人也会对你产生一种排斥情绪，这时，鸿沟就产生了，你们之间就因为一个“我”字差距越来越大，甚至怒目相向。而“我们”这个词语却让人倍感亲切和温暖，一下子把两颗心拉近了，那还有什么事情不好解决的呢？

所以，在人际交往中，二十几岁的年轻人，应该运用巧妙的语言，多用这个复数词“我们”，代替“我”，这样会让你赢得更多的支持，你的路也越走越宽。

“我”就是人与人之间的一道情感防线，打破它，才能让对方感受到你的友好，有个关于斧头的故事，能让我们感觉“我”和“我们”的不同。

从前，有两个农夫，一个叫王二，一个叫小四，他们忙完了田里的工作，准备一起回家。当他们走在半路上，农夫王二忽然发现地上有一把斧头，就跑过去捡起那把斧头。他说：“我们发现的这把斧头还挺新啊！”就想带回家占为已有。小四很高兴，两人兴奋地商量着回家该怎么用这么好的斧头。他们两个继续往前走，王二的手上仍然拿着那把斧头。过了一会儿，遗失这把斧头的人走了过来，远远地看见王二的手上拿着他的斧头，就匆匆忙忙地追上来，眼看对方就要追上来了。这时候王二很紧张地看了小四一眼，然后说：“怎么办？这下子我们就要被他捉到了。”小四听他这么一说，知道王二想把责任归咎到两个人的身上。于是小四就很严肃地对王二说：“你说错了，刚才你说斧头是你发现的，现在人家追来了，你就应该说‘我快被他捉到了’，而不是说‘我们快被他捉到了’。”

从这个小故事中，我们能知晓“我”和“我们”的不同，能体会到“我”和“我们”产生的语言功效，小四在王二发现斧头时，默认了斧头是“我们”发现的，因为自己可以分一杯羹，而当失主追上来的时候，却归咎于王二，将自己置身事外。

生活中就有这样的人，怕担当责任，就经常用“我”来解决，似乎这样的人很好，可是这样的人不会赢得真正的友谊，不会有真正的朋友，因为他自私自利，把自己和朋友区别得很清楚，不愿意承担朋友的事情。

生活中我们还有可能不是出于自私自利的原因，习惯了用“我”，可是“言者无心，听者有意”，对方会以为你把他排除在外，无形中你也就被他排除

了，所以，我们要尽量以“我们”代替“我”，这样会让我们改善人际关系。

我们日常生活中用的最多的字就是“我”，那是因为我们希望被关注，希望被关心，而如果我们把“我”换成“我们”的话，会让你有意想不到的收获，因为对方也就会将心比心，你就会被关注，被关心，你能收获友情，收获尊敬，从而收获快乐。

我们会发现身边的小孩子在做游戏时，常会说“这是我的”“我要”，这是自我意识强烈的表现。在小孩子的世界里，这或许无关紧要，但是作为成年人，这就会被误认为是自私自利的表现，这会给人自我意识太强的坏印象，人际关系也会因此受到影响。

我们在说话时，如果把“我”变为“我们”，不但可以巧妙拉近双方距离，还能使对方更容易接受你的观点。如果我们在说话中，不管听者的情绪或反应如何，只是一个劲儿地提到“我”如何如何，那么必然会引起对方的反感。如果改变一下，把“我”改为“我们”，这对我们并不会有任何损失，但却能获得对方的好感，使我们同别人的友谊进一步加深，也能将人与人之间的问题顺利解决。

作为二十几岁的年轻人，巧妙地运用语言，学会掌握说话的技巧，将“我们”代替“我”，这样，你可以无形中拉近和别人的距离，这样，你就获得一笔无形的人际关系财富！

睿智妙语，消除尴尬

在应酬中，如果我们反对他人的意见，但又不想因此得罪人，把气氛搞僵，不妨运用这种正话反说的语言，既不伤对方的面子，又能收到想要的效果。

无论怎样熟悉交往的人，都免不了说错话，做错事，引起尴尬的局面。或者有人故意为难你，要看你出丑，这时如果你大发雷霆，反而会中了对

方的计谋；或者事有凑巧，大家共同遭遇了尴尬场面。那怎样才能避免不知所措，无法应对的局面呢？这就要求我们用巧妙睿智的语言化解尴尬，用幽默的智慧驱除不快的阴影。

中国古代的晏子，有一次出使楚国，楚王为了嘲笑晏子，故意捆绑一个齐国人上朝，问晏子说："齐国人善盗吗？"晏子并不恼怒，很巧妙地说："齐国人在齐不盗，入楚则盗，就好像橘生淮北则为橘，橘生淮南则为枳，是楚国水土不好的原因吧！"

这样的妙言智语，就是我们追求的妙语的极致。既能化解尴尬气氛，还可以打击不怀好意的对手，让他们自食恶果，有苦不能言，又不会让自己丢面子，好处多多，那我们要怎样练习，才能够达到这种境界呢？

1. 借助自我解嘲，摆脱窘境

在社交中，难免出现你掌握的信息与对方有出入的情况。当你没估计到对方是四川人而喜欢川菜，当你突然说错了话等，这时候，你原来所准备应付的情况全忘记了，也许你一下子会陷入交际的窘境，不知如何是好。会说话的人能借助自我解嘲，化尴尬为融洽。自我解嘲术，指以自我嘲弄的形式，自贬自抑，堵住别人的嘴巴，摆脱窘境，从而争取主动的一种舌战谋略。如果适时采用，就能够收到奇效。

自嘲，是幽默的最高层次，口才好的人常以自己为对象来开玩笑，可以消释误会，抹去苦恼，感动别人，并获得自尊自爱。某女作家写作太累，在开会时睡着了，鼾声大起，逗得与会者哈哈大笑。等她醒来，一位同仁说："身为一个女人，你居然能打出这么有水平的'呼噜'！"她立即接茬说："这可是我的祖传秘方，高水平的还没有发挥。"在大家的哄笑声中解了围。运用自嘲，委婉解嘲，既表达了自己的意图，又使对方乐于接受。所以当交谈陷入窘境时，逃避嘲笑并非良方。相反，怒不可遏地反唇相讥则会遭到更多的嘲讽，不如来个超脱，自嘲自讽，反而显得豁达和自信。

2. 用模仿对方的方式，化解矛盾，摆脱窘境

一位刚刚成名的女作家，她在新书发布会上受到了很多人的追捧。但在发布会的台下，一个男人对她很不服气，当着众人走到她面前，很不友

好地说："你的作品写得真好，不过，请问是谁帮你写的呢？"很明显，这个无礼的家伙是故意来闹事的。发布会的气氛顿时变得紧张，所有声音突然消失，有的读者面面相觑，场面很尴尬，大家都不知道接下来会发生什么样的事情。然而，女作家并没有表现出很尴尬的神情，她也没有生气，反而面带微笑，礼貌地回答这个人说："谢谢你对我的作品的夸奖，不过请问，是谁帮你看的呢？"女作家的反问，让那个人哑口无言，灰溜溜地逃走了，台下响起了一片掌声。

如果对方的话语是不怀好意的，那就不妨"以子之矛，攻子之盾。"用他自己的语言来攻击他。既让他说不出话来，也不让气氛更加恶化。相反，反唇相讥或者争吵就会使场面失控，气氛更加尴尬。

3. 正话反说。让大家在捧腹中接受你的意见

秦朝的优旃是一个有名的幽默人物。有一次，秦始皇要大肆扩建御园，多养珍禽异兽，以供自己围猎享乐。这是一件劳民伤财的事，但大臣们谁也不敢冒死阻止秦始皇。这时能言善辩的优旃挺身而出，他对秦始皇说："好，这个主意很好，多养珍禽异兽，敌人就不敢来了，即使敌人从东方来了，下令麋鹿用角把他们顶回去就足够了。"秦始皇听了不禁破颜而笑，破例收回了成命。

优旃的话表面上是赞同皇上的主意，而实际意思则是说如果按皇上的主意办事，国力就会空虚，敌人就会趁机进攻，而麋鹿是没有能力用角把他们顶回去的。这样正话反说，因为字面上赞同了秦始皇，优旃足以保全自己；而真正的含义，又促使秦始皇不得不在笑声中醒悟，从而达到了他的说服目的。

在应酬中，如果我们反对他人的意见，但又不想因此得罪人，把气氛搞僵，不妨运用这种正话反说的语言，既不伤对方的面子，又能收到想要的效果。

4. 采用出其不意，超乎常理的语言

一名记者在发回报社的关于一次煤矿事故的报道中这样开头："上帝看到这副惨状，他落泪了。"因为新闻必须符合真实性的原则，编辑没有就真实性与他探讨，而说"不要去管什么矿井了，立刻采访上帝"，使一

场很可能发展成辩论或争吵的场面，变成了一句幽默的对话。在我们的认知中，上帝是不存在的，编辑则超乎常理认知，要求记者去采访上帝，从而让他在笑语中明白了自己表述上的缺陷。

在应酬中，我们也要有这样的幽默和智慧，这样就会让气氛更加融洽，活跃。

比如，有一位客人向别人抱怨主人的鱼汤太咸了，主人听完，哈哈一笑："大概是我们家的鱼吃了太多盐巴，我说，怎么这几天盐下去得那么快呢，原来都被它吃了，谢谢您为我查清家贼，终于报仇了。"这样的话一出，相信气氛就会重新好起来，避免了很多不快。

总之，面对尴尬的场面，我们既不能让不快扩散，也不能听之任之，影响了气氛，最好的做法就是用幽默调侃的语言消除尴尬，锻炼自己的语言能力，不断充实自己的头脑，才能用智慧击退尴尬，使自己更自信，更有情趣。幽默的语言不会凭空出现在我们的思想中，需要我们不断地锻炼。

化解与领导的矛盾

直截了当地和领导起正面冲突的话，不仅不能化解矛盾，很可能还会丢了自己的饭碗。

现代社会，人际关系就像一张网，没有人可以逃脱这张网，如何能在这张网中游刃有余地生存，很大一部分就要看一个人的语言技巧。走出家庭，进入工作，我们接触最多的就是领导。我们可能和领导之间产生矛盾，而聪明人就知道如何运用语言技巧巧妙地化解这场矛盾，而不是将矛盾激化。

没有一个领导希望自己的下属凌驾于自己之上，所以，作为一个聪明的下属，应当知道如何运用语言技巧，顺应领导的要求行事，化解与领导之间的矛盾。

要知道，领导之所以为领导，肯定有其过人之处，肯定经历了作为下属经历的很多事情，而你不必和他争论，争论的最坏结果只能是你离开，而他仍然还有很多下属，少了你，工作还是一样能运行。

一家公司有个新员工，总是喜欢抱怨，也很八卦，喜欢和同事在背地里讨论别人的私事。为此，他得罪了很多人，还包括他的领导，但领导看他刚毕业，找工作不容易，就决定再观察观察他。可是，这个员工还是将前程毁在了自己的“嘴”上。

职员：“我实在受不了了，工作太累，工资也不高。”

老板：“不会啊，大家怎么没觉得累呢？”

职员：“那是他们，我不行了，这样下去我会辞职的。你们这些当领导的，哪里知道我们员工的辛苦呢？”

这时老板的脸已经铁青了。但他还是微笑着说：“那你希望怎样呢？”

职员：“我也正常双休可以吗？”（他们公司是轮休制）

老板：“当然了！”

职员：“以后可以不加班了吗？要知道，你们领导从来不加班的。”

老板：“嗯，可以的。”

职员：“餐费补贴可以加点吗？”

这时老板说了一句：“什么要求都可以答应你。”

这个职员很开心地回到办公室，但不到两个小时，会计就将这个月的薪水送到办公室，并送来一份解聘书。上面写着：“希望你继续学习如何和领导沟通，正确运用语言，还有，请你考虑一下，你在提出那么多要求的同时，能给公司带来多少收益？”

他被解聘了，可能他自己都没有想到，他不知道什么是领导，什么是下属，本来就和领导之间有矛盾，还强化了这个“结”。这其中很大的原因，就是他在说话上的缺陷，和领导直接的误会本可以用说话技巧消除，可是他却继续站在自己的立场上，要求加薪，休息，可想而知，领导对他的印象差到了极点，他肯定会被解聘。

所以，我们应该学会利用巧妙的方式化解与领导之间的矛盾，让自己与领导的关系更亲密、和谐。那么有哪些语言技巧可以化解呢？

第一，当领导对你有误会时，你先要肯定自己有缺点，肯定领导具有慧眼，毕竟谁都喜欢被赞扬，然后你再将领导误会你的原因分析清楚，这样就让领导自己发现了自己的失误。而此时，你的机智也被领导看在了眼里，他也就发现了你这个“人才”。

第二，当领导和你有真正的“过节”时，也不要和领导起冲突，在公共场合尽量称赞他，让他消除对你的负面印象，然后找机会澄清你们之间的事情，千万要记住，他是领导，你是下属，要有谦恭的态度，不要趾高气扬。

在工作中，我们要有灵活的应变能力，要用巧妙的语言处理好身边的人际关系，而当你和领导之间有矛盾时，这样的能力更加不可少，能让你化解和领导之间的矛盾，让你的职场之路走得更加宽广！

把愤怒的情绪幽默地表达出来

表面看来，愤怒与幽默似乎是完全不相关的，但是这两者却有着紧密的内在联系。

幽默是雪后的阳光，如冰雪消融地化解人与人之间的隔膜和争论。幽默似久旱后的甘霖，滋润着需要理解的人。在与人交际的过程中，幽默更体现了一个人的语言智慧。和人交流的过程中，我们可能会被对方激怒，这时候如果我们以牙还牙的话，矛盾和争论将无休无止。而如果我们以一句诙谐幽默的话化解，就能既让自己泄愤，又能避免了事态的恶化。而对方则会被你的机智和气度折服。

在很多情况下，事情的转折点就是发挥幽默的契机。我们可以抓住时机把愤怒转化为幽默，这时不管多激愤的言行，只要我们转换一下角度思考，用幽默的语言表达出来，愤怒的情绪就能缓和，也就有效地避免了激化矛盾。

有个老太太在自家对面的街上买了一件毛衣往回走。碰到邻居的一位漂亮女孩，她也买了一件，并高兴地对老太太说，她今天花了20块钱，就买到了一件漂亮的毛衣。

老太太一听，顿生怒火，转身回去找那个摆地摊的小青年，问："卖给那个女孩20块钱而卖给我是25块钱，你这是什么道理？"

"因为她是我的亲戚，老太太，您知道吗？"

老太太一听，二话不说，又拿了一件毛衣就走。

小青年紧追上前："您怎么不付钱就走？"

"因为咱们是亲戚。我是那女孩的妈妈呀！"

"啊……"

这是一个笑话，但我们不禁会赞赏老太太的机智，从小青年的话中，我们可以知道小青年是想气老太太，他和女孩很明显是"假"亲戚，于是老太太就假戏真唱，转换成了幽默，而此时的老太太早已不再生气，而是觉得很好笑，一场顾客和买主之间的争论也避免了。

自古以来，这种用幽默面对别人愤怒之事的事情就不少见，体现了古人的语言智慧：

从前，有两个书生甲和乙进京赶考，两人同住一家客栈。但是这是两个生活习惯不一样的人。甲书生不怎么注意生活细节，也就不怎么爱干净。而乙书生出身官宦家庭，几乎有洁癖。

但偏逢客栈住满，只剩一间客房了，于是，掌柜的就建议他们住一间客房。

清晨两人就梳洗起来。可是店里只有一把梳子和一面镜子。乙书生嫌甲书生脏，便有意戏弄道：

"梳子你先用左边。我后用右边。"

甲书生一听很生气，瞅了镜子，说道："那这面镜子你先用后面，我再用前面吧！"

乙书生听后无言以对。

面对乙书生的挑衅，甲书生并没有破口大骂。也没有正面指责乙书生，而是以简单的一句话，轻松幽默地还击了乙书生的无礼。这就是幽默的功效。

生活中，不管对方是有意的冒犯还是无意的伤害，幽默总比常规方法更奏效，更能解决问题，更能体现语言的技巧。

有时候，别人会让我们陷入一种相当狼狈的境地，受到他人攻击和恶意侮辱，我们可能惊慌失措，可能十分愤怒，也可能十分沮丧。这失败而无助的情绪可能使我们失去思考能力，失去对自己的情感控制。实际上，在这种时候，客观情境的严酷更加需要我们把自己思维的潜在能量充分调动起来，运用幽默语言做出超常的发挥，通过讽刺给对方以反击。

许多具有幽默品质的伟人在日常生活中也常常遭到那些心怀嫉妒的人的侮辱，而运用讽刺性的幽默予以反击，正是摆脱窘境的手段。

萧伯纳常在他写的戏剧中揭露资本家的丑恶面目。一次，有个资本家企图在大庭广众之中羞辱萧伯纳一番，他挥着手大声地说：

“人们说，伟大的戏剧家都是白痴。”

萧伯纳笑了笑，随即回敬道：

“先生，我看你就是最伟大的戏剧家！”

资本家十分尴尬，没想到萧伯纳会这样回敬他。

萧伯纳正是运用了幽默的讽刺，给予了对方有力的回击，维护了自己的尊严，从遭受侮辱的境地中解脱出来。

表面看来，愤怒与幽默似乎是完全不相关的，但是这两者却有着紧密的内在联系。一个懂得幽默的人拥有宽容大度的胸怀，一个幽默家的本领不是放任自己怒气冲天，而是抑制怒气，化解怒气。不管别人是有意的冒犯还是无意的伤害，我们都要学会增强自己的幽默感，关键时候来点幽默，有时候不仅能化解双方的误会，也能让你以会心的一笑代替怒火中烧，这就是语言的技巧，在我们与人交际的时候，充分发挥语言技巧能让我们的人际关系越来越好。

不让刻薄的话语随意出口

每个年轻人都希望自己在闯荡社会时，别人能多担待自己一些。你的一句暖人心田的关心的话，起到的积极效果要远远胜过无意中的一句责备。

现实生活中，世事牵累，我们已经很难偷出余闲宽慰自己，何必再用言语苛责他人？年轻人要主动拒绝练就江湖的油滑与尖酸的语言习惯，它会让你的灵魂变得不堪与粗粝，丧失生命中最美好的快乐。

言语平和的人就像一杯清茶，沁人心脾。做一个简单的人，拥有简单的生活，对人生、对社会宽容而不苛求，保持着自己内心的宁静和有条不紊，也是一件美好的事情。

诚然，生命中有太多值得苛责的东西，爱恨情仇，恩怨得失，一切都无法令人轻易忘记，愚钝的人习惯性地选择喋喋不休，诉说着一切委屈怨恨，越说越多，终究堕落成为一个刻薄庸俗的人。而聪慧的人则早已明白自己的领地，不奢望那些本不属于自己的一切，成为一个淡然平和的人。

平心而论，在职场或生活中，你更愿意与哪一种人为伴呢？很明显，我们常常怨恨前者，喜欢后者。

然而，现实生活中，刻薄的人常常将性情直爽、为人正直作为借口，纵容自己的尖酸刻薄。请记住，刻薄的语言习惯绝不是正直，真正正直的人是出淤泥而不染，濯清涟而不妖的，绝不会出口伤人。所以，二十几岁的年轻人也请时刻提醒自己，不要让刻薄的语言随意出口。

在职场上，有太多因为一言尖刻引发办公室危机的例子，请记住，过分苛责他人，你也将很难得到赞赏，因为你不会合群；过分强调自己的尊严，那么除了孤独和离群，你也不会得到尊严，因为你过于尖刻和缺少包容。

尖刻的语言让更多人在婚姻中成为受伤的人。习惯在不满的时候肆无忌惮地宣泄，习惯在对方遭受失败的时候刻薄地指责对方，可是没有一个

人能够忍受动不动就对别人甚至对自己冷嘲热讽的人。与之相反，幸福的人往往不会尖酸刻薄，因为大凡幸福的人都有一颗大度且宽容的心，对于他人的幸福，他会开心，而对于别人的不幸，他会给予更多的同情。在他们的语言词汇中，没有尖刻与刁钻。

秦问和芝芝一样大，两人在17岁的时候就认识了，秦问对温柔的芝芝一见钟情，开始偷偷给她写信，渐渐地芝芝也对秦问有了感情，两人开始谈起恋爱。秦问是个很浪漫的人，对待芝芝更加用心地设置情境，讨她欢心。七年爱情长跑之后，两人登记结婚了。第二年，生下了宝贝儿子，秦问很开心，芝芝却慢慢褪掉了迷恋浪漫的心，喜欢上了打麻将，人也变得有些刻薄，啰唆。

秦问知道是生活的辛苦让老婆变成这样，并没有过多指责，相反日思夜想着怎样能让老婆变回原来的那个人，恰好，两个人结婚十周年纪念日到了，秦问花了很多的心思，希望能给老婆惊喜，在两人的结婚十周年纪念日那天，秦问悄悄请了假回家，买来了红酒和一束玫瑰，做了一桌子的菜，等老婆回家。可是过了下班时间，老婆却迟迟没回来，晚上10点之后，老婆终于回家了。可是，看到一桌的菜和红酒、玫瑰，芝芝却变了脸色，大发雷霆："你知道我今天输钱，特意做菜讽刺我啊，一桌子菜浪费多少钱啊，还不如给我再去来一把呢！""你知道今天是什么日子啊？今天是我们的结婚纪念日！"秦问见老婆嗜赌，连结婚纪念日都忘记，心头满是怒火，两人大吵了一架。

秦问忽然觉得自己再也不能忍受下去了，于是他走进区法院，要求和芝芝离婚。

年少的芝芝是个浪漫多情的女人，然而，生活让她愈发尖刻，原本一顿幸福的晚餐因为一句刻薄的言语而烟消云散，婚姻也摇摇欲坠。其实，无论是《中国式离婚》里的林晓枫还是《过把瘾》里的杜梅，尖刻且有些神经质的女人的婚姻常以失败告终。当理性战胜感性的时候，女人表现出来的是温柔贤惠、落落大方、体贴细致，又或是如小鸟依人般偎在男人的怀里尽情地享受男人的殷勤和关怀；一旦情感突破了理智的防线，敏感多疑、尖酸刻薄，甚至歇斯底里就成了女人的符号，尖酸的语言也常常无缘

无故、随时随地爆发。

揪住他人某些鸡毛蒜皮的小小过错、小小事件，便用四溅的唾沫，吐出一串串尖酸、阴毒的词儿，这是多么丑陋的形象。因此，二十几岁的年轻人在与人交谈时要注意，不要轻易让尖刻的语言说出口。

“话中话”避免对方尴尬

生活中，聪明人会随机应变，在公共场合中会采用“话中话”的语言技巧，给对方提醒，而又避免了对方的尴尬。

人非圣贤，孰能无过？每个人都会因为一时糊涂犯错，而聪明人在发现了对方的错误时，不会直截了当地提出来，而是运用巧妙的“话中话”将对方的错误指出来，让对方自己认识到错误，不至于伤及颜面，也不会让现场气氛过于沉重。

生活中，很多人把面子看得比什么都重要，这种人在犯了错误时，就需要我们运用这种“话中话”的技巧，避免触及对方所避讳的敏感区，避免让对方当众出丑，可巧妙地暗示一下对方的错处。给足他面子，在公众场合给他一个台阶下，他自然会承认自己的错误。

生活中，聪明人会随机应变，在公共场合中会采用“话中话”的语言技巧，给对方提醒，而又避免了对方的尴尬。生活中，一个小小的例子就能体现这种说话的技巧，体现语言的智慧。

一次，在一个著名的饭店，一位外宾吃完最后一道茶点后，玩着手中的景泰蓝食筷，越发喜欢，就顺手把食筷悄悄“插入”自己的西装内衣口袋中，想悄悄地带回家。可是，这一举动正好让饭店服务员小丽看到了，为了维护饭店的利益，小丽准备“拿回”景泰蓝食筷。小丽不动声色地迎上前去，双手擎着一只装有一双景泰蓝食筷的缎面小匣子说：“我发现先生在用餐时，对我国的景泰蓝食筷颇有爱不释手之意。非常感谢您对这种

精细工艺品的赏识。为了表达我们的感激之情，经主管批准，我代表本店将这双图案最为精美并经严格消毒处理的景泰蓝食筷送给您，并按照大酒店的优惠价格记在您的账簿上，您看如何？"

那位外宾立刻就明白了小丽的"话中话"，在表示了谢意之后，说自己多喝了几杯白兰地，头脑有些发晕，才误将食筷插入内衣袋内，并且聪明地借此下台阶说："既然这种食筷不经消毒是不能使用的，我就'以旧换新'吧！"说着取出内衣里的食筷恭敬地放回餐桌，接过小丽给他的小匣子，不失风度地向付账处走去。

小丽是个聪明人，当她看到顾客准备带走饭店的名贵餐具时，没有当众指出他的行为，而是采用旁敲侧击的"话中话"，这样顾客感觉到了压力，自然就会寻找理由承认自己的"失误"。

生活中，我们经常会碰到类似这样的事情和这样的人，这是别人因一念之差而犯的错误，我们最好不要当众批评他，让他下不了台，而应委婉地指出他的错误，给他一个台阶下，让其心甘情愿地改正错误。要知道，批评和动怒是两回事。动怒有时候不但无助于批评的，往往还会将事情弄僵，让双方都很尴尬。

而生活中，也有很多人不太重视生活细节，当自己的行为已经影响到别人时还没有发现，而这时候，聪明的你就应该用"话中话"暗示他的错误，这样既能达到你要的效果，还能避免因对方尴尬而伤了和气，你们的关系也不会因这件事受损。

单位的职员到领导家求领导帮忙办事，领导夫人热情招待，很有礼貌地端水果倒茶。这位职员办完事后，竟然在领导家与领导高谈阔论起来。天色已经很晚了，领导的孩子还要早点休息，领导夫人也很疲倦了。但是，客人此时谈兴正浓，也不好直接请客人出门，这下怎么办呢？

领导夫人便到厨房收拾了一下家务，然后回到房间对丈夫说："人家这么晚来找你，你快点给人家想个办法，别让人家总这样等着。"然后又对客人说："您再喝杯茶吧。"

这位职员听到领导夫人的话，听出了领导夫人的"话中话"，很知趣地告辞了。

领导夫人将自己的意思用“话中话”的形式表达出来，既尊重了客人，不至于让客人尴尬，又不须直接说出自己的想法。表面看她是在为客人说话，为客人帮忙，但实际却在传达另一个含义。这种因情因势的表达，不仅语言得体，而且又达到了领导夫人自己的目的。利用“话中话”的批评方式，别人是乐于接受的。因为这种批评方式在不动声色之间便令对方明白了其中的含义，不会让自己落到尴尬的地步。

在日常生活和交际中，我们要做个聪明人，善于运用语言这个武器改善自己的社交关系，“话中话”的技巧就让我们避免让对方尴尬而处理好了事情。我们要学会这种“话中话”的语言技巧！

言语细节影响职场矛盾

同在一所单位工作，是一种缘分，同事间的关系处理得好坏，关系到我们工作中的效率和心情，关系融洽的工作关系，能让我们工作得更加高效和轻松。

每个人都会经历社会的洗礼，都要在职场中“打滚”，所以，职场关系非常重要，倘若矛盾不断，关系不和，就会影响我们的工作和心情，导致职场矛盾的原因，除了直接的利害冲突外，我们日常的语言细节也是一个主要原因。

是否能在职场这个社会大舞台上尽情地发挥自己的长处，是否能让自己在职场这个池中游刃有余，是否能让我们的职场之路走得很顺畅，很多时候，我们的语言细节起着重要作用。假如我们不注意工作中的说话技巧，就可能产生矛盾，甚至会将矛盾激化，严重的还会造成无法挽回的错误。

李明今年 28 岁，是北京市某大型饭店的厨师。饭店负责配菜的员工给李明拿了一道菜的配料来，他不会做这道菜，就让配菜的员工拿给会做这道菜的厨师曹心那里。曹心以为李明偷懒，就责问他：“这道菜你不会

做吗？”李明说不会，曹心很不高兴地说：“你看着，我教你！”并骂了一些脏话。李明说：“你再骂一句试试。”曹心又骂了一句。李明没说话，过了一会儿，他突然转身抄起炒菜用的炒勺，猛力朝曹心脸部打去，致曹心双侧鼻骨骨折，右上颌骨额突骨折，经鉴定为轻伤。

这就是语言不当带来的矛盾和争执，曹心之所以被打伤，就是因为他的“出言不逊”，让同事李明很生气。所以，在工作中，我们要把握好语言的尺度，至于脏话是千万不能说的，我们的修养和素质就因为一句脏话全被否定了，而且对方会对你极度反感，就会出现和曹心一样的悲剧。

其实，同在一家单位工作，是一种缘分，同事间的关系处理得好坏，关系到我们在工作中的效率和心情，关系融洽的工作关系，能让我们工作得更加高效和轻松。而这种融洽的关系，关键在我们的“嘴”上，我们要注意工作中的语言，避免职场中的矛盾。那么，我们该如何注意呢？

1. 不向别人探听和揭露同事的隐私

每个人都有自己的秘密和私人空间，都希望保持自己的那一点神秘不被人知道，都不希望被他人触及，不管这个“他人”同自己关系多么亲密。我们不要揭同事的短，不要成为别人憎恶的对象。适当时候，装装傻其实是聪明人的表现。

2. 说话不要喋喋不休

生活中，我们发现有很多人在工作中说话时总是旁若无人，感觉自己是个演说家，滔滔不绝，喋喋不休，不看别人脸色，也不看时机场合，总将自己放在主要位置，自始至终都是自己一个人在唱主角，只管满足自己的表现欲，殊不知其实早就冷场了。我们在与同事交谈时，应尽量谈论共同话题，这样才能融洽气氛，避免矛盾，才能增进同事之间的感情。

3. 让畅谈增进感情

有些私事不能说，但有些私事说说也没坏处。如爱人的工作、孩子的学习等，在工作之余都可以与同事聊聊，增进了解，加深感情。

4. 说话不争论

交谈之中我们难免会与同事争辩，但善意、友好的争辩更能促进彼此间的了解，活跃气氛。然而，有些人偏偏喜欢争论，总想在嘴巴上占到便宜，有理就要争，没理也要争三分，一定要胜过别人才罢休。如果真的喜欢争论，劝你最好不要在办公室发挥你的“演说才能”，否则即便在口头上胜过对方，但导致对方心情不爽，对方可能记恨在心，职场矛盾悄然而生。

5. 不要在职场抱怨

每个人在生活中都会遇到点烦心事，但每个人的对待方式都不同，有人迎难而上，有人知难而退，而有的人却喜欢将苦难带来的愁苦传染给别人，在众人面前倾诉辛酸，以求获取同情。这样的交谈虽然富有人情味，能加深同事间的友谊，但一味地诉苦只会让同事觉得你缺乏魄力和能力，久而久之就会失去别人对你的尊重。

6. 不要与同事谈论薪水

很多公司都不喜欢职员之间互相打听薪水，因为同事之间的薪水往往都有不小的差别，所以发薪水时老板会有意单独联系，不公开数额。同工不同酬是老板常用的手段。但它是把双刃剑，用不好就容易引发员工间的矛盾，甚至最终将矛头直接转向老板。这当然是老板不愿意看到的。为了避免这种矛盾发生，我们最好不要在职场与同事谈论薪水的多少。

7. 不要在办公室大谈人生理想

在职场，作为一个二十几岁的年轻人，如果你整天念叨“在公司我的水平至少够副总”“我要当老板，自己置办产业”等，这很容易让老板对你产生敌意，或让同事将你看作异己，你也很容易被老板和同事放在对立的位置上。你的自身价值，老板和同事都清楚，你不必加以强调，做好自己的本职工作就好。

以上这些都是年轻人应该注意的，在职场中，把握好语言分寸，该说的和不该说的，要有个尺度，这样，年轻人才能在职场轻松自如地工作，才能处理好职场中的人际关系，工作得更惬意。

多从对方的角度表达意见

俗话说得好，一个巴掌拍不响。争论的产生往往是两不让的结果，如果我们大度一点，将心比心，站在对方的立场想一想，从对方的角度说话，那么这场争论也就避免了。

在人际交往中，语言的力量是强大的，我们要懂得运用语言的技巧，而在与人产生矛盾时，多从对方的角度说话，一下子就将两颗的僵硬心融化了，对方也会被你的大度和善解人意折服。

说话有不同的方式，不同的技巧。世界上没有说不好的话，若我们能转变一下思想，从对方的角度思考，那么就不会产生解决不了的矛盾。站在对方的角度说话，就能让你和对方之间架起一座桥梁，心理障碍就消除了，沟通起来也就畅快很多。

某保险公司的王小姐在电话联系的约定时间对李先生进行访问。

她一进门便开门见山说明来意："李先生，我这次是特地来请您和太太及孩子投人寿保险的。"不料李先生用一句话顶回来："保险是骗人的勾当！"王小姐并未生气，仍微笑着问道："噢，这还是第一次听说，您能给我说说吗？"

李先生说"假如我和太太投保3000元，3000元现在可买一部兼容电脑，20年后再领回的3000元，恐怕连部彩色电视机都买不到了。"

王小姐又好奇地问："那又是为什么呢？"

李先生很快地回答："一旦通货膨胀，物价上涨，即会造成货币贬值，钱就不经花了。"王小姐又问："依您之见，十年二十年后一定是通货膨胀吗？"

李先生又迟疑了一会儿说："我不敢断定，依最近两年的情形来看，会有这种可能的。"

王小姐再问："还有其他因素吗？"李先生支吾了一下说："比如，受国际市场的波动影响，说不定……"接着王小姐又问："还有没有别的因素？"

李先生终于无言以对。通过这样的问话，王小姐对李先生内心的忧虑已基本了解。

于是王小姐首先维护李先生的立场："您的见解有道理，假如物价急剧上涨 20 年，3000 元不要说黑白电视机买不了，怕只够买两棵葱了。"

李先生听到这里，心里很高兴，但接着这位精明的王小姐给李先生解释了这几年物价改革的必要性及影响当前物价的各个因素，进一步分析我国政府绝对不会允许旧社会那样的通货膨胀的事情发生的道理，并指出以李先生的才能和实力，收入可望大幅度增加。

对于这些话，虽然李先生也不止一次听别人说过，但总没有像今天感觉那样亲切。最后王小姐又补充一句："即使物价有稍许上升，有保险总比没有保险好。况且我们公司早已考虑了这些因素，顾客的保险金是有利息的。当然！我这么年轻在您面前讲这些，实在有点班门弄斧，还望您多多指教……"说也奇怪，经她这么一说，李先生开始面带笑容，相谈甚欢，当然，这次推销成功了。

这是一个推销案例，李先生对保险行业的误解就是他们之间的矛盾根源，这位王小姐成功的秘密在什么地方呢？就在于站在对方的立场上来思考，设身处地，发现对方的兴趣、要求，而后再进行引导，晓之以理，动之以情，使对方与她的想法同步调，最后使之接受。如果不是首先与顾客步调取得一致，而是针对李先生的"保险是骗人的勾当"观点，开展一场"革命性的大批判"，那么，劝李先生投保就没有指望了。

生活中，当我们与人交往的时候，矛盾产生时，最好的办法就是要使对方认为我们也与他是站在同一立场的。千万别认为"如果我是你"只是短短的单纯的一句话而已，殊不知它能发挥的效力是不可限量的。若不能设身处地站在别人的角度思考，那么怎么能解决矛盾呢？"如果我是你"不仅让对方感到你与自己立场的一致，还能让对方接受你，喜欢你，这种情况下，你就能成功地解决矛盾。

所以，二十几岁的年轻人在交际中，要经常从别人的角度考虑问题，这就会避免很多矛盾，而当矛盾产生的时候，我们也要站在对方的角度说话，让对方消除芥蒂，自然就能成功化解矛盾！

真诚拒绝，避免尴尬

生活就是一片海洋，我们泛舟海上，可能遇到狂风暴雨，只有互相扶持，才能经得起风吹雨打，我们在帮助别人的时候也成就了自己，这就是“予人玫瑰，手有余香”。

有一些人，会提出一些不合理的请求，或者他提出的要求，我们无法帮助，这就产生了矛盾。要想解决这个矛盾，需要真诚地去拒绝对方才可以。

真诚的拒绝，是一种量力而行。假如接受了别人的要求，而又无法完成，势必让别人对我们产生一种坏印象，会认为我们自不量力，我们的人际关系会因此变差。而面对别人的要求，倘若用一种激烈的态度拒绝，就会引起一场不可避免的争论，矛盾没有解决，反而愈演愈烈。

生活中，有很多人是很心软的，在面对别人的请求时，他们几乎无法拒绝，害怕给彼此的关系带来不利影响。帮助别人本来是好事，可是有时候这种帮助是我们的能力达不到的，这时，我们只有真诚的拒绝，才不会为此事所累，才能避免一些不利的后果产生。

晓风和小月同在一个公司，关系很好，小月最近恋爱了。

快下班的时候，晓风又接到小月的电话，一听连撒娇带耍赖的语气就知道是她，她说：“亲爱的，救救我吧，帮我写个方案，客户已经催了好几次了，可是我实在是没有时间啦，你知道阿杰最近在追我，我也很喜欢他，你帮帮我，就算支持我的爱情啦……周末我请你吃韩国料理！”

小月是属于那种嘴巴很甜的女人。她这已经不是第一次求助晓风了，她下班就忙着去约会，常常把做不完的工作推给晓风。每次晓风都想拒绝，

可是听到她一句一个“亲爱的”，那能把人的心融化，都不知道该怎么开口说“不”，担心因为自己的拒绝会让她们的关系变得尴尬。

结果，晓风把自己弄得好累，每天除了自己的工作要完成，还要帮小月赶工作，她自己都不知道该怎么拒绝小月。一次，她终于开口了。

小月又给她打电话让她帮忙，她实在气愤不过，说了一句：“你自己想办法吧，别总是推给我！”

这下子坏事了，小月和她的关系僵了，小月再也不来找她，也不跟她说话，两人形同陌路，公司的同事都不知道她们怎么了。

生活中，可能我们也会遇到和晓风一样的情况，当初晓风就应该真诚地拒绝小月的要求，而后来她是拒绝了，可是她的拒绝方式任何人也接受不了。她可以告诉小月，我实在做不了，但她不是用这样的口吻。

我们不要害怕或者不愿意拒绝别人的请求，不要害怕失去自己良好的人际关系，当别人提出不合理请求的时候，不要都心软地接受。合理的拒绝是不会让你失去朋友的。也许你会直接拒绝，但这不是一个好的选择，很可能会影响到你和别人以后的关系，甚至会得罪别人。要想解决这个矛盾，我们需要真诚地拒绝对方才可以。那么怎样做到真诚的拒绝呢？这是一门语言的艺术。

首先，我们应认真倾听对方的需求和难处，然后根据自己的情况定夺，我们真的无法完成的时候，再说“不”。当别人向你提出请求时，我们心中通常也会有不同程度的不好意思，担心会因此毁坏了你和对方之间的关系。其实，如果你没有拒绝，但又没有帮助到他时，这才真正让你们的关系变差。而你真诚地拒绝了，说明了自己的难处，人家也会对你表示理解。

“倾听”能让对方感觉到被尊重，她能感觉到你的真诚，即使你真的帮不了他，她也会被你的真诚打动，也会感激你。

其次，我们委婉拒绝。我们在说“不”的时候要委婉。当我们倾听之后，认为自己应该拒绝的时候，说“不”的态度必须温和而坚定。对方就能从你的态度中感受到你的热心和遗憾，自然也就不会怪你。温和的响应总是比情绪化的过度反应要好。情绪是具有感染性的，严词拒绝会引发他人强烈的负面感受，所以，当我们必须要拒绝他人时，就不要再以不友善的言行，

在情绪上火上加油。

再次，陈述理由。我们在表示拒绝的时候，要从对方利益出发来说明自己爱莫能助的理由。从对方的利益考虑，以对方的切身利益为借口，往往更容易说服对方。比如，别人要求我们在一个不合理的期限内完成工作，与其说明你如何不可能办到，不如让对方相信这种仓促行事的做法对他而言并没有好处。这样的话，别人不仅不会怀疑我们的意图，还会对我们产生感激。

最后，别忘记关心对方。在拒绝之后，我们要对对方的情况表示关心，最好能够提出一些建议。拒绝之后，我们若能主动地关怀对方，并让对方了解自己的苦衷与立场，可以减少拒绝的尴尬与影响。

当然，在我们拒绝别人的时候，除了技巧，更需要发自内心的耐心与关怀，表达友好和善意是我们拒绝时最重要的原则。

语言是一种奇妙的东西，掌握好说话的技巧，年轻人就能体会到“化腐朽为神奇”的奇妙，学会拒绝是一门语言的艺术，掌握这门艺术，你就能避免很多不必要的麻烦。

第12章

学会道歉，让一句道歉的话价值百万

生活中，谁也避免不了犯错误而伤害别人，尽管大多数犯错是无心的，为了不与别人的关系搞僵，我们应该学会认错和道歉。学会道歉，会让生活中减少很多摩擦和矛盾。很多时候，一句“对不起”就可以解决问题，会轻而易举地解决纠纷，但当你遇到更复杂的情况时，怎样有效地道歉就很有学问了。“道歉”是一个常用的技巧，但它的效果却千差万别，原因就在于道歉的水平有高低之分。掌握好道歉的学问，正确使用道歉技巧，将使二十几岁的你心胸更加宽广，人生充满阳光。

让道歉成为你的好习惯

作为一个有涵养和有风度的人，我们要学会道歉的语言，掌握说话的技巧。这样，在我们日后的人生旅程上，我们对道歉的重要性将会有更深的领悟和理解，也为自己今后的人际关系奠定坚实的基础。

人活在世上，每天都要接触到很多的人与事，在柴米油盐的日常生活中，每天少不了磕磕碰碰。谁也避免不了被人伤害或伤害到别人，尽管有些伤害并不是有意的，但仍会成为我们生活中的矛盾，并随着双方脾气的大小而不断升级。其实，这些矛盾可大可小，一句诚恳的“对不起”，往往是缓解双方紧张情绪的最佳方法。

作为一个二十几岁的人，要学会正确地道歉，以此来展现我们的风度。然而很多人对“道歉”十分介怀，他们不愿意道歉。似乎在中国的传统文化中，“道歉”就是“犯错”的同义词，好像一旦道歉，就意味着自己做错了什么。

父母在教育孩子时，总是语重心长地告诉他们：“要做一个诚实、懂事的孩子，做错事情要主动道歉。”然而当父母打骂孩子，误会孩子时，却什么也不说，他们觉得那是他们教育孩子的方式，是在行使自己作为家长的权威。在工作中，如果发生领导向属下道歉的事，那会被认为是“某领导承认了错误”，而不是“领导为员工做出敢于道歉的榜样”，领导自己也会觉得无地自容。在这种环境中，没有人愿意主动道歉，人人都会想：我要道歉就说明我错了，所以我不能道歉。

可是，我们在与人交往时，又怎么会没有磕磕碰碰呢？家人、同事、邻里间的矛盾和冲突，总要有个人来承担。如果这时没有人站出来先道歉，那么后果就是大家的关系越来越冷漠，越来越疏远，甚至到最后反目成仇，特别是在家庭中，很多家庭纷争导致犯罪的人在面对镜头时都会哭着表

示后悔，如果再给他们一个机会，相信他们会给对方一个原谅自己的机会，毕竟只有最亲的人才会组成一个家庭，他们不是为了伤害对方才在一起的，如果在矛盾发生时，他们能真诚地向对方表示歉意，那么悲剧也就不会发生。

温大姐从事婚姻辅导工作很多年了，在她的帮助下，很多即将离婚的夫妇都破镜重圆，再度找回了家庭的幸福。当被问到工作的窍门时：温大姐神秘地说，她的秘诀就是三个字，“对不起”。每当有发生纠纷的夫妇到温大姐这来时，温大姐总是分开劝解他们，她私下对每对夫妇说的话都大致一样：“我知道你受了不少委屈，但请你平心静气地告诉我，你有没有做错什么，你对自己做的事后悔吗？”无论对方多么不情愿，最后总会向温大姐承认自己是犯了些错。然后温大姐再把夫妇两个都叫来，让他们把刚才的话都再重复一遍。开始时尽管两个人依旧赌气谁也不理谁，但后悔的话一说出口，立刻就解开了僵局，两人的感情又恢复如初。温大姐说，这一句“对不起”包含了许许多多的感情，有时就是这一句对不起，能让双方重新感觉在一起有了希望，所以愿天下有情人不要赌气，遇到矛盾都能自我反省一下，不要省下那一句“对不起”。

道歉不是“软弱”“失败”“犯错”的表现，在发生冲突时，我们总是习惯先指责对方，以此来为自己的失误开脱，这都是受了传统观念的影响。实际上，主动道歉并不是要我们“承认错误”，而是体现了我们对自己的行为负责。道歉的行为看似软弱，实际上它能在无形中提升我们的尊严，懂得道歉的人能意识到道歉对维持良好人际关系的重要作用。我们要建立起向别人道歉的习惯，掌握好人际关系中的说话技巧。

有时，我们不愿意道歉是因为不敢主动承认自己的错误，害怕自己会难堪。主动向对方道歉，自己会很难受，同时做起来也并不容易，但是道歉并不只是认错。当你勇敢地用道歉来承担责任时，你会惊奇地发现，你也会收到来自对方的歉意，冲突就此得到解决，你们自然能重归于好。

人非圣贤，孰能无过，我们可以反思一下，自己是否曾无意间说过伤人的话，做过伤人的事，在你准备道歉前，是否良心不安，而通过坦诚的道歉赢得对方的原谅后，你是否感觉心里十分舒坦。真诚道歉的人会得到对方真正的原谅，当道歉成为你的习惯时，你就会得到所有人的接纳与支持，领悟到道歉的益处。

学会道歉，受人喜欢

我们要学会道歉，学会利用道歉经营自己的人际关系，有时候，是非对错并不重要，重要的是我们的这一步后退，可以让对方感到自己被尊重、被重视。

古语说，“金无足赤，人无完人”，既然人无完人，谁会一生都不犯错呢？做错事并不可怕，只要能及时主动承认，向受到伤害的人诚恳地道歉，那么一定会得到对方的谅解和宽恕。如果我们不主动道歉，发生矛盾时总是坚信自己是正确的，从不向对方道歉、低头，那么你将难以交到朋友，更缺乏知心的人。即使作为领导也一样，道歉不是一件会令你丢脸的事，反而会有利于维护自己的威信。有错就承认，并会主动道歉的领导比那些有错就推脱责任的领导人更有威信，更深得下级的信赖和拥护。

我们要学会道歉，学会利用道歉来经营自己的人际关系，有时候，是非对错并不重要，重要的是我们的这一步后退，可以让对方感到自己被尊重、被重视。有很多直爽的人一直视“心直口快”为自己的优点，即使有时因言语不当而产生矛盾时，他们也认为是自己的性格使然，对方一定会谅解。殊不知，“口快”在某些场合只会得罪人，并不会给你带来直爽的好评。每个人都有自己的尊严，这关系到自己的地位，所以在任何时候，你不要图痛快而出口伤人，要给对方留足面子。

职场中也是如此，很多人做事认真，一丝不苟，但在有些需要迂回和变通的地方不懂得用道歉来周转，因此没有给双方留下回旋的余地，很容易得罪周围的同事、朋友，使自己变得孤立。我们学会道歉，其实也就是

学会如何灵活处事，只要不涉及原则，大可以自退一步，用自己的道歉来给对方留足面子，让对方感到自己被尊重，这样可以避免人际关系出现问题，也可以给自己留条后路。

道歉不是一句简单的“对不起”，我们要学会的，是真心的、真诚的道歉，只有这种道歉才能达到我们想要的效果。承认错误时我们要诚恳，不必推说客观原因、作过多的辩解。否则，会给人一种是在否定自己错误的感觉。这种道歉不但不会融洽双方的感情裂痕，反而会加深隔阂，得不偿失。

道歉最需要的是诚意，道歉的语言要简洁，语气要温和、坦诚而不谦卑，目光友好地凝视对方，并用如包涵、打扰、指教等礼貌词语。只要我们的基本态度已表明，对方也通情达理地表示谅解，就切忌啰唆、重复。否则，对方不能不怀疑你是在以小人之心，度君子之腹，唯恐他不谅解。

有时为了经营自己的人际关系，即使不是我们的错误，我们也要学着道歉，这不是虚伪，而是大度、敢承担责任的表现。比如，因某些客观原因，如气候变幻无常、意外的交通事故等，使我们无意失信，给对方带来一些麻烦、损失，本来我们也可以不道歉，因为毕竟不是因为我们自身的原因造成的，对方也不好责怪。但这时我们若主动提出歉意，就会得到意外的效果，一来有效排解了对方心中的郁闷，二来也体现出我们的识大体，对方也会增加对我们的好感。有时，对方为了帮助你做事而付出了艰难的劳动，但由于受到多方面条件的限制，事情没有做好，反而给自己带来了很多麻烦，这时我们怎么会没有内疚的感觉呢？若这时说几句发自肺腑的道歉的话，既体现了我们对他人劳动的尊重，也能表示我们对他人的重视。

还有一种情况，当对方不听我们的劝告，结果给自己带来巨大的损失时，我们也要道歉。这时的道歉更多的作用是安慰对方，此时我们绝不能急于批评对方的错误，更不能埋怨他不听你的劝告，而应先表示慰问，再加上歉意。以后，再利用适当的时机、场合，双方共同来总结经验教训。凡通情达理者，必然会理解我们，并把我们当成可信赖的知心朋友。

主动表示歉意，能较快消除对方可能有的隔阂、戒心，加强彼此之间的理解、信任乃至合作。如果我们都能学会道歉，错了就及时承认，那么不必要的矛盾、纠纷就会大大减少，我们的人际关系也会更加和谐。

人际交往中的很多得与失，都和我们的话语有很大的关系，我们要用一颗真诚的心，用巧妙的语言待人处事，学会道歉更能体现我们的风度，让我们的路越走越宽。

最佳道歉的要点

我们要按照道歉的要点，利用一些语句帮助我们摆脱困窘的处境，让对方真正感受到你道歉的诚心诚意，并恢复到最初友好的关系。

道歉对维持一个人良好的人际关系起着重要的作用，因此，作为一个刚刚走进社会的年轻人，学会正确有效的道歉是十分必要的。也许有人会说，道歉有什么好学的，不就是一句“对不起”吗？确实，“对不起”是我们日常生活中用得最多的一个词语，当你转身不小心撞到别人，或者忘记给朋友带约定好的图书时，这个词是很适用的。但是生活并不是如此简单，当你遇到更复杂的情况时，一句“对不起”已经不能表达自己的诚意了。这时年轻人要按照道歉的要点，利用一些语句帮助自己摆脱困窘的处境，让对方真正感受到你道歉的诚心诚意，并恢复到最初友好的关系。

1. 真诚地承担责任

道歉是一种承担责任的体现，而不是为自己开脱责任的伎俩，你不能把道歉当作一种用来骗取别人原谅的方法。事实上，你的过失并不在于所做的事情，而是在于自己对他人感情的伤害，也许在这场矛盾中，你伤害的是对方对你的信任，或者是对方地自尊。这时你必须要真诚地承担责任，承认自己的过失，如果你不是真心的道歉，那么每一个人都能看出来。比如，一个重要的会议你迟到了，“对不起，我为没有尊重大家的宝贵时间感到道歉”绝对要比“对不起，今天堵车了”的效果好，前一句道歉能让人感受到你发自内心的真诚，而后一句只是你为自己的错误开脱，人们会欣赏前者的大方得体，而不满于后者的不负责任。

2. 不要找借口

当你向对方道歉时，就代表着你已经决定要承担这个责任，因此这时切不可再给自己找一些犯错的借口，这会让人感到你在辩解，没有道歉的诚意。即使你做错事是因一些误会或客观原因，你也不要在道歉的时候解释。如果你一定要解释，那也要先诚心诚意地承认自己错误的部分，并求得对方的谅解。

苏小姐的公司需要马上确认一个项目，而该项目报告在老板的办公室，老板目前却不在。时间越来越紧急，苏小姐只好到老板的办公室去找文件，正在她翻看文件时，老板推门而进，见此情景，有些不太高兴，“我不是告诉你，我不在时不要动我的文件吗？”苏小姐马上道歉：“我很抱歉翻看了您的文件，我以后绝对不会再做类似的事了，但是现在公司需要马上确认这个项目，请您在这个报告上签字。”老板一听，马上原谅了苏小姐，并表扬她以公事为重。

3. 道歉要集中于自己的错误

诚恳的道歉是要让对方感到你已经反思了自己的错误，这时，你的道歉一定要集中于自己犯的错误上，而不应该一边道歉一边讲对方，这样更像是在推卸责任。

安子是一家旅行社的导游小姐，有一次她在带团时遗漏了一个细节，就是忘记带公司分配的医药包。可巧这次旅游团里有个游客晕车晕得很厉害，不住地呕吐，他知道旅游公司一定会给导游一些晕车药，以防万一，因此他向安子要一些药。安子没有准备医药包，按理说这是安子的工作失误，因此她要对这个游客道歉，可是安子的说法却让游客很不满。“我很抱歉啊，我没有带医药包来，我没想到你晕车晕得这么厉害。”游客听完十分生气，要到旅游协会去投诉安子和安子的公司，安子反而觉得十分委屈，她说，“我已经道歉了啊，为什么游客不能理解我一下呢？我的工作也很忙啊！”

直到最后，安子都不明白为什么自己的道歉起不到效果，其实是因为她在道歉时，没有立足于自己的错误道歉，而是不知不觉地把责任推给了游客，如果她换一种说法来道歉，可能效果就大不同了。“对不起，因为我的工作失误，我把医药包忘在旅馆了，请您坚持一下，我们马上就到目

的地了，在那里我们公司的同事已经给您准备好了药，非常抱歉，让您这么不舒服。”

4. 尽力去补救

当然，你在道歉时，最主要的是为自己的错误“买单”，然而有些错误是不难补救的，这时，你就要尽全力去弥补，同时还要向对方确保自己绝不会再犯同样的错误，有时这样也会让对方更快地原谅你。

在补救时，你要从自己力所能及的事情上开始做：“我很抱歉，因为我的失误让公司承受损失，我已经重新修改了报告，不会再出现错误了，而且我已经想到了一个补救计划来挽回损失，请你批准。”

以上是道歉的4个基本要点，一旦你能掌握这些原则，就能在道歉时有效地降低对方的怒气，获得对方的谅解。当然，有些人是很难交流的，即使是最真诚的道歉他们可能也不会接受，这种情况下事情已经无法挽回了，但并不是说你就可以不用道歉。世上没有后悔药，你能做的，就是真诚地去道歉，努力去弥补自己的过错。

最佳道歉的方法

道歉是一种艺术，它是我们为人处世的一个方面，灵活利用道歉的方法，能帮助我们改善并增进与朋友的友谊，甚至可以化敌为友。

道歉在我们的人际关系中起着重要的作用，它能体现我们的大度，同时让人们看到我们的谦恭、懂礼。道歉不是只有一句简单的“对不起”，在不同的场合，我们要学会利用不同的道歉方法来表达自己真诚的歉意，这会让我们的人生充满阳光。

1. 陈述自己做错事的原因

当错误已经酿成的时候，我们首先要坦率地向对方承认错误，真诚地道歉，能使对方的怒气渐渐平息下来。然后再从主客观方面出发，向对方

分析自己做错事的原因，述说自己的难处，在一般情况下，对方都会理解我们的苦衷。

2. 夸大自己的错来求得原谅

有时我们在道歉时，对方会不理会，面对这种尴尬的局面，我们最好能用一些轻松的方法让对方放下架子，比如，不断夸大自己的过错。当你这样做时，一是意味着已经了解自己的错误，并且愿意去承担责任，二是希望得到对方的谅解。有时你越夸大自己的过错，夸大到夸张的地步时，对方往往会忍不住笑出来，这时也就代表他原谅了你。

3. 用书面的方式道歉

有时在道歉时，口头上的“对不起”并不能体现我们的诚意，而当道歉的话语落到文字上时，会给人一种很正式的感觉，相比之下会更有分量。我们可以给对方写一封措辞委婉的道歉信，意思简单明了即可，不要掺杂太多的个人情绪。这种方法既能显示出你的真诚，还可以免去双方见面的尴尬场面，是一个好方法。

4. 请别人代替你道歉

在某些特殊场合中，我们不方便公开道歉时，可以求助于第三人的帮助。这个方法一是可以避免尴尬，二是第三人可以代我们求情，对方碍于他人的面子，可能就不再追究。

5. 让对方发泄不满

这种方法有些过激，但有时效果确实不错。当对方无论如何都不肯原谅你时，你也没必要不停地跟他说对不起，索性让对方痛痛快快地大骂一场，把心中的不满和怒气都发泄出来。否则不满的情绪一直堆压在对方的心中，没有发泄渠道的话，则你永远都不会取得对方的原谅。

6. 采取补偿行动

邀请对方吃个饭，在饭局上向对方道歉也不失为一种好办法，俗话说，吃人嘴短，当对方答应我们的邀请时，隔阂似乎也就不那么深了，必要的时候，我们可以用这种方法。

7. 赞美对方心胸广阔

人都是喜欢听赞美的话的，如果你想让对方原谅你粗心大意犯下的过错，就要嘴甜些。除了一些必要的恭维话，还要不停地赞美对方的心胸广阔，当对方陶醉在良好的自我感觉时，我们再恭敬地向他道歉，他自然会陶醉在你的赞美中，用自己“宽大的胸怀”原谅你。

8. 站在对方的角度分析利弊

有时候，对方在盛怒之下不会轻易接受我们的道歉，这时我们首先要先让对方冷静下来，然后站在对方的角度帮助他分析利弊，这样对方会感到你是真诚的，也有利于对方接受你的道歉。

有一次，一位商人到工商局投诉，投诉一名工商管理员无故对他的店罚款，罚款的理由是“证件不齐”。然而事实是工商管理员搞错了，这家店的手续十分齐全，于是这名愤怒的商人来投诉，同时扬言要把这件事捅到媒体去，让舆论来评评理。工商局长刘女士在处理这个问题时十分冷静，她先让那个管理员对这位商人道歉，然后谈了谈自己的想法。“其实，你通过媒体曝光，除了使他失业外，还能得到什么呢？倒不如我们在内部给他处罚，你自己也可以得到一定的补偿。得饶人处且饶人，也显得你有度量。”商人听罢也想：既然别人已经道歉了，再这样就未免有点过分，于是同意了刘女士的处理方法，接受了道歉。

9. 利用小物品传递歉意

有时，我们要巧借外物表达自己的歉意。如果你觉得道歉的话说不出口，可以用别的方式。比如，送对方一束鲜花，附上一张写着道歉话语的卡片；或者把一件小礼物放在对方的桌子上，象征你的歉意。

刘维不小心伤害了同学梅梅，她感到很内疚，但一直没有找到道歉的机会。于是，在梅梅生日那天，她到学校广播站为梅梅点了首歌，并留言说：“梅梅，对不起，我真的不是故意的，你能原谅上周末惹你生气的朋友吗？今天是你的生日，我祝你生日快乐！”梅梅听到广播后很感动，两人和好如初。

道歉是一种艺术，它是我们为人处世的一个方面，灵活利用道歉的方法能帮助我们改善并增进与朋友的友谊，甚至可以化敌为友。道歉不但不会令我们尊严扫地，还会让人感觉我们有修养、有胸怀。

利用道歉为尴尬场面解围

我们如果善于用道歉来为自己解围、打圆场，那么，就可以获得别人更多的赏识和信任，提升自己的人缘。

我们在生活中会遇到很多尴尬的场面，这时就需要我们自己来打圆场，一般来说，尴尬的双方都是很不好意思的，因此我们需要先后退一步，用道歉来转移对方的注意力，使得自己和对方不至于陷入尴尬之境。我们如果善于用道歉来为自己解围、打圆场，那么，就可以获得别人更多的赏识和信任，提升自己的人缘。

要想成功地打圆场，我们可以针对实际情况，灵活对待。道歉是个好办法，它既能表示出我们对对方的尊重，还能在不经意间解决尴尬。道歉解围的方法有：

首先，转移话题，制造轻松气氛。在社交场合中，我们和谈话对方可能因为某个话题话不投机而闹得不愉快，也可能因为谈话内容涉及对方的忌讳而陷入僵持。碰到这种情况，我们可以先向对方表示歉意，然后转移话题。用一些轻松、愉快的话题来活跃气氛，转移双方的注意力，使原来僵持的场面重新活跃起来，从而缓和尴尬的局面。而我们道歉后，就使对方消除了芥蒂，然后我们让对方换个角度来看待问题，使对方在轻松的环境中认识到自己与我们的看法是有共同点的，从而停止无谓的争论。

其次，先道歉，给对方一个台阶下。生活中，有些人之所以在交际活动中陷入窘境，常常是因为他们在特定的场合不会运用语言的技巧打破僵局，不会用道歉来解决问题，于是就进一步造成整个局面的尴尬和难堪。其实，这时候，我们最机智的方法就是先道歉，给对方一个台阶，给对方一个合情合理的解释，对方的尴尬解除了，正常的人际关系也能得以继续下去了。

最后，善意曲解，化干戈为玉帛。有人说，善意的谎言是美丽的，在交际活动中，可能因为别人语言上的失误，造成尴尬的局面。这时候，我们不妨装聋作哑，故意曲解别人的话语，先向别人道歉，善意地将局面转到轻松的方向发展。

在交际场合中，谁都希望自己可以处处得意，说话得体，让自己拥有好人缘，可是人都是会犯错误的，既然失误已经造成了，我们能做的就是去弥补，否则只会让失误成为人的笑柄，那么如何从尴尬的境地中走出来呢？主动道歉就是一个随机应变的好方法。

道歉首先让对方对你产生了好感，然后我们就要用分散注意力的方法，转移话题，把别人的注意力吸引到其他方面。比如，用幽默或玩笑的方式转移目标，对方会立即对你的幽默话题感兴趣，这时候，个人紧张的话题就变成了轻松的玩笑，也改变了人们的心情和处境，于是就巧妙得体地摆脱了自己遇到的尴尬场景。

在日常的交际中，当我们处于尴尬的场面时，我们要冷静，要充分发挥语言的技巧，要善于用得体的语言巧妙地打破僵化的局面，而在这个过程中，道歉就是一个开场白，道歉了，才能让对方感觉到你的诚意。我们还要从容自若，调整思维，巧妙地道歉。这种道歉往往不是就事论事，而是换几个角度，别出心裁地打圆场，这就能体现出我们的乐观豁达和处世智慧。

用道歉来调整自己的情绪

真正善于道歉的人都明白，即使发怒，也最好能尽量忍在心里，用道歉来抑制感情，这样才能使大事化小，小事化了。

生活中，总是有这样一些二十几岁的年轻人，在和别人交谈时，总是在他人的话里寻找漏洞，以此来炫耀自己知识渊博，如果对方不买账，就会勃然大怒，这种人总是给人留下非常蛮横无理的印象。在与别人交谈时，

必须要保留自己的态度，不要动不动就发怒，否则对方会产生一种排斥的心理。真正善于道歉的人都明白，即使发怒，也最好能尽量忍在心里，用道歉来抑制感情，这样才能使大事化小，小事化了。有些事情你若非要辩解清楚，不仅达不到目的，反而会让自己的人际关系受到影响。

在现实生活中，令人生气、发怒的事是经常发生的。作为一个头脑冷静的人，总是先反省自己，理智地处理各种不愉快，主动向对方道歉，做到以责人之心责己，以谅己之心谅人，这样就容易使自己静下来。当然，忍气制怒并不等于生闷气，而是通过忍耐来争取时间，冷静思考，从而得出尽可能与实际情况相符的结论，这才是理智的做法。

一个人要有勇气承认自己的错误，也可以获得某种程度的满足感。主动的道歉不仅可以清除我们的罪恶感和自我保护的气氛，而且有助于解决这项错误所导致的问题。别人和你谈话时，他根本没有准备请你说教，大家说说笑笑就算了，所以，聪明的年轻人切不可随时摆出要教导别人的样子。

二十几岁正是年轻人事业和梦想的起步阶段，年轻人要想成功，就必须做到：把眼光放在远处，从长远利益考虑问题，力戒因小失大。所以，遇到冲突时，要以愉快的心情来处理碰到的各种问题。即使发怒，也最好能尽量忍在心里，不要爆发，用理智来抑制感情，主动向对方道歉，这样才能使大事化小，小事化了。

明确地向对方表达歉意

要明确地向对方表达歉意，首先就要先清楚自己为了什么道歉，明确自己道歉的目的，这样一来，道歉时就能简洁明快些，知道自己要说什么话了。

在我们的日常生活中，有这样一种人，他们总是漫不经心地做事，讲起话来十分啰唆，让人听不出他们到底想表达什么意思。有时候他们想向对方表达自己道歉的意愿，但却目的不明，不知从何说起，因此说了一堆与道歉无关的话，让对方更加心烦。这种人不知道在跟人道歉时要如何应对，因此即使他们心地善良，没有恶意，但还是不能得到对方的谅解。

年轻人在道歉时，啰唆的说话方式是不可取的，它会让对方神经紧张，心情厌烦，内心的厌恶更深一层。我们道歉的本意是就某件事请求对方的原谅，而啰唆一番之后，我们只是浪费了别人的时间，丝毫没有取得道歉的效果。

我们要明确地向对方表达歉意，首先要清楚自己为了什么道歉，明确自己道歉的目的，这样一来，道歉时我们就能简洁明快些，知道自己要说什么话了。明确说话的目的，是道歉取得成功的首要条件，目的明确的谈话、社交往往能够取得良好的效果。我们在平常的生活和人际交往中，失言是不可避免的，失言的原因是多方面的，但其中最根本的原因，往往是因为我们缺乏清醒的目的意识。只有明确了道歉的目的，我们才知道应准备什么话题和资料，若目的不明，不顾场合地信口开河、东拉西扯，对方就会不知所云，无所适从，这样的道歉往往达不到预期的目的，还会使对方产生厌烦感。

明确之后，我们就要采取道歉的行动，在道歉的过程中，我们除了要表现自己的真诚，还要注意以下几点。

1. 用心听对方说的话

有时候，倾听比说话还要重要，在接受我们的道歉后，对方若心有不满，少不了会抱怨几句，因此我们一定要认真地听对方发泄怒火，并不时认错，万不可心不在焉。如果对方正在抱怨，我们却一副觉得很无趣的表情，那么对方是不可能原谅你的。

2. 细心观察对方的反应

在道歉的同时，我们还要细心观察对方的表情，不要以为只要表达了歉意就算完成了任务。要知道，我们道歉的真正目的是要对方真的原谅你，而不是嘴皮上走过场。当我们道歉后，若对方一脸的漠然，不停地打哈欠，那说明他没有接受你的道歉，因此我们要赶快转换话题，换一种方式道歉。

3. 清楚明白地表达自己的歉意

没有条理的道歉是最不能让人接受的，它会让对方认为我们思想混乱，感受不到我们道歉的诚意，这种没有条理的道歉是不会让人接受的，因此，我们要梳理好自己的思路，用简洁的语言表达自己的歉意。

4. 利用朴实的语言表达歉意

我们道歉的话语要生动、有说服力，因此朴实通俗的词语最有效。语言的作用是帮助人交流，实现沟通的效果，而那些辞藻华丽的道歉，让人很难接受，因为多数人并不喜欢繁冗复杂的辞藻，他们更喜欢我们用简洁、朴实的语言。

大量运用华而不实的语言堆砌起来的道歉话语，会让人有种我们在卖弄、浮夸的感觉，严重的还会让人感到我们的虚假、不真诚。在我们道歉的过程中，真诚才是唯一的准则，一旦让人感到我们缺乏诚意，那我们的道歉就很难让人接受。

我们不要认为朴实的语言是贫乏、呆板的。其实道歉的话语越平实，越会有种生动和亲切的感觉，才会更贴近生活，更容易让人接受，仅仅凭借语言的繁缛、华丽，咬文嚼字是不能达到这样的效果的。

用道歉展现你的宽容

如果年轻人能先退一步，主动道歉，那么矛盾自然就会化解，也许矛盾的争端并不是因你而起，但主动道歉体现了年轻人的宽容，这是一种明智的处事原则。

作为社会中的一员，年轻人在日常的生活中都得与各种各样的人接触，因此在人与人之间难免会发生摩擦，出现这样或那样的误会。这时如果双方都针锋相对，谁都不让谁的话，就会引发矛盾，破坏了原本和谐的关系。解决的办法其实很简单，这时只要年轻人能先退一步，主动道歉，那么矛

盾自然就会化解，也许矛盾的争端并不是因你而起，但主动道歉体现了你的宽容，这是一种明智的处事原则。生活中多一些宽容，年轻人的生活就会过得更加温暖，更加幸福。

刘老师是一个德高望重的女教师，她的学生遍布祖国各地。退休后，有一次她骑着自行车在路上闲逛。这时一个年轻的女人也骑着自行车，从另一个方向疾驶而来，由于刹车失灵，这个年轻女人竟撞到了刘老师，但是这个年轻的女人一点道歉的意思都没有，反而一副先声夺人的气势："你这个老太太会不会骑车啊？马路这么宽你不会靠边点啊！"刘老师对对方的野蛮无理丝毫不介意，只是不断地向对方道歉："看来你的自行车骑得很好啊。"听了这句话，那位年轻女人才仔细打量了下面前的这个老太太，一看才发现，竟是自己的恩师。年轻女人立马羞红了脸："刘老师，我、我不是故意的，我，我错了……"刘老师没有教训她，只是和蔼地看着自己的学生，这令年轻女人更加羞愧难当。

缺少包容之心的往往是那些自私的人，他们为了自己的私利，不断地去争抢，一点亏都吃不得。与他们相比，主动道歉的人品质比他们高尚多了。年轻人要识大体，懂得宽容的心，就会得到周围朋友的支持与喜爱，因为是非对错其实并没有那么重要，先道歉的一方，并不代表自己就"错"了，因为当一切都好转时，你会发现，自己先退的那一步，恰恰是让你们关系能够风平浪静的那一步，而对方也会发现这个原因，继而惭愧不已。

无论是生活中，还是工作上，年轻人可能经常会遭遇别人的指责。有的年轻人能平心静气地听别人的指责，看对方说的是否正确，而有些人却挂不住自己的面子，立即还嘴反击，结果弄得更加无法收场。其实言语上的指责只是个人情绪的一种发泄，并没有什么深刻的意义，如果年轻人在受到别人的指责时先反省自己，主动低头道歉，这种宽容的胸怀反而会让开口指责的人感到不好意思。

苏苏是一家广告画室的专职画手，画图时最要紧的是要画出编辑要的意境，然而人与人的审美不一样，因此苏苏的编辑总是对她的画作不满，老是挑她画上的小毛病。这次苏苏交稿时，那个编辑又显得异常不满，已经作好准备要好好批评她了，苏苏知道这个编辑总是挑她的毛病，有时甚

至有点小题大做，但自己也确实存在错误，因此她就采取自责的方式，主动先向对方道歉。

“编辑老师，你说得很对，一定是我错了，而且错得不可原谅。我从你这接过好几次工作了，应该知道避免这些错误才对，我真的很惭愧。”

没想到编辑老师竟然没有生气，反而为她分辩说，“是的，你说得对，不过这并非大错，也无大碍……”苏苏马上插嘴说：“错大错小，都一样不应该，这样给别人看了会不高兴的。”

编辑老师打算插嘴说话，但苏苏却没有给他机会。她继续说道：“我实在应该小心才是，你给我那么多的工资，理应得到满意的东西，所以我想我应该把这幅画重新画一张。”

“不！不！不用了！”编辑老师坚决地说，“我不打算再麻烦你。”于是他夸奖苏苏画的画，说只须稍加修改就很完美了，况且这一点小错，也不会使公司有所损失，一点小节就不必过虑了。

苏苏的自我批评，主动道歉，最终使得编辑怒气全消，这种做法既显示了苏苏的宽容胸怀，又显示了编辑老师的正确，提高了他的地位，最后双方都十分高兴，没有再爆发新的矛盾。

我们不妨试想一下，如果苏苏换一种做法，面对编辑老师的批评，极力为自己辩解，又会怎么样呢？他们还会这么和谐地讨论工作么？答案当然是不会，所以只要没有失去自己的立场，那么不如先一步用自责的话去向对方道歉，这样对方也不会再指责你，同时主动道歉也体现出你的宽容和识大体。

年轻人学会主动道歉，这是一种明智的处世方式，即使错不在你，道歉并没有让你失去什么，反而，这是一种识大体，是一种放得下的豁达，因为好品质，年轻人会拥有精彩人生！

道歉时应让语气更温婉

即使当你做错了事，向对方道歉的时候，对方也会因你温婉的语气而原谅你，可以说，语气温婉的道歉能增加你的修养，更能提高你的魅力。

委婉的语气，优雅的谈吐，这些都是高素质、高修养的标志，在我们的社交生活中，优雅的谈吐发挥了不可估量的作用。古往今来，和颜悦色、语气温婉的人都是受人尊敬的人，他们的语气亲切，措辞委婉，人们与他们交谈会信感亲切。即使当我们做错了事，向对方道歉的时候，对方也会因我们温婉的语气而原谅我们，可以说，语气温婉的道歉能增加我们的修养，更能提高我们的魅力。

一天，一家服装店来了一位十分挑剔的女客人，营业员给她拿了好几套衣服，挑了半个钟头她还没选好中意的衣服，而恰好这个时候店里顾客也多了起来，营业员不得不去照应别的顾客。这时那位女顾客便认为自己被冷落了，于是把脸沉下来，大声说道："你怎么是这样的服务态度？没看见是我先来的吗？快让我先买，我还急着做别的事呢。"

这句话听着实在刺耳，倘若营业员在此时真的同她较真儿，必定会吵得不可开交。然而，营业员却没有这样做，她安排好其他顾客后对这位女客人说："请原谅，我们店生意比较忙，对你服务不周到，让你久等了。"营业员的态度和语气真诚而谦和，丝毫没有争执的意思。这反而使得那位女顾客的脸一下子红了，转而难为情地说："刚才我说话不好听，也请你原谅。"

女营业员温婉的语气充满了对客人的尊重和理解，从她身上我们不难看出，不是咄咄逼人的语气说的话才会让人信服，当我们用这种温和的语气向对方道歉时，本身就已经具有一种感化力，对方的心理也会发生变化，自然就会"降温熄火"，不再生气了。

人与人的思想总有不同，当我们与别人的意见不同，又想坚持己见时，争吵不是唯一的办法。此时我们不妨试着用委婉的语气，向对方表示自己与对方意见不同的歉意，同时再表达自己的立场，也许会取得意想不到的效果。

娜娜是语言大学的高材生，她懂得好几种语言，因此在毕业分配时希望能在一个进出口公司找到一份秘书的工作。但是，绝大多数公司都回信告诉她，因为正处于经济危机时期，他们不需要用这类人才。不过他们会把她的名字存在档案里……在这些回复中，有一封信这样写道："你完全没有了解我们的用意，我们根本不需要什么替我写信的秘书。即使需要，也不会请你这样一个连瑞典文也写不好，信里全是错字的人。"娜娜看到这封信时，气得简直要发疯。面对如此羞辱，她也决定写一封信，想气气那个人。但她冷静下来后对自己说："等等！我怎么知道这个人说得不对呢？瑞典文毕竟不是自己的母语。如果真是如此，想要得到一份工作，就必须不断努力学习。他用难听的话来表达他的意见，并不意味着我没有错误。因此，我应该写封信向他表示歉意才对。"

于是，娜娜重新写了一封感谢信："你写信给我，实在是感激不尽，尤其是在你并不需要秘书的情况下，还给我回信。我没有弄清贵公司的业务实在感觉很惭愧，先对您表示诚挚的歉意。之所以给你回信，是因为听他人介绍，说你是这个行业的领导人物。我的信上有很多语法上的错误，而自己却不知道，我倍感惭愧，而且十分难过。现在，我计划加倍努力学习瑞典文，改正自己的错误，谢谢你帮助我不断地进步。"

这封信发出不久，娜娜就收到那个人的回信。不仅如此，她还因此从那家公司获得了一份工作。可见，语气委婉的道歉，对自己的人生将会起到至关重要的作用。

宽阔的心胸是一种风度，更是一种气度，柔婉平和的道歉会让无理取闹者羞愧，会让通情达理者乐于同你交流。日常生活中不乏一些心地善良但心直口快的人，纵然他们是好意，但说出的话却不能被人接受。而语气委婉的人，能通过自己的优雅谈吐让他人愿意与自己交流，遇到事情，他们也会用自己宽容的心，先向对方表示歉意，这会让对方更加佩服他们的修养。

把道歉的话说得更加真诚

一般情况下，我们饱含真诚的道歉总是能得到别人的原谅，这种发自内心的真诚不仅可以弥补破裂的关系，而且还可以促进彼此心灵的沟通，使双方关系变得更为牢固。

道歉是一件困难的事情，因为这可能涉及“面子”问题。然而当我们做了一件不利于他人的事情时，就应当对受到影响的人说声“对不起”，这是每个人的礼仪教育必修课。

在人际交往中，每个人都不可避免地会说错话、做错事，伤害人也就在所难免了。严重时，甚至给别人造成沉重的精神负担和巨大的经济损失。这个时候，我们需要及时认识到自己的错误，真诚地向对方道歉，并主动承担责任。我们充满诚意的道歉，应该是语气温和，态度坦诚直率的，而不是躲躲闪闪的，更无须夸大其词、奴颜婢膝，那样别人不仅不会接受你的道歉，反而还会认为你这个人非常虚伪，从而更加反感。

一般情况下，我们饱含真诚的道歉总是能得到别人的原谅，这种发自内心的真诚不仅可以弥补破裂的关系，而且还可以促进彼此心灵的沟通，使双方关系变得更为牢固。你要注意的是，道歉必须要诚心诚意，同时还要找准时机。我们在道歉时，不必找客观原因来为自己辩解。如果真的是有非解释不可的客观原因，也最好将其安排在诚恳道歉后稍微解释，而不要一开口就辩解不休，这样除了激化对方的情绪，加深彼此的隔阂之外，几乎没有任何作用。

然而在现在这个社会中，“对不起”已经变成了我们的一种社交辞令。有些人的道歉并不真诚，他们不会讲各种理由，而是直接就道歉，他们认为这种圆滑的方式比较容易得到对方的认同，因此更加拼命地道歉来博取别人的谅解。

前几天小幽到一家咖啡店喝咖啡，在她隔壁座位坐着一个男孩子，他一直不停地看表，而且不停地向门口张望，大概是被女朋友“放了鸽子”，所以才会一副落寞的表情。过了一会儿，一个女孩子气喘吁吁地向那个男孩跑过来，并且不住地道歉说：“对不起，我来迟了。”这个男孩子的表情顿时开朗起来：“不客气，我也是刚刚才到。”这个女孩子一坐下就先说：“还有一件事我要跟你道歉。”原来因为太匆忙她把男孩子托她带来的东西给忘了，不仅如此，她还说自己有别的事情，所以无法久留。只是拼命地说：“对不起，真的很对不起。”连咖啡都没喝完就匆匆地走了。小幽看那个茫然目送女孩离去的男孩一直在苦笑。作为旁观者，小幽都觉得这个女孩子的道歉太敷衍人了，也许她在内心并不觉得自己做错了，道歉只是一种权宜之计，象征性地表明她的歉意。

说到底，道歉是日常生活中的一个重要环节，我们要想在繁杂的人际交往中游刃有余，关键就是要待人真诚，道歉时也要真诚，否则不会得到对方的原谅，在自己日后的生活中也会徒添很多麻烦。

心心的记忆中，有两个同学都曾为自己的过错向别人道歉，然而得到的回馈却不一样，原因就是他们的道歉是否真诚。心心的一个小学同学，经常凭借自己的力气大欺负小同学，动不动就把同学打得鼻青脸肿。在老师的逼迫下，该同学屡屡向对方道歉。但由于道歉并非出于诚心，所以过不了多久他又故态复萌。后来，大多数同学已经不再接受他的道歉，没多久，这位同学就被学校劝退了。心心的另一位同学曾因交通事故将一位过路人致伤，但他立即停车保护现场，并求人帮助抢救，还倾其所有支付抢救费用，诚心地向伤者家属道歉。虽然最终没能挽救回伤者的生命，但他的诚心感动了对方家属，得到了他们的原谅。

心心说，虽然这两件事不具有可比性，但给她的启示非常大。有时候，事情是否有转机全看这个人怎么做，无心为之却有心挽救，有心为之而无心弥补，对受影响的人来说，在心理接受程度上是不一样的，所以第一位同学即使造成的伤害很小，也没有人愿意原谅他；而第二位同学即使造成的伤害很严重，但他的诚心诚意感动了所有人，家属们都知道他尽了最大的能力去挽救，因此他获得了原谅。

作为二十几岁的年轻人，应该从这两件事中有所启发，事在人为，只要你真心地道歉，而不是仅限于“对不起”三个字，竭尽所能地弥补自己的过失，体现你的诚意，这样，别人就会原谅你，最终你会获得一份安心！

第13章

加深感情，成为受人欢迎的说话高手

在与人交际的过程中，谁都希望自己能成为受人欢迎的人，二十多岁的年轻人尤其希望迅速拓宽自己的交际圈，这就需要利用说话技巧在人群中脱颖而出，给别人留下一个好印象。大方得体的谈吐，幽默风趣的说话方式是二十多岁的年轻人要掌握的，诚恳、宽容也是年轻人必备的心态，只有这样才能让我们的语言具备感染力，得到对方的认同。

谈话从对方得意的地方开始

在交谈中，年轻人不能忽视这一点，即谈话要从对方得意的地方开始，不要只顾自己的爱好，一旦你的兴趣与他人发生矛盾，就会给双方的交往造成一种障碍。

现代交际对于二十几岁的年轻人来说尤其重要，人际关系的好坏直接关系到年轻人的成功，所以，一个年轻人要学会如何与别人交谈，从而让别人产生好感。在日常生活中与他人说话时，年轻人应该懂得从对方得意的地方说起。这样年轻人说的话就会在投其所好的人心中产生作用，有利于加深双方的感情。相反，如果年轻人只是一味地顺着自己的喜好说，自然就不会起到什么作用。

在这个纷繁复杂的社会中，每个人都是一个独立的个体，每个人的性格都是不一样的，每个人的兴趣、爱好也是不尽相同的。在《红楼梦》中，王熙凤是个八面玲珑的人。她为什么能讨众多长辈的喜欢，能在主仆之间沉着应付呢？主要就是能适应每个人的需求，这就是“八面玲珑”，虽然她的行为不值得生活中的人们效仿，但作为二十几岁的年轻人，你可以从她那里得到些启示，要学会揣测他人的意图，投其所好和对方交谈，这样才能让你们之间有共鸣。在谈话的时候，年轻人要从对方得意的地方开始。不能只顾自己的喜乐爱好，想怎么着就怎么着。

凡到过牡蛎湾拜访过罗斯福的人，对他广博的知识没有一个不感到惊奇和佩服的。无论是牧童、猎骑者、纽约政客，还是一位外国人，罗斯福都知道同他谈些什么，从而得到对方的好感，那么这一点罗斯福是怎么做到的呢？

答案其实很简单。不管在任何时候，罗斯福每接见一位来访者，他都会在这之前的一个晚上阅读有关这一客人所特别感兴趣的东西，以便找到一些令人感兴趣的话题，在谈话时，主动谈些客人很得意的地方。

罗斯福懂得与人沟通的诀窍，就是谈论他人最得意的事情，这点是年轻人要学习的。一个人的内心往往就是一个人的“要害”，年轻人抓住这个“要害”，就能通往一个人内心的捷径，这也就是从谈论他得意的地方开始，谈论他感兴趣的话题。在与别人会谈之前，最好可以准备别人感兴趣话题的资料，这也就是有备而来，这不仅可以扩大自己的知识面，也掌握了对方感兴趣的话题。

美国有一家面包公司，老板约翰先生想方设法把公司的面包卖给纽约一家旅馆。4 年以来，他每星期去拜访一次这家旅馆的经理，参加这位经理所举行的交际活动，甚至在这家旅馆中开了房间住在那里，以便得到生意，可他还是失败了。

后来约翰先生决定改变自己的做法，他要先找出这个人最感兴趣的是什么，什么事情能引起他的热心。

约翰先生后来知道，这家旅店的经理是一名美国旅馆招待员协会的会员，并且他也热心于成为该会的会长，甚至他还想成为一名国际招待员协会的会长。无论在哪里举行大会，他飞过山岭，越过沙漠大海也都是要到会的。

因此在第二天见他时，约翰先生就开始谈论一些关于招待员协会的事，他得到了很好的反应，旅店经理对他讲了半小时关于招待员协会的事，他的声调充满热情地震动着。约翰先生可以明显地看出，这确实是一些他非常感兴趣的业余爱好。在要离开经理的办公室之前，这位经理劝他也加入该会。

约翰先生在这次谈话中，根本没有提到任何有关面包的事情。但在几天之后，旅馆中的一位负责人给他打来电话，要他带着货样及价目单去。

“我不知道你对那位老先生做了些什么事。”这位负责人对他说，“但他真的被你降伏了！”

试想一下，约翰先生对旅店经理用了四年的时间，尽力想得到他的买卖，都没有成功，而只是转换了谈话的方向，谈论了些旅店经理得意的事情，就使得生意有了转机，所以说，这种谈话方式还是很有作用的。

我们的日常生活中，没有人会喜欢一个谈话时只谈他自己，而不关心对方的人，每个人都喜欢和那些与自己有共同话题的人交往。因此我们在说话时，首先要创造良好的气氛，谈正题前，不妨从谈论对方得意的地方

开始，有了良好的谈话气氛后，有利于增进双方感情的交流，使得双方的心理更容易沟通。

当我们被引见给某人，并且不能马上想出一件事来谈时，不妨试着用下面这样的问题使对方变得热心起来，以引发出让对方得意的话题来："刘先生，你从哪里来？""你打算在这里待多长时间？""你认为这里的气候如何啊？""你成家了吗？""你在什么单位工作啊？"这些话题能让对方变得热心起来，因为他们更善于谈论自己。我们利用这些问题来打破谈话的僵局，感化别人，只因为你能表现出对别人感兴趣。我们不必寻找一个对方能谈论的话题，只须立刻让他谈论一下自己得意的地方就行——毕竟每个人都是关心自己的专家。

人际交往中要说好恭维的话

要恰如其分地赞美别人是件很不容易的事。如果称赞不得法，反而会遭到排斥。在应酬场合中，及时、恰当地说一些恭维话是很有必要的。

人际交往中最重要的就是语言。从语言中可以看出一个人的学识、气质和胸怀。恰当的应酬语言不但可以让客户对你的印象更好、让现场的气氛更活跃，更可以让你的事情办得更好、更快，达到事半功倍的效果。而恰到好处的恭维话更是一剂拉近双方关系的良方。

人天生喜欢赞扬，含蓄而不露骨的恭维话会让对方的内心更熨帖，对你的好感大增。但在应酬中怎样适当地说好恭维话就是一个有技术性的问题了。

如何让你的恭维显得真诚而不虚伪，含蓄而不张扬，又正好说中了他的心事，使他引你为知己？从成功学大师卡耐基对于恭维的定义，可见一斑，"恭维，是对另一个人说出正好是他对自己的想法。"在应酬方面，我们应该永远不要忘记，我们所有的人都渴望别人的欣赏和赞扬。真诚的欣赏和赞扬是所有的人都欢迎的东西。

恰当的恭维有几个主要规范：无论真假却令人乐于信服；不着痕迹，不动声色，使人浑然不觉；气氛和谐，远离点头哈腰；富有新意，而非陈词滥调；尺寸恰当，分量适中，正中下怀。

1. 赞美，却不夸大其词

赞扬能让人产生满足感，但人们发现你言过其实时，常会因此感到受到了愚弄。所以宁肯不去恭维，也不宜夸大无边。

人总是喜欢奉承的。即使明知对方讲的是奉承话，心中还是免不了沾沾自喜，这是人性的弱点。换句话说，一个人受到别人的夸赞，绝不会觉得厌恶，但如果你说得太离谱了，就会让人觉得你在阿谀奉承他，觉得你太虚伪了，不值得信任或者委以重任。

过分粗浅的溢美之词同时会毁坏了你的名声。阿谀谄媚是卑鄙的行为，正人君子鄙弃它，小人之辈也不便明火执仗应用它，即使被人号称“拍马行家”或“马屁精”的人，也会对这种行为嗤之以鼻。孔老夫子有话：“巧言令色鲜矣仁”。可见，阿谀谄媚者，无仁无义、俗不可耐。

2. 不要随便恭维别人

奉承别人首要的条件，是要有一份诚挚的心意及认真的态度。言词会反应一个人的心理，而轻率的说话态度，很容易被对方识破，而产生不快的感觉。

对于不了解的人，最好先不要深谈，要等你找出他喜欢的是哪一种赞扬，才可进一步交谈。最重要的是，不要随便恭维别人，有的人不吃这一套。

3. 不可明目张胆讨好人

讨好他人要让对方浑然不觉却全身舒坦，因为他做得无声无息，不着痕迹。

恭维的话其实人人都爱听，说话的时候要注意不要太明显，有些洁身自好的人不喜欢别人去当面拍自己的马屁，因此，针对不同的人有不同的策略。例如，古时候有个人去拜访他的老师，他老师问有什么处世的技巧，他说已经准备了100顶高帽子。老师就很不高兴，说年纪轻轻怎么能捣鼓这些东西。这个人就说：“老师教诲得对，像老师这样洁身自好的人已经太少了。”有时候，间接的赞扬更容易让人接受。也就是说，不是直接称

赞对方，而是称赞与对方有关的事情，这种间接奉承在初次见面时比较有效。如果对方是女性，她的服装和装饰品将是间接奉承的最佳对象。

4. 赞美要准

男人要面子，好虚荣，多表现在追逐功名、显示能力、展示个性以显潇洒和能人之形象方面，而女人则表现在对容貌、衣着的刻意追求或身边伴个白马王子以示魅力方面；男人要面子，好虚荣毫不遮掩，有时甚至坦率得令人吃惊，而女子则总是遮遮掩掩、羞羞答答，“犹抱琵琶半遮面”；女性对于面子、虚荣还有几分保留，而男子则是全力以赴去追求，所以男人的面子千万不要去伤害、破坏，否则便万事皆休一切都了——友谊中断，恋爱告吹，生意不成，升官无望，职称泡汤。

对于初次见面的人，哪一种赞美最有效呢？最好避免以对方的人品或性格为对象，而称赞他过去的成就、行为或所属物等看得见的具体事物。如果赞美对方“你真是个好人”，即使是由衷之言，对方也容易产生“才第二次见面，你怎么知道我是好人”的疑念及戒备心。如果赞美他过去的成就或行为，情况就不同了。赞美这种既成的事实与交情的深浅无关，对方也比较容易接受。比如，在初次见面时，最好恭维男人的成就或女人的服饰，这种恭维是绝不会出错的。

5. 避开陈旧的赞美之词，而大大赞美他较不为人所知的一面

比如，不少人赞美一位将军的英勇善战及富于谋略的军事才干，但是他作为一个军人，不论在这方面怎样赞美他，也只是赞歌中的同一支曲子，不会使他产生更多的成就感。然而，如果你对他军事才能以外的地方加以赞赏，等于在赞词中增加了新的条目，他便会感到无比满足。对于在商场上拼搏的人而言，与其赞美他在商场上的成就，不如赞美他的儒雅气质，或赞美他在某项爱好上取得的成就，也有事半功倍的效果。

6. 恭维要正中下怀

有时，一个人做了一件事情，自己吃不准是对是错，如果有人趁机贡献几句好话，他就会飘飘然，大有“深得我心”的知遇感，不禁发出“知我者唯你也”的慨叹。

如果你在宴会上，遇到某人正为自己的决定是对是错苦恼时，不妨称

赞一下他的决定的英明及时，比在以后他验证了自己做法的正确性再去恭维他要好得多。

总之，要恰如其分地赞美别人是件很不容易的事。如果称赞不得法，反而会遭到排斥。在应酬场合中，会及时、恰当地说一些恭维话是有必要的。这就需要在技巧方面下工夫，不但要分清场合，针对具体个人，还要有技巧，有新意，当然最重要的还是真诚，任何真诚的赞扬人们都会乐意接受的。

说话前先彻底了解对方

俗话说“要衡量某人的为人处世及聪明与否，只要观察其四周的人就可以了”。在应酬中也是如此，观察他身边的人的言行举止，就能够知道他是一个什么样的人。

“知己知彼，百战不殆。”二十几岁的年轻人与人交往，也要彻底了解对方才能够更好地达到自己的目的。社交的目的不外乎扩展人脉，求人办事，获取信息等，无论要达成什么样的目的，都要先了解对方，才更容易让对方理解你，接受你，接受你的观点，从而说动对方。否则，就会事倍功半，甚至适得其反。

有一位朋友，长得很像一位演员。每当他去某些应酬场合时，初次见到他的人们，都会对他说：“晦！你长得真像电影明星！”的确，无论是他的容貌还是气质都与那位演员非常相似。一般而言，说某人很像名演员，是一种恭维之词，被称赞的人通常不会不高兴，但这位朋友的反应却不同，听了人们的奉承后，原本不喜欢开口的他，变得更加沉默了。其实，这位朋友的反应一点也不奇怪，因为他们的赞美根本不得法。他了解自己的缺点，就是容易给人冷漠的印象。而那位电影明星在屏幕上所扮演的正是冷酷无情的角色。所以，如果说他酷似那位电影明星，这哪里是在赞美，分明是指出了他的缺点。

如果你彻底了解他的脾气秉性，或者平时的处事状况，就绝不会说出这样的恭维之言。也许你就会说："你长得真的很像某某，不过你比他更加亲切。"这样的语言要好很多。所以说话之前彻底地了解别人，是很重要的。它不仅能够使你的语言避开对方的"雷区"，而且使你的话更有针对性，更容易被别人理解、接受。

那我们通常都要了解对方的哪些事情，才算是对他有足够的了解呢？

比如，了解对方的出生地、亲属、家庭、宗教，因为这些会影响到对方的言行和性格；再比如，知道要掌握对方有何种程度的理解能力，知道的事情多少，经验如何，知识、智能、技术怎样，这些会影响到他对你的话语和语言中信息的接收状况。如能掌握这些状况，就更加容易了解对方，选择对方能够接受和乐意接受的语言进行谈话，也能够让他更好地理解你，接受你，从而达到双方的目的。当然我们不可能在第一次见面时，就可以把所有人的情况彻底弄清楚，这就需要我们掌握重点人物的重点情况。

首先是对方的好恶，了解对方喜欢什么，讨厌什么，才能够更好地跟他交谈。如果不明白对方喜欢什么，明明对方讨厌宠物，你还滔滔不绝地谈论你家的小狗，甚至提出送他一只，他不光火才怪。送礼送他需要的，说话说到人心坎里，都需要彻底了解别人的真正好恶，才能够做到。

其次，了解对方的脾气秉性。

了解对方的脾气秉性，才能够避免踏到"雷区"。比如，对方是暴躁易怒的，你就要说一些温和的话题，避免和他谈论有争议的话题，免得到时他火冒三丈，让双方都下不来台；如果对方是自尊而敏感的，就要避免尖锐的负面语言，或者有歧义的话，而多多说表扬鼓励，甚至恭维的话，以免引起对方的误会或不满；如果对方是温和有礼的，那么，避免向他唠叨或牢骚你的私事，因为虽然他不会打断你，但同时他再也不会重视你。

再次，了解对方平时的兴趣爱好，有助于我们找到共同的话题。

比如，对方喜欢书法绘画，我们不妨与他谈一下这方面的体会，甚至向他索要一幅字画。如果对方喜欢户外运动，不妨和他谈谈你的心得，或者要求他讲讲户外运动中的趣事，并认真倾听他的叙述，相信他是很喜欢谈起的。

那怎样才能更彻底地了解对方呢？这里有四个途径：

第一，认真倾听对方的倾诉。

听人言，知人心。要想说动对方，首先要听懂对方。你能巧妙地听他说，他就会滔滔不绝地向你说。善于交际的人不但有好的口才，还有善于打动人心的“听才”。你独特的听话方式会吸引对方，令对方产生信赖感，从而对你敞开心扉，畅所欲言。

第二，学会察言观色，或者观察他身边的陈设得到结论。

要使对方对你产生好感，留下不可磨灭的深刻印象，还必须学会察言观色，了解对方近期内最关心的问题，掌握其心理。例如，知道对方的子女今年高考落榜，因而举家不欢，你就应劝慰、开导对方，说说“榜上无名，脚下有路”的道理，举些自学成才的实例。如果对方子女决定明年再考，而你又有自学高考的经验，则可现身说法，谈谈高考复习需要注意的地方，还可表示能提供一些较有价值的参考书。在这种场合，切忌大谈榜上有名的光荣。即使你的子女已考入名牌大学，也不宜宣扬，免得引起对方的反感。

第三，从对方的动作或肢体语言中，了解对方的性格和此时的感受。

人在集中精力用大脑进行思维时，人的肢体语言就会出卖自己，只不过这些人没有察觉到而已。

说话时喜欢拉头发的女性，一般是很任性的人。

说话时喜欢拉耳朵，说明对方要规劝和阻止你说话。

说话时经常性用手掩饰自己嘴巴的女人，是有意吸引对方。

说话时，双足不断交叉后解开说明对方内心矛盾、犹豫不决或性格优柔寡断，内心不安。

第四，观察他周围的人。

俗话说“要衡量某人的为人处世及聪明与否，只要观察其四周的人就可以了”。在应酬中也是如此，观察他身边人的言行举止，就能够知道他是一个什么样的人。

比如，他的身边尽是些溜须拍马之徒，可见此人喜欢被人阿谀奉承，这样的人自我感觉良好而没有自知之明；如果他身边的人普遍都很沉默，那这个人极可能妄自尊大，目空一切，听不进不同意见，久而久之别人就

不和他交流了；如果他的下属各自发表意见，而又不轻视别人的意见，则说明他是一个宽厚仁慈而又有威信的领导；如果他身边的人叽叽喳喳，混乱无序，则说明他的威信还没有得到承认，或者他是一个软弱可欺的人。

如果还是不能彻底了解到对方的脾气，比如，对方修养特好，或伪装很好，试探对方也是一个很好的方法，比如：你可以提出一个非常偏激的观点。看对方的反应，如果他认同你的观点，那么基本可以确定他不喜欢与人争辩。如果他与你讨论，那说明他有自己的主见。

总之，我们在与对方交谈之前，越了解他越好，即使不能够做到，也要在交谈之中逐渐形成对这个人的看法，然后再谈比较重要的事，也能够预料到他的态度，至少不至于让他误解你的意思，你的目的才更容易达到。

与陌生人熟络的交谈技巧

现实生活中，年轻人的一大难关就是同陌生人交谈，如果处理得好，就会一见如故，相见恨晚；如果处理得不好，就会导致相对无言。

作为一个刚刚踏入社会的二十几岁的年轻人，成功的关键就在于如何成功地推销自己，而这就需要一定的说话技巧，这可以从日常生活中与陌生人的熟悉过程中获得。事实上，年轻人每天都在接触陌生的人和事。参加宴会、乘车坐船、住宿旅馆等场合，都不可避免地要与陌生人沟通。通过和陌生人的沟通，可以活跃自己的生活，敞开心扉，扩大视野。在年轻人的现实生活中，一大难关就是与陌生人交谈，如果处理得好，就会是一见如故，相见恨晚；如果处理得不好，就会导致相对无言。

常言道："万事开头难。"当年轻人要和一个完全陌生的人交谈时，确实是一件很困难的事情。但是，只要你掌握了一定的技巧，就会达到你的目的。有时候和陌生人交谈会让我们有意想不到的收获。

李小姐到云南旅行，晚餐时来到一间小餐馆，进门一看是酒吧式的座

位，座位上有许多顾客在用餐。李小姐心里正想着不知有没有位置，眼光一扫发现在最内侧还有一处空位。不知是否有人预约。

她犹豫片刻，走过去主动地向坐在空位旁边的那位先生打招呼，亲切爽朗地说了声“你好”。虽然对方有点吃惊，不过也非常有礼貌地回了她一声“你好”。李小姐接着问这位先生：“请问这位子有人吗？”对方回答说：“没有人坐。”李小姐便说：“我是否可以坐在这里？”对方心情非常愉快地回答：“当然！当然！请坐。”

李小姐坐下之后说：“我是今天才从北京来到这里的，云南的街道真是古意盎然，许多白色墙壁的建筑，看了之后让人心情平静了许多。”对方亲切地回答说：“你是从北京特地来的啊！那你去过某某地方了吗？这个地方是很有历史内涵的……”接着，他同李小姐谈起了云南的风土人情，自然景观。这位先生又给了他一张名片，原来他是云南新闻社的业务主任。李小姐也谦虚地递出自己的名片，这位业务主任看到李小姐的名片，惊喜地说：“哦！你在广告公司高就啊！今天能够遇见你真是太有缘了！是这样的，我们公司想在北京成立一个新部门，正想找一个广告公司合作呢！你能接下这个业务吗？”就这样，第一次见面的陌生人，竟然给了她一个750万元的业务，真是意想不到。

事后李小姐说：“真没想到，同陌生人的一次交谈，竟然给我带来了如此可观的效益。”

李小姐原本只是旅游，通过与陌生人的一次谈话，却让她有了意想不到的收获，这就是与陌生人熟络带来的好处之一。

与陌生人熟络的第一步，就是要和对方寻找共同点。寻找共同点的地方有很多，譬如面临的共同的生活环境、共同的工作任务、共同的行路方向、共同的生活习惯等，只要仔细去寻找，与陌生人无话可讲的局面是不难打破的。

但年轻人在和陌生人说话时，还得掌握一些基本的规则，比如说，如果在交谈时能留些空缺让对方接住，使对方感到双方的心是相通的，交谈是和谐的，那么就能尽快地缩短双方的距离。因此，和陌生人交谈时，千万不要把话讲完，认为自己是绝对地正确，这样无形中你就把自己和对

方对立起来了，对方也就认为没有和你再深谈的必要，这不仅让你没有达到和对方加深感情的目的，还让对方对你产生了坏印象。

而生活中还有一些年轻人，总是希望对方可以先开口，可以主动，而别人也有同样的心理，结果就很尴尬。实际上，陌生人之间的交往之所以存在障碍，最主要的是人与人之间隔着一层“窗户纸”，倘若年轻人能把这层纸捅破，那么你们之间的沟通也就会很顺利。

在一个晴朗的周一的早上，在一辆开往市中心的巴士上，发生了这样一个故事：

上班的人们都坐在自己的座位上十分安静地读着自己的报纸，没有任何人开口讲话。这个车厢内非常安静，非常沉闷。于是司机同志按捺不住了。

忽然，他大声对着乘客们说道：“我是你们的司机。现在，请你们全都放下报纸，转过头去面对坐在你旁边的那个人……跟着我说：早安，朋友！”

一头雾水的乘客们此时会心地笑了起来，车厢内的气氛顿时活跃起来了。

生活中，陌生人之间往往有太多的“不好意思”，谁也不愿意捅破那层窗户纸，这位司机就是看到了乘客之间不愿意打破局面的心理，帮助乘客解决了这个“难题”，让他们卸下了人与人之间的这种心理包袱。其实，人与人之间沟通的关键就在第一步，如果这第一步处理得好，剩下的就不是问题了。年轻人要像那位司机那样，不要羞于打破僵局，好的开始是成功的一半，年轻人就能成功地沟通了。找寻双方的共同点，就是交谈的开始，那么，怎么样才能找到共同点呢？

在生活中，我们可以发现，很多人的性格、爱好可以从表情、服饰、谈吐、举止等方面有所表现，所以，年轻人要有一双善于发现的眼睛，注意发现，善于观察，就能“对症下药”，掌握别人的性情、喜好等，然后进行交谈。谈话的最终效果也不是那简单的介绍，而是要加深了解，随着了解的不断加深，话题也就能深入，那么年轻人的交谈也就接近于成功了。

所以，年轻人要在生活中学会成功地与陌生人熟络，锻炼自己的说话技巧，为成功地推销自己打好基础！

突破对方的感情防线

只要年轻人肯多花些心思了解对方的优点，找到对方感情的“突破口”，用一句赞扬或贴心的话打开他的心，相信你一定会突破他的感情防线，和对方成为朋友。

当今社会，作为一个二十几岁的年轻人，要想成功地完成一件事，或者拥有良好的人际关系，懂得如何打破对方的感情防线是关键的一步。

有这样一个故事：某女文艺编辑想邀约一位名作家写稿，但是该作家很难和人合作，各报社的编辑都对他大伤脑筋。所以，这个女编辑在见面之前也非常紧张。会面开始后，果然不出她所料，作家对女编辑一副爱理不理的态度，怎么都谈不好工作。闹得女编辑很是头痛，只好打定主意，改天再来。

第二次见面时，女编辑没有上来就谈工作，而是把几天前在一本杂志上看到有关这位作家近况的报道搬出来，并且对作家说：“您的大作最近要翻译成英文，在美国出版了，真是恭喜您啊。”作家见对方这般关心自己，就很感兴趣地听下去。女编辑又说：“您的风格能否用英文完美地表现出来呢？”作家说：“就是这点令我担心……”他们就在这种融洽的气氛中继续谈了下去。女编辑本来已经不抱任何希望了，但她在此时又恢复了自信，并成功获得了作家答应写稿的允诺。

女编辑的成功，在于她成功突破了作家的感情防线，让作家从一开始对她的防卫心态转变成朋友般的真挚感情。这种转变看似很难，其实只要年轻人肯多花些心思了解对方的优点，并找到对方感情的“突破口”，用一句赞扬或贴心的话打开他的心，相信我们一定会突破他的感情防线，和对方成为朋友。

年轻人平时的日常交往并不是总在熟人间进行，很多时候，年轻人也需要闯入陌生人的领地。当进入一个陌生的环境时，你要想迅速打开局面，就要先寻找对方的感情防线在哪里。找到后你便可以以点带面、由此及彼地发挥下去，从而让对方在感情上接受你。

老话常说："要讨母亲的欢心，莫过于赞扬她的孩子。"聪明的人应该利用孩子在交际过程中充当沟通的媒介，一桩看似希望渺茫的事，经过孩子的起承转合，反倒迎刃而解，帮助他打开对方的心扉。

某银行的调查员李娜小姐奉上司指示，秘密进行大型企业的信用调查。正巧李娜认识一家大企业公司的董事长，这位董事长很清楚该公司的行政情形，于是李娜便亲自登门拜访。

当她进入董事长办公室后，才坐定不久，就有一位女秘书从门口探头对董事长说：

"很抱歉，今天我没有邮票拿给您。"

"我那 12 岁的儿子正在收集邮票，所以……"董事长不好意思地向李娜解释。

接着李娜便开门见山地说明来意。可是董事长却含糊其辞，一直不愿正面回答。李娜见此情景，只好离去，没得到一点儿收获。

不久，李娜突然想起那位女秘书向董事长说的话，邮票和 12 岁的儿子。同时，她也联想到自己服务的银行国外科，每天都有许多来自世界各地的信件，有许多各国的邮票。

第二天，李娜又去找那位董事长，告诉他自己是专程替他儿子送邮票来的。董事长热情地欢迎了她。李娜把邮票交给他，董事长面露微笑，双手接过邮票，就像得到稀世珍宝似的自言自语：

"我儿子一定高兴得不得了。啊！多有价值！".

董事长和李娜谈了 40 分钟有关集邮的事情，又让李娜看他儿子照片。一会儿，没等李娜开口，他就自动地说出了李娜要知道的内幕消息，足足说了一个钟头。他不但把所知道的消息都告诉了李娜，又召回部下询问，还打电话请教朋友。李娜没想到区区几十张邮票竟让她圆满地完成了任务。

在交际的过程中，只要抓住了对方的感情突破口，让对方先在心里接受你，这样办起事来就会一帆风顺，就像李娜一样。她用邮票敲开了董事长的心门，疼爱孩子的董事长见到很多邮票后，一时喜不自胜，很自然地就把自己的所知回馈给李娜，帮助她完成了调查工作。

有一家皮革材料公司，专为皮革制造厂家提供皮革材料。一次，一位

客户登门。几句寒暄之后，公司负责人发现这位客户实力雄厚，需求量很大。在交谈中又发现这位客户比较自负、性急。于是皮革材料公司通过客户观看样品的机会，适当而得体地夸奖他的经验与眼力，在最后的价格谈判中，先开每公尺 20 元，但接着加了一句："您是行家，我们开的价是生意的常规，有虚头骗不了您。最后的定价您说了算，我们决无二话。"果然，客户在这种信任的赞誉声中，痛痛快快定了每公尺 15 元的价格（公司的进价是每公尺 12 元）。可见，客户之所以能够很快定了每公尺 15 元的价格，就在于负责人能够准确把握客户的性格，巧妙地运用投其所好这种成功的战术。

年轻人学会站在他人的立场上分析问题，就会给他人一种为他着想的感觉，这种投其所好的技巧往往具有很强的说服力，能帮助年轻人突破对方的感情防线，使对方信任你、感谢你。年轻人要想做到这一点，"知己知彼"非常重要，唯先知彼，而后方能从对方立场上考虑问题，寻找突破口。

所以，年轻人要成功的和人交谈，就要学会站在别人的角度，知己知彼，投其所好，打破心灵防线，从而达到交谈的目的！

谈话懂礼仪，交往更顺利

无论对方是你的朋友、亲人还是陌生人，交谈礼仪都能使他们对我们的感情升温，让我们获得更多人的好感。

在长期的社会交往活动中，人们逐渐形成了一些约定俗成的社交交谈礼仪。作为新时代的二十几岁的年轻人，要了解交谈礼仪，使自己在谈话中遵循礼仪的要求，这样不仅能得到对方的尊重，也能使双方处在一个温馨、祥和的谈话气氛中。无论对方是你的朋友、亲人还是陌生人，交谈礼仪都能使他们对你的感情升温，让你获得更多人的好感。

1. 注意尊重对方隐私

隐私，即别人不愿意告诉年轻人和不愿意公开的个人情况，年轻人在谈话过程中尤其要尊重他人的个人隐私权，凡涉及个人隐私的一切问题，在交往中均应回避，否则就会引起对方的不悦，伤害双方的感情，自己也会感到尴尬。

由于习俗不同，许多民族都有其忌讳的话题。政治问题、宗教信仰、风俗习惯、个人好恶等，这些都是年轻人在交往中不宜妄加非议的。个人隐私、他人的短长、令人不快的事物以及低级趣味，也是年轻人要极力避免的话题。

2. 注意"不问"

在日常的交往中，年轻人如何做到慎选话题，才能博得对方好感呢？应该避免以下几个方面的话题：

（1）不问别人的悲伤经历。有些人在与人交谈时，总是喜欢询问对方的经历，来寻找共同的话题，但这并不是对所有人都适用，有些人很反感你的"刨根问底"，因为那些"经历"聚集着许多悲欢离合，除非对方主动提及，一般应避开此话题。

（2）不问收入。收入是一个极为敏感的话题，如果不是很熟悉的亲朋好友，最好还是不要谈论这个话题。为了消除经济收入的不平等所造成的心理不平衡，创造一个良好轻松的语言环境，对那些能够反映出个人收入状况的化妆品和服饰的价格、汽车的型号、住宅的大小等问题，也不宜触及。

（3）不问健康。在国外，个人的健康状况，也被认为属于隐私范围。因此，在与外国人特别是西方人的交往中，最好别打听对方的健康状况。更不要见到对方脸色不好就惊讶地说："你是不是得了什么病？"

对于"隐私"的划分，西方人同中国人有着不同的标准。在同中国人的交往中，恰当地过问某些所谓的"隐私"，聊聊家常，有时可以达到缩小彼此距离的效果。因此年轻人要自己把握这些话题的尺度。

3. 注意社交中"不"的惯例

无论与什么人交谈，我们都要注意分寸，这样才能在与对方交谈时逐渐加深双方的感情。同时我们自己要明确多种"不"的惯例，这样才能随

心所欲不逾矩，不犯禁忌。

（1）不过分开玩笑。朋友之间相处，开玩笑是经常发生的事。但我们在开玩笑时要适度，不能违背礼仪。过度的玩笑常常适得其反，引起不良的后果。

（2）不要乱起绰号。绰号即外号，它是根据别人的特点而人为产生的。有的绰号，如称中国女排名将郎平为“铁榔头”，称英国前首相撒切尔夫人为“铁娘子”等，这是一种带褒义的美称，这是包括本人在内都乐于接受的。但是有的是针对别人的生理缺陷而带有侮辱性的绰号，这种专揭别人短处的绰号，年轻人一定不要谈起。

（3）不随便发怒。在社交场合中随便发怒，会造成两种不良的后果：首先对发怒的对象不友好，它会伤了和气与感情，使你失去朋友、同事之间的友谊与信任。其次，对自己不利，一方面对本人的身体状况产生不良的影响；另一方面对自己的形象也有不良的影响，人们会认为你缺乏修养，不宜深交。

（4）不言而无信。言而无信的人，在社交场合中绝不会有自己真正的朋友。

朋友应以诚相待，年轻人若坦率真诚地与朋友交往，在关键时刻就要帮助朋友排忧解难，与朋友建立起真正的友谊，相互信赖，友好往来。平时在社会交往过程中，年轻人要记住自己的许诺，一旦许诺，便要记住，以便日后兑现，平时说话也一定要恪守信用，绝不食言。年轻人对自己说的话要具有责任感，要承担责任和义务，这样才会让自己身边的朋友越来越多。

（5）不恶语伤人。对有些人来讲，恶语有时是很难避免的，这就要分析恶语的原因，最好的办法，是在事情发生或有苗头之后，及时与对方沟通，消除彼此之间的矛盾，避免恶语的再度出现。

掌握谈话礼仪，会让年轻人在交谈的过程中更加顺利，也就能成功地达到交谈的目的，人际关系的确立也来源于此！

怎样选择对方感兴趣的话题

我们不要墨守成规，一味排斥潮流，要以开放的心态接触更多的事情，而选择“与对方相关”或是“对方想了解的事物”作为话题，是使我们的谈话得以持续不断的最佳方法。

作为新时代的年轻人，在与人交谈的过程中，能否掌握说话技巧关系到人际关系的好坏。而能否快乐地交谈则取决于年轻人是否会选择对方感兴趣的话题，这样，才会有成功的可能。

年轻人的思维比较活跃，观念也比较开放，这有助于我们与他人快乐地交谈，但是开放的观念并非意指年轻人要抛弃原有的价值观，或是被迫毫无选择地接受所有的新信息，而是不要墨守成规，一味排斥潮流，并且要以开放的心态接触更多的事情，借以增加经验，充实谈话内容。而选择“与对方相关”或是“对方想了解的事物”作为话题，是使年轻人的谈话得以持续不断的最佳方法。

对于要交谈的人，年轻人如何知道什么是他感兴趣的话题呢？这时候，年轻人要对他进行一些了解，从了解他本人开始，了解他的兴趣和爱好，比如搜集一些对方的个人情报，这样能使年轻人充分分析甚至掌握对方有兴趣的话题，并且维持谈话过程的良好气氛。即使是想与初识的人交谈，年轻人也能从对方的自我介绍中，获得相关的交谈信息。

“各位朋友，大家好！我姓王，名叫慧慧，很高兴有机会和大家认识，并且以后我们将一起共事，我很激动！由于我刚从苏州来到上海，对于新环境还不是很熟悉，所以希望以后大家能多多关照。”

在这段自我介绍中，我们可以得到哪些插入点作为接下来的话题呢？

1. 她从苏州来

这句话让人知道她以前在哪里，所以年轻人可以将“苏州”作为话题的开端，如苏州的美景美食以及风土人情，都可以请教她。

2. 对于新环境还不是很熟悉

年轻人也可以用“介绍新环境”为话题，毛遂自荐地为对方介绍以及解答，这就进了更深入的话题中，比如，下面的话题可以围绕上海的天气以及上海的交通等情况，接下来可以深入到工作了。

生活中，年轻人应该学会“到什么山，说什么话”，不同身份、地位的人会对不同的事物感兴趣，对同一事物的理解也不尽相同，甚至大相径庭，所以年轻人在言语交际中，要学会察言观色，先了解对方的身份、社会地位以及当时所处的环境，选择适合的话题，如果年轻人对挣扎在温饱线上的人大谈国外风光、旅游趣事，则很有可能会遭人白眼，毕竟他们连基本的温饱都成问题，哪还有心情和你讨论各地的风光呢？而相反，如果你对他谈如何发财致富，他必定很感兴趣。

所以，年轻人在平常的生活中，要保持敏锐的观察力，就可搜集到丰富的谈话题材，进而能够与不同阶层的人交谈，获得他们的好感，有利于进一步增进双方的感情。

在某次朋友聚会上，马姐提起一位明星偶像，并且向朋友询问相关的消息，朋友打趣说道：“你是坐四望五的人了，怎么还会对年轻的歌手如此关心？”马姐急忙回答说：“别取笑我了！那是我小儿子崇拜的偶像。前几天我听他提起时，不过随口问了一句他是谁，我儿子竟然说我落伍了，所以才想问你晓不晓得那位年轻歌手的消息，好让我了解一下。”

和马姐情况类似的中年人很多，都是和孩子之间有代沟，这就是交流话题上的差异，年轻人喜欢流行的东西，如当红的明星、流行的服饰、流行语等，而作为家长的中年人更多关注的是如何理财等问题，如何沟通？作为中年人，就要和马姐一样，了解年轻人的爱好。当然，作为一个子女，也应该了解长辈们关注的问题，这样彼此之间的话题就敞开了。

所以，新时代的年轻人，要善于发现交谈对方的兴趣，这就要求年轻人要善于观察和动脑筋，然后投其所好，发现不同交谈对象感兴趣的话题，这样，年轻人交谈的目的也就能顺利地达到了。

说话时怎样应用神态举止

能够真正打动人心的语言，不仅仅是单纯的有声语言，举止与神态同样也起着举足轻重的作用。

在现实生活中，说话要说得对方如沐春风，交谈要谈得彼此“情投意合”，并不是件轻而易举的事。在日常交际应酬中，要使对话圆满成功，在说话中得到对方的青睐与信任，年轻人需要注意的细节很多。

尤其是面对面的交谈，你毫无保留地面对着对方，没有太多时间思考该说些什么，你的身体、你的面孔、你的声调语气都无法遮掩地在对方面前展现出来，一切都源自你自然的习惯。所以，在日常的交际中，我们不仅要细心打磨自己习惯性的言语，同时千万不要忽略了自己的神态和举止，因为这同样影响着对话的质量。

在交谈中，拥有优雅的举止与从容的神态的人，会让周遭的人们感到身心愉悦，对方能够从你自若的神态与优雅的举止中感觉到你的诚意、你内在涵养气质以及良好的精神状态。反之，倘若你行为举止粗俗鲁莽，神态轻佻浮躁，则会让对方感觉同你谈话是件很辛苦、愚蠢的事情，甚至是在浪费时间。所以，二十几岁的年轻人在专注谈话技巧之时，千万不要忽略对举止神态的要求。

当你的举手投足、一颦一笑都是优雅与风情之时，你会是谈话中最值得交谈者关注的对象。当你坐下来，保持自然端正，当你站起时，保持直立挺拔，改变不雅的站姿与坐姿，是引人重视的第一步。知道某些特定姿势的含义，譬如两腿分开显示着稳定、自信，并有接受对方的倾向；两腿并拢则代表着正经、严肃，两腿交叉则是一个人害羞、忸怩、胆怯，或者随便散漫的表现，这是第二步。这些举止的含义，你是否在日常生活中注意到了呢？要知道，当你把自然、从容的姿态展现在众人眼前时，不仅本

人显得情绪饱满，而且还会感染到其他人。

面部表情是除语言和行为之外，最能够替你传情达意的，脸上各部位对情感体验的反应动作常常是不自觉的，然而你需要知道得更多：就像咬唇、撇嘴不应该轻易出现在你的面孔上一样，凝望和微笑是你应当长期留在脸上的。这是因为，你的眼睛和嘴角，都会说话，交谈时，自信的人应当要敢于并善于同别人进行目光接触，这不仅是一种礼貌，更是一个桥梁，它能帮助你们维持一种联系。谈话时，频频的目光交流可以持续不断，当然这并不意味着总用眼睛盯着对方。而在交谈中常常微笑的人们，总是散发出亲和的力量，春风拂面，感染着周围的人们。

能够真正打动人心的语言，不仅仅是单纯的有声语言，举止与神态同样也起到举足轻重的作用。一个人，不仅他的言谈举止，包括神态表情都在交谈中透露着重要的语言信息，让人能够轻易地从中窥测到他的基本素养。一个成熟的年轻人，在拥有端庄雅观的外表之外，如果能多加修炼语言功力，言谈举止与表情，使你的谈吐大方合宜，也会使你更具魅力。

把话说到对方心里去

无论在工作还是生活中，沟通都是一件很重要的事。成熟的年轻人，如果想要在日常交际中获得别人的信任与喜爱，要特别注意提高自己的说话技巧。

相信我们都有这样的经验，在对话时，对方温润体贴的语言常常让我们如沐春风，感动万分。仔细思考，为何有的言语让我们沮丧不已，而有的言语却能让我们身心温暖？而我们在对话中，自己的言语，带给对方时又是怎样的感觉呢？

交流不仅是语言的交流，更是人们内心的交流。如果能在对话时，养成站在对方角度看问题的习惯，时刻体会对方的感情，把话说到对方的心里，那么你一定能够拥有这种力量。

把话说到对方心里去之所以能感动人心，就是因为在无形之中，你自觉并悄悄地将谈话人角色互换，将自己的立足点由自己的立场转移到对方的立场，把对方的所作所为、所言所语当作是自己来对待。这样一来，你言我语，你倾我诉，对方能够从你的言语之中，得到被尊重与肯定的感受，而你说出来的每一句话就会很容易产生句句入耳，词词入心的效果。

在对话中，无论你处于弱势的一方还是强势的一方，无论你在对话中是说服者还是被说服者，无论你在对话中，更多扮演倾听者还是更多扮演说话者的角色，若想要你的言语能够深入对方的内心，让对方接受你的观点，首先把自己与对方摆在平等的位置上吧，要做一个能够沟通的人，就首先需要是个平等自信的人，这是平等交谈的开始，也是你走进对方心灵的开始。

如果常常在对话中不知所措，无言以对，或是令对话无以为继。那么，从下一次谈话开始，我们不妨这样尝试：在平等对话的基础上，摸准对方的心理，再尝试设身处地地让自己处在对方的位置。“我如果站在他的立场，我将会怎么做？怎么说？”不妨在开口之前问自己这样的问题。当你担任对方扮演的角色，就更容易从对方的谈话中，得到你所需要的东西。这种方法就相当于把自己暂时交给对方处置，让自己站在对方的立场说话，再在谈话中，发掘对自己有益的话，以便以后采用。要赢得对方的信任和喜爱，就要让自己参与到对方的事情中去，并投入强烈的关注之心，这是把话说到对方心里去的第一条件。继而，再从对方关心的程度，探究对方的意见，从答话中发现对方站在自己的立场发言，同时找到对自己有帮助的资料。

有时候，一句深入人心的话语，会影响一个人的一生，被人深刻记忆的美好，不要因自己的不善言辞而错失。

苏伊如今是一位重点中学的骨干教师，本科毕业之时，苏伊有很多机会可以留在大城市的大型企业工作，然而，苏伊却选择回到故乡的一所重点中学教书。谈起她的选择，苏伊讲起了埋在心里许多年的话：“也许很多人觉得我傻，放弃留在大城市的机会，回到这里当一名教师，但是我从来没有后悔过，并且其实，从七岁那年开始，我就已经决定要做一个能够帮助许多孩子的好教师，所以，对待工作，我从来没有懈怠过。记得小时候，因为自己出生的月份小，学校通知我要留级，作为一个小孩子，我不能理解，

就以为是自己水平太差，跟不上学业，被老师遗弃了，在心里默默痛苦了好一阵子。妈妈看到我的样子，急忙带着我跑去学校请求让我跟上去，当时我的班主任杨老师也在场，杨老师说了一句让我这辈子都让我难忘的话，她说，‘这孩子行的，让她跟上去吧。’这句话对于当时对自己持否定态度的我来说，无疑是一个极大的肯定，她给了我莫大的信心。于是我带着老师的期望真正地进入了小学阶段的学习。什么事我都努力做到比别人好，不能因为年龄小而落下队伍。其中很大的一个原因是因为不想让杨老师失望。可能几十年以后老师会记不起那个不起眼的小女孩，但就是因为她的一句话，给了我巨大的力量。”苏伊还说：“我也想像杨老师一样，做一个这样的女性，有时候我们轻描淡写的一句，确实能够给别人带来巨大的震撼。我只想尽力做好。”

对于一个自卑的孩子来说，有什么比老师的肯定来得更重要呢？当年的杨老师看到一个唯唯诺诺、伤心害怕的孩子，她能够立刻觉察到这个孩子心中的自卑，说一句“你行的”，消除孩子心中的所有阴霾，并直接影响了这个孩子一生的选择。如今，苏伊也成了一名平凡的女教师，因为亲身经历的关系，在平凡的生活中，苏伊渴望完成她的不平凡，尽自己的全部力量，带给孩子们美好的人生。

我们都是平凡生活中的普通一员，我们曾为美好的语言温暖过，也曾为某些言语伤心过。说话人人都会，然而怎样说，说什么才能解决周遭的矛盾和问题，让自己和自己周围的人感到幸福，这是一门很深的学问。

参考文献

［1］刘平. 高明的说话技巧［M］. 北京：新世界出版社，2009.

［2］罗毅. 让人无法说 N0 的攻心说话术［M］. 北京：社会科学文献出版社，2008.

［3］长青. 说话到位事半功倍［M］. 北京：中国广播电视出版社，2007.

［4］李金水. 智者与愚人的说话方式［M］. 北京: 北京工业大学出版社，2006.